站起来
富起来
强起来

从建立新中国到步入新时代

张士义 著

天地出版社 | TIANDI PRESS

图书在版编目（CIP）数据

站起来、富起来、强起来/张士义著. —成都：
天地出版社，2020.1（2020年加印）
ISBN 978-7-5455-5304-8

Ⅰ.①站… Ⅱ.①张… Ⅲ.①中国历史-现代史
Ⅳ.①K27

中国版本图书馆CIP数据核字（2019）第241313号

ZHANQILAI FUQILAI QIANGQILAI
站起来 富起来 强起来

出 品 人	杨　政
作　　者	张士义
责任编辑	杨永龙　李建波
封面设计	思想工社
内文排版	尚上文化
责任印制	葛红梅

出版发行	天地出版社
	（成都市槐树街2号 邮政编码：610014）
	（北京市方庄芳群园3区3号 邮政编码：100078）
网　　址	http://www.tiandiph.com
电子邮箱	tianditg@163.com
经　　销	新华文轩出版传媒股份有限公司

印　　刷	河北鹏润印刷有限公司
版　　次	2020年1月第1版
印　　次	2020年1月第2次印刷
开　　本	710mm×1000mm　1/16
印　　张	24.75
字　　数	329千字
定　　价	68.00元
书　　号	ISBN 978-7-5455-5304-8

版权所有◆违者必究

咨询电话：（028）87734639（总编室）
购书热线：（010）67693207（营销中心）

本版图书凡印刷、装订错误，可及时向我社营销中心调换

前　言

2019年是中华人民共和国成立70周年。70年披荆斩棘，70年风雨兼程。一路走来，中国共产党团结带领全国各族人民自力更生、砥砺奋进，创造了举世瞩目的中国奇迹，值得深情回望、大书特书。

1949年10月1日，中国人民经过近代以来一百多年的浴血奋战，终于夺取了中国革命的伟大胜利，毛泽东主席在北京天安门城楼上向世界庄严宣告了中华人民共和国的成立。中国人民从此站起来了，中华民族从此进入了发展进步的历史新纪元。

从1949年到1978年，中国共产党团结带领中国人民迎难而上、艰苦奋斗，完成了社会主义革命，确立了社会主义基本制度，推进了社会主义建设，建立起独立的比较完整的工业体系和国民经济体系，改变了一穷二白的落后面貌，完成了中华民族有史以来最为广泛而深刻的社会变革，为当代中国的一切发展进步奠定了根本政治前提和制度基础，为中国发展富强、中国人民生活富裕奠定了坚实基础，实现了中华民族由不断衰落到根本扭转命运、持续走向繁荣富强的伟大飞跃。

从1978年到2012年，中国共产党团结带领中国人民进行了改革开放新的伟大革命，破除了阻碍国家和民族发展的一切思想和体制障碍，极大激发了广大人民群众的创造性，极大解放和发展了社会生产力，极大增强了社会发展活力，开辟了中国特色社会主义道路，形成了中国特色社会主义理论体系，确立了中国特色社会主义制度，发展了中国特色社会主义文化，人民生活显著改善，综合国力显著增强，国际地位显著提高，中国大踏步紧随世界潮流，实现了中国人民从站起来到富起来的伟大飞跃。

从2012年到2019年，中国共产党团结带领中国人民坚持和发展中国特色社会主义，迎难而上，开拓进取，统筹推进"五位一体"，协调推进"四个全面"，取得了改革开放和社会主义现代化建设的历史性成就，推动党和国家事业发生了历史性变革，中国特色社会主义进入新时代，迎来了实现中华民族伟大复兴的光明前景，拓展了发展中国家走向现代化的途径，给世界上那些既希望加快发展又希望保持自身独立性的国家和民族提供了全新选择，为解决人类问题贡献了中国智慧和中国方案，中华民族迎来了从站起来、富起来到强起来的伟大飞跃。

70年来，中国人民和中华民族走过的历程，是中国共产党和中国人民用汗水、泪水写就的，充满着苦难和辉煌、曲折和胜利、付出和收获。人民是共和国的坚实根基，人民是我们党执政的最大底气。70年一路走来，中国人民自力更生、艰苦奋斗，创造了举世瞩目的中国奇迹，这是中华民族发展史上不能忘却、不容否定的壮丽篇章，也是中国人民和中华民族继往开来、奋勇前进的现实基础。

中国特色社会主义进入新时代，我们比历史上任何时期都更接近、更有信心和能力实现中华民族伟大复兴。然而，中华民族伟大复兴绝不是轻轻松松、敲锣打鼓就能实现的，"船到中流浪更急、人到半山路更陡"，需要我们付出更为艰巨、更为艰苦的努力。新征程上，不管乱云飞渡、风吹浪打，我们党都将紧紧依靠人民，坚持自力更生、艰苦奋斗，以坚如磐石的信心、只争朝夕的劲头、坚韧不拔的毅力，一步一个脚印把前无古人的伟大事业推向前进。

目 录

第一篇　站起来

第一章　新中国的诞生
一　新旧两个中国之命运 / 4
二　国共两党和与战的抉择 / 9
三　决定胜败的战略决战 / 15
四　新中国的诞生 / 21

第二章　新中国的奠基
一　巩固新政权，建设新中国 / 30
二　抗美援朝，保家卫国 / 38
三　厘定国家大政方针 / 43

第三章　走向社会主义
一　从"先建设后过渡"到"边建设边过渡" / 52
二　上层建筑各领域的建设 / 58
三　农业合作化与"三大改造"的完成 / 65

第四章　开展大规模社会主义建设

　　一　探索中国建设社会主义的道路 / 76
　　二　探索中的失误和曲折 / 84
　　三　"调整、巩固、充实、提高" / 93
　　四　向全国人民提出实现四个现代化的任务 / 100

第五章　经受"文化大革命"的严峻考验

　　一　"文化大革命"的发动 / 110
　　二　"九一三"事件的发生 / 119
　　三　"文化大革命"的结束 / 124
　　四　"文化大革命"时期的负重前行 / 131

第二篇　富起来

第六章　伟大的历史性转折

　　一　真理标准大讨论 / 140
　　二　党和国家工作中心的转移 / 145
　　三　全面拨乱反正，清理重大历史是非 / 150
　　四　改革开放起步 / 159

第七章　"建设有中国特色的社会主义"

　　一　改革开放全面展开 / 168
　　二　加快和深化改革开放 / 179
　　三　治理整顿与应对国内外政治风波的考验 / 183

第八章　建立社会主义市场经济体制

一　邓小平南方谈话 / 194

二　建立社会主义市场经济体制的目标和纲领 / 202

三　国民经济的波动与宏观调控的实施 / 210

四　坚持两手抓、两手硬 / 217

五　制定和实施经济社会发展重大战略 / 224

六　香港、澳门回归祖国 / 231

七　阔步迈向 21 世纪 / 237

第九章　全面建设小康社会

一　总体小康的实现 / 250

二　全面建设小康社会的目标要求 / 255

三　树立和落实科学发展观 / 261

四　构建社会主义和谐社会 / 265

五　加强党的执政能力建设和先进性建设 / 269

六　全面建设小康社会新征程 / 273

七　在全党开展学习实践科学发展观活动 / 286

八　"十一五"计划的完成和"十二五"规划的制定 / 290

第三篇　强起来

第十章　中国特色社会主义进入新时代

一　提出"两个一百年"奋斗目标 / 298

二　全面深化改革 / 304

三　全面依法治国 / 310

四　全面建成小康社会 / 317

五　全面从严治党 / 323

六　开创中国外交新局面 / 331

七　历史性成就和历史性变革 / 340

第十一章　开启全面建设社会主义现代化国家新征程

一　习近平新时代中国特色社会主义思想 / 348

二　新时代党的历史使命和发展中国特色社会主义的战略安排 / 357

三　新时代党的建设总要求和战略部署 / 364

四　为实现中华民族伟大复兴的中国梦不懈奋斗 / 375

第一篇

站起来

第一章
新中国的诞生

经过长期奋斗和精心准备,中华人民共和国于1949年正式宣告成立,"占人类总数四分之一的中国人从此站立起来了"。新中国的成立,结束了一百多年来帝国主义勾结封建统治者压迫剥削中国各族人民的历史,使半殖民地半封建的中国成为真正具有独立主权的国家,结束了自晚清政府、北洋政府到国民党政府统治下内外战乱频仍、国家四分五裂的历史,使中国成为以人民民主为基础的新国家。

一　新旧两个中国之命运

1945年4月23日，中国共产党第七次全国代表大会在延安杨家岭中央大礼堂开幕。毛泽东在开幕词中这样说道：我们这个大会有什么重要意义呢？我们应该讲，我们这次大会是关系全中国四亿五千万人民命运的一次大会。

他还说，中国之命运有两种：一种是有人已经写了书的（指蒋介石1943年所发表的《中国之命运》一书），我们这个大会是代表另一种中国之命运，我们也要写一本书出来（指毛泽东在这次大会上要作的《论联合政府》报告）。我们这个大会要打倒日本帝国主义，把全中国人民解放出来。这个大会是一个打败日本侵略者、建设新中国的大会，是一个团结全中国人民、团结全世界人民、争取最后胜利的大会。在中国人民面前摆着两条路，光明的路和黑暗的路。有两种中国之命运：光明的中国之命运和黑暗的中国之命运。现在日本帝国主义还没有被打败。即使把日本帝国主义打败了，也还是有这样两个前途：或者是一个独立、自由、民主、统一、富强的中国，就是说，光明的中国，中国人民得到解放的新中国；或者是另一个中国，半殖民地半封建的、分裂的、贫弱的中国，就是说，一个老中国。一个新中国还是一个老中国，两个前途，仍然存在于中国人民的面前，存在于中国共产党的面前，存在于我们这次代表大会的面前。我们应当用全力去争取光明的前途和光明的命运，反对另外一种黑暗的前途和黑暗的命运。

这次大会的工作方针是：团结一致，争取胜利。从 4 月 23 日开幕到 6 月 11 日结束，党的七大开了整整 50 天，时间之长、规模之大都超过以往六次中国共产党全国代表大会。出席七大的正式代表 547 名，候补代表 208 名，代表着全党 121 万名党员。在大会上，毛泽东分别致开幕词和闭幕词，并作《论联合政府》书面政治报告、关于形势和思想政治问题的报告、关于讨论政治报告的结论、关于选举问题的讲话；朱德作《论解放区战场》的军事报告和关于讨论军事问题的结论；刘少奇作《关于修改党章的报告》和关于讨论组织问题的结论；周恩来作《论统一战线》的重要讲话；任弼时、陈云、彭德怀、张闻天、陈毅、叶剑英、杨尚昆、刘伯承、彭真、聂荣臻、陆定一、乌兰夫等二十余人作大会发言。经过充分讨论，大会作出了一系列关乎中国前途命运的重大决策。党的七大的历史功绩可以概括为以下几个方面：

一是总结中国共产党领导的新民主主义革命曲折发展的历史经验，特别是总结抗战以来的经验，制定了打败日本侵略者、建立新中国的正确纲领和路线。在抗日战争即将取得胜利的形势下，党的七大制定了党的政治路线，这就是："放手发动群众，壮大人民力量，在我党的领导下，打败日本侵略者，解放全国人民，建立一个新民主主义的中国。"[1] 党的七大指出，新中国不可能也不应该是旧式的资产阶级专政的国家，但也不可能直接成为社会主义国家，而应该是一个在工人阶级领导下、以全国绝大多数人民为基础的统一战线的各革命阶级民主联盟的国家，实行新民主主义的国家制度。

为了建立新民主主义国家，党的七大再次重申"废止国民党一党专政，建立民主的联合政府"的主张，并对新民主主义国家应该实行的政治、经济、文化各方面的纲领作了具体说明：我们主张的新民主主义的政

---

[1]《毛泽东选集》第三卷，人民出版社 1991 年版，第 1101 页。

治，就是推翻外来的民族压迫，废止国内的封建主义的和法西斯主义的压迫，并且主张在推翻和废止这些之后不是建立一个旧民主主义的政治制度，而是建立一个联合一切民主阶级的统一战线的政治制度；我们主张的新民主主义的经济，在现阶段上，必须是由国家经营、私人经营和合作社经营三者组成的。而这个"国家经营"中的所谓"国家"，一定要不是"少数人所得而私"的国家，一定要是在无产阶级领导下而"为一般平民所共有"的新民主主义的国家；新民主主义的文化，同样应该是"为一般平民所共有"的，即民族的、科学的、大众的文化，决不应该是"少数人所得而私"的文化。

鉴于国民党统治集团实行卖国、内战、独裁的政策，党的七大要求全党在争取建立联合政府的同时，还必须有另外一方面的准备，即警惕内战，准备应付内战。如果国民党发动内战，人民就用革命的战争打倒反动派，建立新中国。

二是批评了党内的错误思想，系统地阐明党的优良传统和作风。党的七大总结历史经验教训，使全党在新的基础上实现了新的团结。党的七大充分发扬民主，许多代表畅所欲言，对过去党内的错误，特别是土地革命战争时期王明"左"倾教条主义的错误，进行了认真的分析。许多同志从团结的愿望出发，对犯错误的同志开展批评，犯过错误的大多数同志也作了自我批评。经过对过去经验教训的总结，全党在七大纲领的基础上实现了新的团结。

党的七大认为，由于中国共产党的主要部分是处在农村中，党员中的绝大多数出身于农民和小资产阶级。但是，仅仅是党员的社会出身并不能决定党的性质，起决定作用的是党的政治斗争与政治生活，是党的思想教育、思想领导与政治领导。

党的七大把党在长期奋斗中形成的优良作风概括为三大作风，即理论和实践相结合的作风、和人民群众紧密联系在一起的作风、自我批评的作风。这是共产党区别于其他政党的显著标志,是使党的路线、方针得以顺利贯彻的根本保证。

党的七大特别强调,党的群众路线是党的根本的政治路线和组织路线。党员必须全心全意为中国人民服务,反对脱离群众的命令主义、官僚主义和军阀主义的错误倾向。党内生活必须坚持民主集中制原则,把党的严格的集中制与广泛的民主制结合起来,把高度的组织性、纪律性和党员的积极性、主动性结合起来。这样,就能保证党的政治任务的执行和全党在斗争中行动一致。

三是把马克思列宁主义同中国革命实际相结合实现第一次历史性飞跃的理论成果——毛泽东思想——写在了自己的旗帜上。党的历史经验证明,运用马克思列宁主义基本原理研究解决中国革命的具体问题,需要具有在实践中进行理论创造的胆识和魄力。毛泽东思想是马克思列宁主义在中国的运用和发展,是被实践证明了的关于中国革命正确的理论原则和经验总结,是中国共产党集体智慧的结晶,是中国化的马克思主义。它是在同20世纪20年代后期和30年代前期在中国共产党内盛行的把马克思主义教条化、把共产国际决议和苏联经验神圣化的错误倾向作斗争并深刻总结这方面的历史经验的过程中逐渐形成和发展起来的,它在土地革命战争后期和抗日战争时期得到系统总结和多方面发展而日趋成熟。

"毛泽东思想"这一科学概念的形成经历了一个历史过程。1941年3月,党的理论工作者张如心最早使用了"毛泽东同志的思想"这个提法。经过延安整风运动和讨论《关于若干历史问题的决议》,全党对毛泽东思想有了更深刻的认识和了解。经过一段时间酝酿,王稼祥于1943年7月8日在《解放日报》发表的《中国共产党与中国民族解放的道路》一文中,第一次提出"毛泽东思想"的概念,并为党内许多同志所接受和认同。在此基础上,党的七大通过的新党章规定:"中国共产党,以马克思列宁主义的理论与中国革命的实践之统一的思想——毛泽东思想,作为自己一切工作的指针，反对任何教条主义的或经验主义的偏向。"[1]

党的七大把毛泽东思想的内容概括为八个方面：关于现代世界情况和中国国情的分析，关于新民主主义的理论和政策，关于解放农民的理论和政策，关于革命统一战线的理论和政策，关于革命战争的理论和政策，关于革命根据地的理论和政策，关于建设党的理论和政策，关于文化的理论和政策。这八个方面主要体现的就是中国人民革命建国的理论，它正确解决了有关中国革命的一系列基本问题，指明了中国革命胜利的道路和方向。

确立毛泽东思想在全党的指导地位是党的七大的历史性贡献，反映了全党在思想上、政治上的成熟，反映了党的理论水平的极大提高。党的七大之后，全党同志在毛泽东思想的指引下团结一致，开始为实现中国革命的彻底胜利和迎接新中国的诞生而努力奋斗。

四是选举产生以毛泽东为首的成熟的中央领导集体，使全党在组织上达到空前的团结和统一。党的七大选举产生了中央委员44人，候补中央委员33人，组成新的中央委员会。这个中央委员会是一个由各个地方、各个岗位上有着各种经历的优秀人物汇集的、有威信的空前团结的领导机构。

1945年6月19日，中国共产党七届一中全会选出了中央政治局成员，选举毛泽东、朱德、刘少奇、周恩来、任弼时为中央书记处书记，毛泽东为中央委员会主席、中央政治局主席、中央书记处主席。

党的七大是新民主主义革命时期召开的最重要的也是最后一次党的全国代表大会，它以"团结的大会，胜利的大会"而载入党的史册。它为全党紧密地团结在以毛泽东为首的党中央周围，领导全国人民为夺取抗日战争的最后胜利和新民主主义革命在全国的胜利，奠定了政治上、思想上、组织上的牢固基础。

---

[1] 中央档案馆编：《中共中央文件选集》第15册，中共中央党校出版社1991年版，第115页。

二 国共两党和与战的抉择

1945年，是世界反法西斯战争的最后一年，也是中国抗日战争的最后一年。从1943年开始，世界反法西斯战争就出现了胜利的形势。到1945年上半年，欧洲战场上捷报频传——5月2日，苏联红军攻克柏林，5月8日，法西斯德国无条件投降。在亚洲和太平洋战场，美国在太平洋上发起越岛进攻，向日本本土步步逼近；中国共产党领导的敌后抗战在度过1941年至1942年的困难时期后，从1943年起进入再发展时期，到1945年春，中国共产党领导的抗日根据地已有19块，总面积95万平方公里，人口9550万人，八路军、新四军及其他人民抗日武装上升到91万人，民兵有220万人。

此时，以蒋介石为代表的国民党当局仍基本上采取避战反共政策。1943年春，蒋介石署名出版《中国之命运》一书，鼓吹中国的法西斯主义。接着，国民党顽固派又借1943年5月共产国际宣布解散的机会，要求"解散共产党""取消陕甘宁边区"，并密令以重兵驻守西北的胡宗南部准备向陕甘宁边区进攻。与此同时，美国将前一时期所采取的赞同国共合作的政策逐渐转变为扶蒋反共的政策。美国驻华大使赫尔利在1945年4月2日发表声明，宣称美国政府只同国民党"合作"，不同共产党合作。这个声明助长了国民党政府的反共气焰，加剧了中国内战的危机。5月5日至21日，国民党召开第六次全国代表大会，拒绝中共提出的建立民主联合政府的主张，选择了坚持独裁、准备内战的道路。

中共七大闭幕后，八路军和新四军迅速投入了对日军的夏季攻势作战，为转入全面反攻做好了必要准备。1945年7月26日，美、英、中三国发表波茨坦公告，促令日本无条件投降。8月8日，苏联发表对日作战宣言。8月9日，毛泽东发表《对日寇的最后一战》的声明。8月10日，日本外务省通过中立国瑞士、瑞典政府将日本接受《波茨坦公告》的照会转交对日作战的中、美、英、苏四国政府，请求投降。日本乞降的消息传到延安，朱德总司令于当晚向各解放区抗日部队发布向日伪军加紧进攻的命令，要求他们向附近的敌军送出通牒，限他们在一定时间内缴出全部武器；如果日伪军队拒绝投降缴械，应该立即予以消灭，接收他们所占的城镇和交通要道。8月11日，延安总部又连续发布六道命令，要求各解放区武装部队向敌伪所占地区和交通要道展开积极进攻，包括要求冀热辽解放区等部队向东北进军，迫使日伪军投降。根据延安总部的指示和命令，各抗日根据地的人民军队向日伪军发起了猛烈的全面反攻。8月15日，日本天皇裕仁以广播《终战诏书》的形式，向公众宣布无条件投降。

艰难困苦，玉汝于成。中国人民经过14年的浴血奋战，终于迎来了抗日战争的最后胜利。这是100多年来中国人民反对外来侵略第一次取得完全胜利的民族解放战争，洗雪了19世纪40年代以来的民族耻辱，成为中华民族由衰败到重新振兴的转折点，为中国的民族独立和人民解放奠定了基础。

然而，战后的种种迹象表明，国民党要维持一个大地主大资产阶级专政的旧中国，即半殖民地半封建的中国，而共产党则要建立一个无产阶级领导的以工农联盟为基础的人民民主专政的新中国，即新民主主义的中国。国共两党对和平、民主、建国问题有着不同的回答，斗争不可避免。

在抗战胜利前的1945年8月11日，蒋介石接连发出两个相互矛盾的命令：一个是要求国民党军队"各战区将士加紧作战努力，一切依照既定军事计划与命令，积极推进，勿稍松懈"；另一个是要求共产党领导的第十八集团军"所有该集团军所属部队,应就原地驻防待命"。同时,命令沦陷区的伪军就地"维持治安",只准接受国民党军队的收编。

8月13日,新华社发表了毛泽东撰写的评论:《蒋介石在挑动内战》,一针见血地指出:"蒋介石的'命令',从头到尾都是在挑拨内战,其目的是在当着国内外集中注意力于日本无条件投降之际,找一个借口,好在抗战结束时,马上转入内战。"同一天,他在延安干部会议上又作了《抗日战争胜利后的时局和我们的方针》的讲演,指出:"对于蒋介石发动内战的阴谋,我党所采取的方针是明确的和一贯的,这就是坚决反对内战,不赞成内战,要阻止内战。今后我们还要以极大的努力和耐心领导着人民来制止内战。但是,必须清醒地看到,内战危险是十分严重的,因为蒋介石的方针已经定了。按照蒋介石的方针,是要打内战的。"他强调说:"人民得到的权利,绝不允许轻易丧失,必须用战斗来保卫。我们是不要内战的。如果蒋介石一定要强迫中国人民接受内战,为了自卫,为了保卫解放区人民的生命、财产、权利和幸福,我们就只好拿起武器和他作战。""总而言之,我们要有准备。有了准备,就能恰当地应付各种复杂的局面。"

从当时的形势看,蒋介石要立刻发动内战也不现实,还存在着诸多困难:一是全国人民普遍要求和平,以便重建家园;二是美、英、苏三国从各自的利益出发,也都不赞成中国发生内战;三是蒋介石的精锐部队大多还在西南和西北地区,运送这些部队到内战前线需要时间;四是中共实力壮大(拥有120多万党员、120多万军队和220万民兵)并发出了明确警告,使他不敢轻举妄动。正是在这种情况下,蒋介石于8月14日、20日、23日连续三次致电毛泽东,邀请他速到重庆,"共定大计"。

中共中央对局势的发展有着清醒的估计。8月23日,毛泽东主持召开中共中央政治局扩大会议,并在会上作了长篇发言。他指出:现在的情况是,我国抗日战争阶段已经结束,进入了和平建设的阶段。我们现在的口号是"和平、民主、团结",过去的口号是"抗战、团结、进步"。和平是可能取得的,因为中国人民需要和平,苏、美、英也需要和平,不赞成中国打内战。中国过去是大敌当前,现在是疮痍满目,前方各解放区损失严重,人民需要和平,我们党需要和平。国民党暂时也不能下决心打内战,因为它的摊子没有摆好,兵力分散……因此,内战是可以避免和必须避免的。他还强调说:七大时讲的长期迂回曲折,准备出现最大困难,现在要实行了。现在我国在全国范围内可能成立资产阶级领导的而有无产阶级参加的政府。走这个弯路将使我们党在各方面达到更成熟,中国人民更觉悟,然后建立新民主主义的中国。

经过充分讨论,中共中央认为,无论如何,同国民党进行和平谈判是必要的:第一,由于和平、民主、团结是战后人民的强烈愿望,只要有可能,党就应当争取通过和平的途径来实现中国的进步和发展;第二,由于蒋介石的内战部署一时难以完成,党和全国人民是有可能争取实现国内和平局面的,即使是暂时的和平,也应该积极争取,这对于需要做应变准备的革命力量来说,也是有利的;第三,通过和平谈判,可以使全国人民看清楚国民党统治集团究竟是真要和平民主,还是在这个幌子下实行独裁内战,这对于提高人民的革命觉悟有很大作用。

8月25日晚,中共中央决定派毛泽东、周恩来、王若飞去重庆,同蒋介石进行和平谈判。8月28日,毛泽东偕同周恩来、王若飞,在国民党政府代表张治中、美国驻华大使赫尔利陪同下,从延安乘专机赴重庆。毛泽东赴重庆这一举动所表现出来的谋求和平的诚意,受到普遍的热烈赞誉。民主人士柳亚子赋诗称颂毛泽东亲临重庆的行动是"弥天大勇"。重庆《大公报》发表社评说,"毛先生能够惠然肯来,其本身就是一件大喜事",抗战胜利后,"我们再能做到和平、民主与团结,这岂不是国家喜上加喜的大喜事!"

重庆谈判从8月29日开始,到10月10日结束。在重庆期间,毛泽东就和平建国等问题直接同蒋介石进行过多次商谈。中共代表周恩来、王若飞和国民党政府代表王世杰、张群、张治中、邵力子进行了43天的具体问题的谈判。经过谈判,国民党当局表示承认"和平建国的基本方针",同意"长期合作,坚决避免内战,建设独立、自由和富强的新中国";同意结束国民党的"训政",召开政治协商会议;承认人民的某些民主权利;同意"积极推行地方自治,实行由下而上的普选";等等。10月10日,双方正式签署了《国民政府与中共代表会谈纪要》,即《双十协定》。

国民党当局虽然同共产党谈判说要谋求和平,但它并没有放弃通过战争来消灭人民革命力量的企图。还在重庆谈判期间,国民党当局就重新秘密印发1933年蒋介石在"围剿"红军时编的《剿匪手本》。《双十协定》刚刚签订,蒋介石就发布了进攻解放区的密令,要求国民党军队将领"督励所属,努力进剿,迅速完成任务"。自日本投降至10月17日两个多月的时间里,有30座解放区的城市被国民党军队侵占。与此同时,国民党政府派遣大批官员到原沦陷区,恢复在那里的统治。开始,人民是欢迎国民党回来的,但是许多国民党官员趁机贪婪地掠取财物,接收成为"劫收"。一时间,物价高涨,社会混乱,民不聊生。官僚资本在接收的名义下急剧膨胀,民族工业的前途陷入绝望。这样,国民党在人民中的信誉一落千丈。国民党军队通过接收100多万日军和几十万伪军的武器装备,同时收编大量伪军,实力也进一步膨胀起来。

为了保卫人民抗战的胜利成果,壮大人民革命力量,9月19日,中共中央向各中央局发出指示,明确规定"向北发展,向南防御"是党的一项"全国战略方针"。主要内容是:在南方作出让步,收缩南部防线;巩固华北以及华东、华中的解放区;控制热河、察哈尔两省,集中力量争取控制具有重要战略地位的东北地区。在对国民党军队进行必要的自卫作战的同时,人民军队遵照中共中央的命令,坚决从日、伪军手中收复失地。到1946年1月,解放区已拥有239.1万平方公里的土地,1.49亿人口,506座城市。

站起来 富起来 强起来

　　1946年6月下旬，国民党军队调动22万人，突然向以鄂北宣化店为中心的中原解放区发动大规模进攻。我中原军区主力在司令员李先念等率领下，分路突围。接着，国民党军队又向苏中、淮北、晋冀鲁豫、晋绥、东北等解放区大举进攻。全面内战终于爆发了。

三 决定胜败的战略决战

全面内战开始时,国民党军队确实来势汹汹。国民党用于进攻解放区的总兵力为 160 万人,占其全部正规军约 200 万人的 80%,而且得到美国的援助和支持,装备精良。它的战略企图是:沿主要铁路干线由南向北进攻,夺取并控制解放区的城市和交通线,歼灭人民军队主力,妄图将人民军队压迫到黄河以北后聚歼于华北地区。

相比之下,人民军队的总兵力为 127 万人,装备基本上是步兵武器,仅有少量火炮。解放区内部的封建势力尚未肃清,后方还不是很巩固。解放区处在国民党军队的分割包围中,在物质上得不到任何外援。

在敌我力量对比如此悬殊的情况下,中国共产党坚定地指出:我们必须打败蒋介石的进攻,因为如果我们表示软弱、退让,中国将变成黑暗世界,我们民族的前途将会被断送;我们能够打败蒋介石,因为人民军队的战争所具有的爱国的正义的革命的性质,必然要获得全国人民的拥护,这是战胜国民党的政治基础。

1946 年 8 月,全面内战爆发一个多月后,毛泽东会见了来访的美国记者安娜·路易斯·斯特朗。在谈话中,毛泽东提出了"一切反动派都是纸老虎"的著名论断,表示了对貌似强大的敌人的蔑视,表明了打败国民党反动派的信心和决心。

从 1946 年 6 月至 1947 年 6 月的一年多的时间里,人民军队处于战略防御阶段,战争主要在解放区进行。从 1946 年 6 月下旬至 10 月,国民党军队占领了解放区的153座城市，人民军队也收复了48座城市，并歼敌29.8万人。从1946年11月至1947年2月，人民军队逐步扩大歼灭战的规模，又经过四个月的作战，歼灭国民党军队共41万人；国民党军队侵占解放区城市87座，人民军队则收复和解放城市87座。由于战线延长同兵力不足的矛盾日益尖锐，国民党军队终于丧失向解放区全面进攻的能力，妄图以速战速决的方式消灭人民革命力量的计划随之宣告破产。

从1946年6月开始，经过人民解放军一年的作战，敌我力量对比和战争形势发生了重大的变化。1947年7月，国民党军队的总兵力已从战争开始时的430万人下降为373万人，其中正规军由200万人下降为150万人，而且士气低落，军心涣散；人民解放军的总兵力则由127万人增加为195万人，其中正规军近100万人，虽然数量不及国民党军队，但是士气高昂，并且得到人民群众的支持。为摆脱困境，蒋介石于1947年7月4日颁布全国总动员令，企图将战火继续烧向解放区，进一步破坏和消耗解放区的人力物力，使人民解放战争难以持久。

战争是智慧的较量。中共中央当机立断，作出出人意料的决策：不等完全粉碎敌人的战略进攻，不等解放军在数量上占有优势，立刻举行全国性的反攻，即以主力打到外线去，将战争引向国民党区域，在外线大量歼敌，彻底破坏国民党将战争继续引向解放区、进一步破坏和消耗解放区的人力物力、使人民解放战争不能持久的反革命战略方针。

中共中央选择地处中原的大别山区作为主要突击方向。当时，国民党正集中兵力于东西两翼战场，中央部分的兵力比较薄弱，只是凭借黄河天险，以少数兵力实施防御。大别山区曾经是革命老根据地，群众条件较好，利于解放军立足生根。解放军只要能占据大别山区，就可以东慑南京，西逼武汉，南扼长江，钳制中原，迫使蒋介石调动进攻山东、陕北的部队回援，同解放军争夺这块战略要地，由此从根本上改变战局，达到将战争从解放区引向国民党统治区域的战略目的。

第一章
新中国的诞生

1947年6月30日夜，刘邓大军12万余人以出乎敌人意料的突然行动，在山东省的临濮集至张秋镇150公里的地段上，一举突破黄河天险，揭开战略进攻的序幕，开始了千里跃进大别山的壮举。经过艰苦的行军和激烈的战斗，在8月末胜利到达大别山区。刘邓大军坚决依靠人民群众，奋勇作战，粉碎了国民党军队的轮番进攻，到11月，共歼敌3万余人，建立了33个县的民主政权，初步打开了大别山地区的局面。

在刘邓大军跃进大别山之际，由陈赓、谢富治率领的晋冀鲁豫野战军一部8万人在8月下旬渡过黄河，挺进豫西。由陈毅、粟裕率领的华东野战军主力，也在9月越过陇海铁路南下，进入豫皖苏平原。

至此，三路大军都打到外线，布成"品"字形阵势，纵横驰骋于黄河以南、长江以北、西起汉水、东迄大海的广大地区，把战线由黄河南北推进到长江北岸，使中原地区由国民党军队进攻解放区的重要后方，变成人民解放军夺取全国胜利的前进基地。三路大军的进攻，对调动和吸引国民党军队南线全部兵力160多个旅中约90个旅左右于自己的周围，迫使敌人处于被动地位，起了决定性的战略作用。仍在内线作战的人民解放军，也在同时加紧发起攻击，并渐次转入反攻。各个战场上的攻势作战，构成了人民解放军全国规模的战略进攻的总形势。

战争是人力、物力的较量。人民解放军转入战略进攻的新形势，要求解放区普遍深入地开展土地制度改革运动。1947年7月至9月，在刘少奇主持下，中共中央工作委员会在河北平山县西柏坡村召开全国土地会议，制定《中国土地法大纲》，并于同年10月10日由中共中央批准公布。这是一个彻底的反封建的土地革命纲领。全国土地会议以后，解放区各级党政领导机关派出大批土改工作队深入农村，开展发动农民群众、组织贫农团和农会、控诉地主、惩办恶霸、着手没收地主土地等工作，迅速形成土地制度改革的热潮。土改运动在一个时期内曾发生"左"的偏向，中共中央发现问题后，立刻采取措施加以纠正，逐步引导土改运动走上健康发展的轨道。经过土地改革运动，到1948年秋，在1亿人口的解放区消灭了封建的生产关系。广大农民在政治和经济上翻身以后，政治觉悟和组织程度空前提高。在"参军保田"的口号下，大批青壮年农民潮水般涌入人民军队。各地农民不仅将粮食、被服等送上前线，而且组成运输队、担架队、破路队等，随军担负战地勤务。他们还广泛建立与加强民兵组织，配合解放军作战，保卫解放区。人民解放战争获得了足以保证夺取胜利的取之不竭的人力、物力的源泉。

随着人民解放战争进入战略进攻阶段，1947年10月10日，中国人民解放军总部发表宣言，响亮地提出"打倒蒋介石，解放全中国"的口号。为了制定"打倒蒋介石，解放全中国"的具体行动纲领，1947年12月，中共中央在陕北米脂县杨家沟召开会议，毛泽东在会上作《目前形势和我们的任务》的报告。报告发出号召："联合工农兵学商各被压迫阶级、各人民团体、各民主党派、各少数民族、各地华侨和其他爱国分子，组成民族统一战线，打倒蒋介石独裁政府，成立民主联合政府。"这是当时党的最基本的政治纲领。

报告总结人民军队的作战经验，提出了十大军事原则。这些原则的核心，是"集中优势兵力，各个歼灭敌人"。这些原则是建立在人民战争的基础之上的。报告还指出："没收封建阶级的土地归农民所有，没收蒋介石、宋子文、孔祥熙、陈立夫为首的垄断资本归新民主主义的国家所有，保护民族工商业。这就是新民主主义革命的三大经济纲领。""而新民主主义国民经济的指导方针，必须紧紧地追随着发展生产、繁荣经济、公私兼顾、劳资两利这个总目标。"

为了保证党的政治、军事、经济纲领的贯彻实施，报告强调，必须整顿党的队伍，解决在党的地方组织特别是农村基层组织中存在的成分不纯和作风不纯的问题，使党能够同最广大的劳动群众完全站在一起，并领导他们前进。

随着一些大中城市的先后解放，城市中许多新的问题摆到中国共产党的面前。1948年2月，中共中央发出《中央工委关于收复石家庄的城市工作经验》，强调指出：我们在城市工作中的方针是建设，而不是破坏。6月，中共中央又批转《中共东北中央局关于保护新收复城市的指示》，强调不能还是以游击战争的观点、还是以农村的观点来看城市。为此，中共中央决定在新占领城市实行短期的军事管理制度。12月，中共中央批转陈云写的《接收沈阳的经验》，指出接管工作应各按系统，自上而下，原封不动，先接后分，做到接收得快而完整，避免混乱和大的波动。由于党采取了一系列正确的政策，新解放城市的社会秩序都很快趋于稳定，生产及时得到恢复和发展，党同各阶层民众建立起良好的关系。这些新解放城市，对支援解放战争、繁荣解放区经济起了重要的作用。

在解放战争胜利发展形势的鼓舞下，在中国共产党的领导和影响下，国民党统治区的人民民主运动有了新的发展。1948年4月30日，中共中央发布"五一口号"，号召召开没有反动分子参加的新的政治协商会议，筹备建立民主联合政府。这一号召，得到各民主党派和无党派民主人士的热烈响应。从8月开始，民主党派、民主阶层的代表人士陆续进入解放区，在中共的领导下积极参与筹备新政协、建立人民民主专政的新中国的工作。

人民解放战争发展到1948年秋季的时候，决定中国前途和命运的战略大决战的时刻到来了。这时，人民解放军已发展到280万人，其中野战军达到149万人，且武器装备已有很大改善。解放区面积已占全国总面积的24.5%，人口有1.68亿人，占全国总人口的35.5%，并且在大约1亿人口的地区实现了土地改革。人民解放军的后方进一步巩固。与此相反，国民党军队已由战争开始时的430万人下降为365万人，可用于第一线的兵力仅174万人，而且士气低落。在这种情况下，它在军事上不得不放弃"全面防御"而实行"重点防御"。它的五个战略集团（即胡宗南集团、白崇禧集团、刘峙集团、傅作义集团、卫立煌集团)已被人民解放军分割在西北、中原、华东、华北、东北五个战场上,相互间难以取得配合。

以毛泽东为首的中共中央、中央军委审时度势,当机立断,正确选定战略决战的方向,抓住稍纵即逝的时机,连续组织了辽沈、淮海、平津三大战役,并使战略决战的三大战役之间、各战役的各个阶段之间有机地联系起来,一个胜利接着一个胜利地向前发展。

辽沈、淮海、平津三大战役,从1948年9月12日开始,至1949年1月31日结束,历时4个月零19天,共歼灭国民党军队154万人,使国民党赖以维持其反动统治的主要军事力量基本上被摧毁,为中国革命在全国的胜利奠定了基础。三大战役是中国革命战争史上也是世界战争史上惊天动地的壮举。

四　新中国的诞生

经过三大战役，中国革命已处在胜利的前夜，新中国的曙光已经出现在世界的东方。

还在渡江战役之前，1949年3月5日至13日，党的七届二中全会在河北平山县西柏坡村举行。全会着重讨论了党的工作重心的战略转移，即工作重心由乡村转移到城市的问题。全会指出，党着重在乡村聚集力量、用乡村包围城市这样一种时期已经完结，从现在起，开始了由城市到乡村并由城市领导乡村的时期。当然城乡必须兼顾，绝不可以丢掉乡村，仅顾城市。但是工作重心必须放在城市，必须用极大的努力去学会管理城市和建设城市。在领导城市工作时，党必须全心全意地依靠工人阶级，团结其他劳动群众，争取知识分子，争取尽可能多的能够同共产党合作的民族资产阶级及其代表人物，以便向帝国主义者、国民党、官僚资产阶级作政治斗争、经济斗争和文化斗争，并向帝国主义者作外交斗争。同时，党要立即开始着手建设事业，一步一步地学会管理城市，并将恢复和发展城市中的生产作为中心任务，城市中的其他工作，都必须围绕着生产建设这个中心工作并为这个中心工作服务。

全会充分研究了经济政策问题，指出，当前全国工农业总产值中，现代工业大约占10%，农业和手工业占90%，这是党在革命胜利后一个相当长的时间内考虑一切问题的基本出发点。没收官僚资本归人民共和国所有，就可使社会主义性质的国营经济成为整个国民经济的领导成分。分散的个体的农业和手工业，在今后一个相当长的时间内，还不能从基本性质上改变过来，但我们是可能和必须谨慎地、逐步地而又积极地引导它们向着现代化和集体化的方向发展的。中国的私人资本主义经济也是不可忽视的力量。在革命胜利以后一个相当长的时期内，还需要尽可能地利用城乡私人资本主义的积极性，以利于国民经济的发展，同时要对它不利于国计民生的消极作用进行限制。限制和反限制，将是新民主主义国家内部斗争的主要形式。

全会指出，革命在全国胜利并解决土地问题以后，中国还存在着两种基本的矛盾：国内是工人阶级和资产阶级的矛盾，国外是中国和帝国主义国家的矛盾。因此，工人阶级领导的国家政权不是可以削弱，而是必须强化。

全会强调中国的民主革命是伟大的，但是胜利以后的路程更长，工作更伟大、更艰巨。全会提醒全党要警惕骄傲自满、以功臣自居的情绪的滋长，警惕资产阶级用糖衣裹着的炮弹的攻击，全党同志务必继续地保持谦虚、谨慎、不骄、不躁的作风，务必继续地保持艰苦奋斗的作风。全会还根据毛泽东的提议，作出禁止给党的领导者祝寿和用党的领导者的名字作地名等规定。

在中国革命转折关头召开的七届二中全会，具有重大的历史意义。这次会议提出了促进革命取得全国胜利和组织这个胜利的方针，规定了党在全国胜利以后，在政治、经济、外交方面应当采取的基本政策，以及使中国由农业国转变为工业国、由新民主主义社会转变到社会主义社会的总任务和主要途径。这次会议为夺取全国胜利和建设新中国，在政治上、思想上和理论上作了充分的准备。七届二中全会后，3月25日，中共中央及其所属机构由西柏坡迁至北平。

在1949年元旦到来的时候，蒋介石在内外压力下不得不发表"求和"声明。他在声明中提出要保存其"宪法"，保存其"法统"，保存其军队等，否则就要同共产党"周旋到底"。1月14日，毛泽东发表《关于时局的声明》，提出惩办战争罪犯、废除伪宪法和伪法统、改编一切反动军队等八项条件，作为同国民党政府及其地方政府、军事集团进行和平谈判的基础。到达解放区的李济深、沈钧儒、郭沫若、谭平山等55人于1月22日联名发表《对时局的意见》，坚决支持毛泽东的声明，表示"愿在中共领导下"，为推进革命、建设新中国而尽力。

1月21日，蒋介石宣告"引退"，其"总统"职务由"副总统"李宗仁代理。次日，李宗仁表示愿以中共所提八项条件为基础进行和平谈判。4月1日，以周恩来为首席代表的中共代表团同以张治中为首席代表的国民党政府代表团开始谈判。经双方多次交换意见、多方协商后，中共代表团在4月15日将《国内和平协定（最后修正案）》送交国民党政府代表团，并限国民党政府在4月20日前就协定表明态度。4月20日，李宗仁、何应钦电复国民党政府代表团，拒绝在《国内和平协定（最后修正案）》上签字，谈判宣告破裂。

4月21日，毛泽东主席和朱德总司令发布《向全国进军的命令》。由刘伯承、邓小平等指挥的第二野战军（原中原野战军）和陈毅、粟裕、谭震林等领导的第三野战军（原华东野战军），在中原军区部队配合下，在西起湖口、东至江阴的千里战线上，分三路强渡长江，国民党苦心经营三个半月的长江防线顷刻瓦解。4月23日，人民解放军占领国民党的统治中心南京，宣告了延续22年的国民党反动统治的覆灭。随后，解放军各路大军分别以战斗方式或和平方式，迅速解决国民党军队残余部队，解放广大国土。

国民党反动统治的大厦倾覆，建立新中国的条件已经成熟。按照七届二中全会的精神，开始了新政治协商会议的筹备工作。6月，筹备会第一次全体会议在北平召开，成立以毛泽东为主任的新政协筹备会常务委员会，全面展开筹建新中国政权的工作。毛泽东在会议开幕时豪迈地说："中

站起来 富起来 强起来

国人民将会看见,中国的命运一经操在人民自己的手里,中国就将如太阳升起在东方那样,以自己的辉煌的光焰普照大地,迅速地荡涤反动政府留下来的污泥浊水,治好战争的创伤,建设起一个崭新的强盛的名副其实的人民共和国。"[1] 6月30日,毛泽东发表题为《论人民民主专政》的重要文章,指出:"总结我们的经验,集中到一点,就是工人阶级(经过共产党)领导的以工农联盟为基础的人民民主专政。"[2] 我们要经过人民共和国,"由农业国进到工业国,由新民主主义社会进到社会主义社会和共产主义社会。"[3]

经过紧张的筹备,9月21日,中国人民政治协商会议第一届全体会议在北平中南海怀仁堂隆重开幕。人民政协是共产党领导的以工农联盟为基础的人民民主统一战线的组织形式。参加政协的有中国共产党、各民主党派、无党派人士、各人民团体、人民解放军、各地区、各民族以及国外华侨的代表,共662人。在普选的全国人民代表大会召开前,政协全体会议代行全国人民代表大会的职权。

代表们个个兴高采烈,毛泽东更是掩饰不住内心的喜悦。他在开幕词中深情又豪迈说:"诸位代表先生们,我们有一个共同的感觉,这就是我们的工作将写在人类的历史上,它将表明:占人类总数四分之一的中国人从此站立起来了。""我们的民族将从此列入爱好和平自由的世界各民族的大家庭,以勇敢而勤劳的姿态工作着,创造自己的文明和幸福,同时也促进世界的和平和自由。我们的民族将再也不是一个被人侮辱的民族了,我们已经站起来了。"[4]

会议自始至终洋溢着热烈欢庆、团结协商的气氛。经过讨论,会议通

---

[1]《毛泽东选集》第四卷,人民出版社1991年版,第1467页。
[2]《毛泽东选集》第四卷,人民出版社1991年版,第1480页。
[3]《毛泽东选集》第四卷,人民出版社1991年版,第1476页。
[4]《中国人民政协第一届会议上 毛主席开幕词》,《人民日报》1949年9月22日第1版。

过了《中国人民政治协商会议共同纲领》(以下简称《共同纲领》)。关于国体和政体,《共同纲领》规定:"中华人民共和国为新民主主义即人民民主主义的国家,实行工人阶级领导的、以工农联盟为基础的、团结各民主阶级和国内各民族的人民民主专政。""人民行使国家政权的机关为各级人民代表大会和各级人民政府。""各级政权机关一律实行民主集中制。"关于经济建设方针,《共同纲领》规定"以公私兼顾、劳资两利、城乡互助、内外交流的政策,达到发展生产、繁荣经济之目的"。国家应调剂国营经济、个体经济、私人资本主义经济等,"使各种社会经济成分在国营经济领导之下,分工合作,各得其所,以促进整个社会经济的发展"。关于民族政策,《共同纲领》规定国内"各民族一律平等,实行团结互助","各少数民族聚居的地区,应实行民族的区域自治"。关于外交政策,《共同纲领》规定其原则为保障"国际的持久和平和各国人民间的友好合作,反对帝国主义的侵略政策和战争政策"。[1]《共同纲领》是团结全国人民建设新民主主义中国的大宪章,在一个时期内起着临时宪法的作用。

会议通过了《中华人民共和国中央人民政府组织法》,一致选举毛泽东为中央人民政府主席,朱德、刘少奇、宋庆龄、李济深、张澜、高岗为副主席,周恩来、陈毅等56人为中央人民政府委员。随后,中央人民政府委员会任命周恩来为政务院总理兼外交部部长。

会议决定:北平为中华人民共和国首都,将北平改名为北京;采用公元纪年;在中华人民共和国的国歌正式制定前,以《义勇军进行曲》为代国歌;国旗为五星红旗,象征全国人民在共产党领导下的大团结。

9月30日,中国人民政治协商会议第一届全体会议胜利闭幕。在革

---

[1] 有关《共同纲领》的内容见中央档案馆编《中共中央文件选集》第18册,中共中央党校出版社1992年版,第584—596页。

命胜利的时刻,人们没有忘记为革命而献身的先烈。当晚,天安门广场庄严肃穆,各界人士在这里举行了人民英雄纪念碑奠基礼。这是一个不眠之夜。在下一个黎明到来的时候,一个崭新的中国将同喷薄欲出的旭日一起,升起在东方的地平线上。中国历史将由此开始新的纪元,中国人民当家作主的时代已经到来。

1949年10月1日,中华人民共和国中央人民政府宣告成立。这是中国有史以来最伟大的事件,也是20世纪世界最伟大的历史事件之一。当天下午3时,新定为首都的北京有30万军民在天安门广场见证开国大典,庆祝中央人民政府成立。毛泽东主席庄严宣告:中华人民共和国中央人民政府今天成立了!军乐队奏响雄壮的《义勇军进行曲》,鲜艳的五星红旗冉冉升起。接着举行了盛大的阅兵式,中国人民解放军受阅部队踏着胜利之师威武雄壮的步伐,接受人民的检阅。工人、农民、学生、市民的游行队伍高举红旗,纵情欢呼人民当家作主的新中国诞生。当天,在全国已经获得解放的各大中城市,也都举行了热烈的庆祝活动。10月1日,被定为中华人民共和国国庆日。

开国大典过后,中央人民政府各工作部门在原华北人民政府各机构的基础上,整建制地建立起来,并立即开始工作。政府机构负责人员的选定,都经过各方面的充分酝酿,反复协商。它包括了中国共产党、各民主党派、各少数民族、海外华侨和其他爱国民主分子等许多方面的优秀代表人物、知名人士和专家,体现了中国共产党团结各民主党派、各民主阶级和国内各民族的统一战线政权的特点。

中华人民共和国的成立,结束了一百多年来帝国主义勾结封建统治者压迫、剥削中国各族人民的历史,使半殖民地半封建的中国成为真正具有独立主权的国家。它结束了自晚清政府、北洋政府到国民党政府统治下内外战乱频仍、国家四分五裂的历史,使中国成为以人民民主为基础的新国家。它在一个人口占全人类近四分之一的大国里,冲破帝国主义的东方战线，改变了国际政治格局，壮大了世界和平民主和社会主义阵营的力量。这是马克思主义在中国的胜利，是马克思主义的普遍原理和中国革命具体实践相结合的毛泽东思想的胜利。这一胜利，使毛泽东思想成为这个新生的人民共和国各项事业的指导思想。

第二章
新中国的奠基

新中国成立后的头三年，国民经济快速增长，到1952年年底，全国工农业生产达到历史最高水平。这种增长虽然带有明显的战后恢复性质，但从世界范围来看，与"二战"后欧亚各国经济恢复到战前水平的情况相比，新中国在战后经济恢复之快、增长幅度之大，是举世瞩目的。国民经济的全面恢复和初步发展，为国家开始进行有计划的经济建设和沿着新民主主义轨道逐步走向社会主义奠定了良好的基础。

一 巩固新政权,建设新中国

中华人民共和国成立之初,中国共产党面临着许多困难和考验。军事上,解放战争还没有完全结束,国民党还有上百万军队在西南、华南和沿海岛屿负隅顽抗;在新解放区,大批国民党残余力量同当地恶霸势力相勾结,以土匪游击战争的方式破坏人民政权。经济上,新中国继承的是一个十分落后的千疮百孔的烂摊子,工农业生产萎缩,交通梗阻,物资匮乏,民生困苦,旧社会遗留下来的恶性通货膨胀仍然困扰着人民的经济生活。随着中国人民革命的胜利,中国共产党成为在全国范围执掌政权的党,不仅要在全新的任务面前学会全新的本领,更重要的是在执政和从事和平建设的全新历史条件下,继续保持同人民群众的血肉关系,继续保持实事求是、谦虚谨慎和艰苦奋斗的优良传统,不被权力、地位和资产阶级的吹捧所腐蚀,这对党的队伍是一个严峻的考验。

面对复杂形势和困难,中共中央和中央人民政府确定以恢复和发展生产为工作中心,领导全国人民团结一致,努力医治战争创伤,为巩固新生政权、建设新中国进行了卓有成效的斗争。

遵照《共同纲领》的要求和人民革命军事委员会的统一部署,中国人民解放军以穷追猛打的磅礴气势,向国民党残余军事力量展开了最后的围歼。到1950年6月,共歼灭残存的国民党正规军128万余人,收编改造170余万起义投诚人员,使整个人民解放战争中消灭的国民党军队的总数达到807万余人,实现了除西藏、台湾、香港、澳门和少数几个海岛以外的全部中国领土的解放。1951年，中央人民政府同西藏地方政府达成关于和平解放西藏办法的协议，西藏获得和平解放。

随着人民解放军的胜利进军，在各新解放区迅速建立起军事管制委员会作为临时的过渡性政权，接管国民党的一切公共机关、产业和物资，镇压反革命的破坏活动，组织恢复生产，并组建地方各级人民政府。新解放区地方人民政府一经建立，就与人民解放军一起进行了大规模的剿匪作战，到1950年6月，共歼灭国民党土匪武装近百万人，初步稳定了社会秩序。

中国革命的胜利，结束了百余年来旧中国的屈辱外交史，使中国以独立自主的崭新面貌出现于世界。按照中华人民共和国成立前夕中共中央制定的新中国对外政策的原则，新中国坚定地站在世界和平民主和社会主义阵营一边，反对帝国主义的侵略和战争政策；不承认国民党政府同各国建立的旧的外交关系，也不急于取得帝国主义国家对新中国的承认，而是坚持必须在同国民党反动派断绝关系的前提下，并在平等互利及互相尊重领土主权的基础上，与外国政府谈判从而建立外交关系。1949年10月到1950年1月，中华人民共和国先后与苏联等欧亚十多个人民民主国家建立了外交关系。1949年12月至1950年2月，经毛泽东主席、周恩来总理访苏，同苏联签订《中苏友好同盟互助条约》，解决了两国重大历史遗留问题，并用条约的形式把两国的同盟关系固定下来。中苏结盟是新中国成立后采取的重大外交行动，对当时的国际格局产生了深远影响。1950年至1951年，新中国同印度等四个亚洲民族独立国家以及瑞典、丹麦、瑞士和芬兰四个欧洲资本主义国家建立了外交关系。通过与这些国家建交，新中国向周边国家传达了睦邻友好的信息，向世界昭示了"一个中国"的原则，迈出了打破美国遏制和孤立新中国的重要一步。

在废除帝国主义与中国签订的不平等条约的基础上，中央人民政府在全国范围内有秩序地进行了取消帝国主义在中国的一切特权的工作。首先收回了帝国主义在中国的海关管理权、驻军权和内河航行权。这三项权利对中国主权的损害最大，是中国半殖民地的象征。1949年10月，中国海关总署成立；中央人民政府公布《中华人民共和国暂行海关法》和新的海关税则，并由国家管制对外贸易，实行进出口许可证制度。中国海关由此完全掌握在中国人民自己手中。1950年1月至9月，北京、天津和上海先后收回或征用美国、英国、法国、荷兰在该地的兵营。外国在华军事特权被全部取消。1950年7月，中央财经委员会发布关于统一航运管理的指示，规定外轮一般不准在内河航行，同时对在华外轮公司实行逐步接管，中国领水主权也全部恢复。对于外国政府、私人和团体在中国设立的宣传机构，在城市接管中即开始清理；随后，中国政府宣布不允许外国人继续在中国兴办报纸和杂志，停止与中国无外交关系的外国通讯社和记者的活动。对于外国人经办或接受外国津贴的文化、教育、卫生、救济等机构，暂时允许它们在遵守中国政府法令的前提下继续存在。

为使新生人民政权首先在经济上从而在政治上站住脚跟，中华人民共和国成立伊始的一项紧迫任务，就是制止通货膨胀和物价上涨，稳定经济形势，建立新民主主义的经济秩序，形成各种经济成分在国营经济领导下分工合作、各得其所的基本经济格局。随着对城市的接管，各地军管会采取"自上而下，原封不动，整套接收"的办法，共没收2400多家官僚资本银行和2858个官僚资本企业归国家所有，随之建立起社会主义性质的国营经济。凡属有关国家经济命脉和足以操纵国计民生的经济事业，已通过没收官僚资本基本掌握在国家手中，成为全体人民的公共财产。国营经济作为国民经济中的领导力量和人民民主国家主要的经济基础，为国家调节各种非公有制经济成分、组织恢复生产事业提供了有力的物质手段，并决定着社会经济的性质和发展前途。

中华人民共和国成立之初，新解放地区工矿企业大都遭到不同程度的破坏，给生产事业的恢复带来极大的困难。党和人民政府全心全意地依靠工人阶级，动员一切社会力量为恢复生产而奋斗。国营工矿企业一经建立，就站到了恢复生产事业的第一线；具有光荣斗争传统的中国工人阶级，成为恢复工业生产的主力军，担负起建设新中国的重任。与此同时，党和人民政府精心领导了稳定物价和统一财经的重大斗争。进城之初，人民政府即发布以人民币为唯一合法货币，严禁金条、银圆、外币自由流通的法令，但许多投机的资本家置若罔闻，继续扰乱金融市场。上海的投机商甚至扬言：解放军进得了上海，人民币进不了上海。为此，各新解放城市首先进行了针对银圆投机的斗争，上海市军管会果断地查封了金融投机的大本营"证券大楼"，武汉、广州等城市也严厉取缔所谓银圆兑换店或地下行庄，沉重打击了破坏金融的非法活动。紧接着，不法投机商又大量囤积粮食、棉纱、棉布和煤炭，哄抬价格，扰乱市场。有的国民党特务叫嚣：只要控制了两白（米、棉）一黑（煤），就能置上海于死地。为此，中央人民政府精心部署了"米棉之战"，在全国范围内组织粮食、棉纱、棉布、煤炭的大规模集中调运，当物价上涨最猛的时候，全国各大城市按照中央的统一部署敞开抛售，使物价迅速下跌；同时收紧银根，使投机商因资金周转失灵而纷纷破产。由此，党和人民政府运用经济手段，取得了限制资产阶级和资产阶级反限制斗争的第一个回合的胜利。社会主义的国营经济初步取得稳定市场的主动权。

为了从根本上消除通货膨胀、稳定物价，1950年3月，政务院颁布《关于统一国家财政经济工作的决定》，决定统一全国财政收入，统一全国物资调度，统一全国现金管理。同时，政府还采取了紧缩编制、清理仓库、加强税收、发行公债、节约开支等措施。自3月以后，财政收支接近平衡，通货膨胀停止，物价日趋稳定。

稳定物价和统一财经的工作是新中国成立后在财政经济战线上一个具有重大意义的胜利。从此结束了国民党统治时代自全面抗战以来连续十二年使人民深受其苦的通货膨胀和物价高涨的局面，也结束了旧中国几十年财政收支不平衡的局面，为稳定人民生活、恢复和发展工农业生产创造了有利条件。这个胜利，使国内外那些怀疑共产党能否搞好经济的人们不能不表示敬佩，叹为"奇迹"，从而证明中国共产党不仅在军事上是无敌的，在政治上是坚强的，而且在经济上也是完全有办法的。

1950年6月，中国共产党七届三中会在北京召开。毛泽东作了题为《为争取国家财政经济状况的基本好转而斗争》的书面报告，这也是中央向全党和全国人民提出的当前阶段的中心任务。会议指出，我国财政经济状况已经开始好转，但这还不是根本的好转，要获得根本的好转，需用三年左右的时间，创造三个条件：一是土地改革的完成，二是现有工商业的合理调整，三是国家机构所需经费的大量节减。毛泽东在会上还作了《不要四面出击》的讲话，他指出：我们目前面临的敌人是够大够多的，必须处理好同各阶级、各民主党派、知识分子和少数民族之间的关系，以便孤立和打击当前的主要敌人，而不应四面出击、树敌太多，造成全国紧张的不利局面；必须使工人、农民、小手工业者都拥护我们，使民族资产阶级和知识分子中的绝大多数不反对我们。会议批评了那种认为可以提早消灭资本主义、实行社会主义的思想，指出这是不适合当时国家的情况的错误思想。七届三中全会是新中国成立初期中共中央的一次最重要的会议，为国民经济恢复时期党的工作规定了明确的行动纲领和策略、路线。

按照七届三中全会的部署，从1950年下半年起，在广大新解放区有领导、有秩序地开展了大规模的土地改革运动。旧中国以地主土地所有制占主导的土地制度，严重束缚社会生产力的发展，是造成国家贫困落后的主要根源，是中国实现工业化的根本障碍。为在中国彻底废除封建土地制度，1950年6月，《中华人民共和国土地改革法》正式公布实行。从中央到地方各级政府都组织了土改工作队，分批深入各地农村，发动和带领广大农民群众同地主阶级作坚决的斗争。在充分准备的基础上，一场历史上空前规模的土地改革运动，在涉及几亿人口的广大新解放区农村轰轰烈烈地展开了。为了不影响农业生产的正常进行，各地的土改运动一般在冬春的农闲时节进行。

新解放区的土地改革大体分三个阶段进行：发动群众，划分阶级，没收和分配土地财产。最后是进行复查，动员生产。根据恢复和发展生产的中心任务和中华人民共和国成立后形势发生的重大变化，这次土地改革在政策上与中华人民共和国成立前有所不同：对富农，由过去征收富农多余的土地财产改为保存富农经济；对地主，限制了没收其财产的范围；对小土地出租者，提高保留其土地数量的标准。实行这些政策，为的是更好地保护中农，有利于分化地主阶级，减少土地改革运动的阻力，并有利于稳定民族资产阶级。归根到底，这些措施都是为了有利于生产的恢复和发展。

到1952年年底，全国大陆除部分少数民族地区以外基本完成了土地制度的改革。国家从经济上对翻身农民给予支持，宣布实行低农业税率，公粮一律按常年产量计征；组织国营贸易公司和农村供销合作社，及时收购农民生产的农副产品，供应农民急需的生产资料和生活资料，并向农民发放各种农业信用贷款。广大农民在确定地权、获得土地和生产资料后，掀起群众性的生产高潮。以农民个体所有制为基础的小生产，"像千年古树开新花"一般在土地改革完成后的第一年就获得了丰收。如粮食、棉花、油料等主要农产品的产量，1951年比1950年分别增长8.6%、44.8%、21.8%，1952年又比1951年分别增长14.1%、26.5%、15.8%，增长幅度超过了以往的任何历史时期。

在约有3000万人口的少数民族地区，由于经济结构、政治状况和社会历史条件有许多不同于汉族地区的特点，土地关系中存在复杂的民族关系和宗教关系。中央分别不同情况，实行"坚持民主团结、慎重稳进"的方针以及更加缓和的步骤和政策，使少数民族地区陆续实现了民主改革。考虑到西藏地区历史与现实的复杂情况，中央决定由西藏地方政府自动进行改革，同意西藏在第二个五年计划期间（1958—1962）仍可以不进行民主改革。后来由于1959年西藏上层统治集团发动武装叛乱，中央在平叛过程中，应广大农奴和上层爱国人士的要求，才开始在西藏地区进行民主改革，于1960年10月基本完成，消灭了中国大陆上最后残留的封建制度。

全国范围内土地改革的基本完成，消灭了封建制度的经济基础和地主阶级，使广大农民获得了土地等生产资料，摆脱了千百年来封建宗法的人身束缚，极大地解放了农村生产力，促进了农村经济迅速走向恢复和发展。土地改革作为亿万人民群众争取民主的伟大运动，为新中国逐渐走向进步奠定了深厚的群众基础，这是近代以来中国人民反封建斗争的一个历史性界碑。

以土地改革为中心，党和人民政府还在全社会范围内领导开展了包括社会生活许多方面的民主改革。新中国成立初期，国民党留在大陆的一大批反革命分子还在进行各种颠覆活动，他们破坏工厂、铁路，烧毁仓库，抢劫粮食、财物，甚至组织骚乱，残杀革命干部和群众中的积极分子。另外，旧中国遗留下来的黑社会组织，如"一贯道""九宫道"等反动会道门，也大肆活动，散布谣言，离间党和人民群众的关系。这些猖獗的反革命活动，给社会安定和生产恢复带来极大的危害。

党和人民政府高度重视镇压反革命的工作。1950年10月10日，中共中央发出《关于镇压反革命活动的指示》，要求各地全面贯彻"镇压与宽大相结合"的政策，对罪大恶极的反革命首要分子坚决镇压。从12月开始，全国大张旗鼓地开展了一场镇压反革命的运动。运动打击的重点，是土匪（匪首、惯匪）、特务、恶霸、反动会道门头子和反动党团骨干分子。运动采取群众路线的方法，在党委领导下，实行全党动员、群众动员，使公安、司法机关同广大群众相结合，并且吸收各民主党派和民主人士参加。镇压反革命运动在处理实际问题中，强调要调查研究，重证据而不轻信口供，反对草率行事，反对逼供信。1953年秋，镇压反革命运动全部完成，基本上扫除了国民党反动派留在大陆的反革命残余势力。曾经猖獗一时的匪祸,包括旧中国历代都未能肃清的湘西、广西土匪,以及许多城市的黑社会势力,基本被肃清。镇压反革命的胜利,使我国社会秩序获得前所未有的安定。原来直接骑在人民头上的"东霸天""西霸天"被彻底扫除,有力地调动了人民群众参加土地改革和生产建设的积极性。

随着国营企业陆续建立起党、团、工会组织,从1950年起,国营工矿交通企业逐步开展民主改革。各厂矿废除了工人群众深恶痛绝的封建把头制和侮辱工人的搜身制等,清除了隐藏在企业内部的反革命分子和封建残余势力,加强了工人阶级内部的团结,并吸收工人参加工厂管理,逐步实行企业管理民主化。通过民主改革,广大职工群众"搬掉了头上的石头",真正翻身做了国家和企业的主人,大大提高了生产积极性。

此外,涉及全社会的一项民主改革,是改革旧的婚姻制度。1950年5月1日,中央人民政府颁布了新中国成立后第一部法律——《中华人民共和国婚姻法》,废除包办强迫、男尊女卑、漠视子女利益的封建婚姻制度,实行保障男女婚姻自由的新民主主义婚姻制度。结合《中华人民共和国婚姻法》的公布,全国城乡开展了广泛的宣传教育活动,封建包办婚姻和压迫摧残妇女的现象受到法律的制约和全社会的谴责。这是几千年来中国社会家庭生活的伟大变革,也是中国人民反封建斗争在一个方面的深入,有效地推进了占我国人口一半的妇女的解放。

取缔旧社会遗留的卖淫嫖娼、贩毒吸毒、聚众赌博等各种丑恶现象,当时也带有民主改革的性质。经过两三年的努力,这类旧中国的不治之症、在西方国家也屡禁不绝的社会祸害,在中国共产党和人民政府的领导下,基本上被禁绝。新中国匡正社会风气、净化社会环境的有力举措和显著成绩,获得社会各界的拥护和称赞,称之为"古来稀事",许多国外人士也深表赞佩。经过民主改革,从农村到城市,从工厂、学校到社会各界、各阶层人民的精神面貌焕然一新,反映了从旧中国到新中国的深刻社会变革,为恢复和发展国民经济创造了良好的群众基础和社会环境。

二 抗美援朝，保家卫国

正当中国人民努力为恢复国民经济而奋斗的时候，1950年6月25日，朝鲜战争爆发，美国借此机会侵占中国领土台湾。未满周岁的新中国，面临着外部侵略的严重威胁。

第二次世界大战后，以美军和苏军在朝鲜半岛分别对日军受降的北纬38度线为界，1948年8月，朝鲜南方成立大韩民国，9月，北方成立朝鲜民主主义人民共和国，朝鲜半岛出现南北分裂局面。苏美军队先后撤出朝鲜半岛后，南北朝鲜都加紧准备以武力实现国家统一，终于爆发内战。美国总统杜鲁门立即作出强硬反应，宣布武装援助南朝鲜，并派遣美国海军第七舰队进入中国台湾海峡。1950年7月7日，美国操纵联合国安全理事会，通过了组成由美国指挥的"联合国军"武装干涉朝鲜的决议。

台湾自古就是中国的领土，1895年甲午战争之后曾被迫割让给日本。1945年日本投降后，台湾和澎湖等岛屿毫无疑义恢复为中国领土的一部分。1949年国民党集团从大陆逃往台湾，海峡两岸关系虽然陷于复杂化，但纯属中国内部事务。美国借朝鲜战争之机派遣舰队侵入台湾海峡，即构成对中国领土主权的严重侵犯。1950年6月28日，周恩来外长发表声明，强烈谴责美国对台湾的侵略是对《联合国宪章》的彻底破坏。他代表中国政府宣布：不管美帝国主义采取任何阻挠行动，台湾属于中国的事实永远不能改变。中国人民必将万众一心，为解放台湾而奋斗到底。

鉴于美国执意扩大侵朝战争，严重威胁到中华人民共和国的安全，中央军委决定组建东北边防军,在中朝边界的鸭绿江一线整训待命,并做好应付突发事变的各项必要准备。9月15日,美军在朝鲜西海岸仁川登陆,截断南进的朝鲜人民军的后路,并准备越过三八线,吞并全朝鲜。9月30日,周恩来发出"中国人民决不能容忍外国的侵略,也不能听任帝国主义者对自己的邻人肆行侵略而置之不理"的严正警告,并通过印度驻华大使转告美国政府:朝鲜事件应该和平解决;如果美军企图越过三八线,扩大战争,中国决不能"坐视不顾"。但是,美国政府无视中国人民的决心和力量,令美军继南朝鲜军之后越过三八线,向朝鲜北方大举进犯,把战火燃向中国东北边境。在战争形势急剧恶化的情况下,朝鲜民主主义人民共和国首相金日成向中国党和政府提出"出兵援助"的请求。至此,中国人民同美帝国主义之间的一场武装较量已不可避免。

当时,新中国经济恢复刚刚开始,长期战争的创伤尚待养息,财政状况困难,人民政权还没有完全巩固,无论经济实力或武器装备都远不能同美国相比。但是,从维护国家主权和领土完整的根本原则出发,毛泽东主持中央政治局会议慎重讨论,反复权衡,一致得出"应当参战,必须参战,参战利益极大,不参战损害极大"的结论。10月8日,毛泽东主席发布命令,将东北边防军组成中国人民志愿军,任命彭德怀为司令员兼政治委员,待命出动。同日,周恩来赶赴苏联,向斯大林和苏共中央通报中国党讨论朝鲜战争问题的情况,并同苏方就武器供给和空中掩护等问题进行磋商。18日晚,毛泽东向志愿军下达入朝作战的正式命令。

1950年10月19日黄昏,中国人民志愿军隐蔽跨过鸭绿江。在入朝之初,志愿军即果断捕捉战机,给长驱直入的敌军以出其不意的打击,将敌人从鸭绿江边赶到清川江以南,取得第一次战役的胜利。11月,"联合国军"司令麦克阿瑟发动所谓"圣诞节结束战争"的攻势,继续大规模北犯。志愿军同朝鲜人民军联合反击,包围歼灭和重创大批敌军,再战告捷。12月,中朝军队收复平壤及三八线以北敌占区,并进至三八线以南部分地区，扭转了朝鲜战局。此后，敌我双方又进行了互有进退攻守的三次大的战役：1951年初，中朝军队发起全线进攻，突破"联合国军"在三八线的设防，一度解放汉城，将敌驱逐至三十七度线附近，但第三次战役未能大量地歼灭敌人有生力量，战争的长期性、艰苦性已经显露出来。"联合国军"旋即发动反扑，重新进占汉城。中朝军队举行第四次战役，以坚守防御、战役反击和运动防御多种作战形式，将敌阻止于三八线。接着，中朝军队又举行第五次反击战役，至1951年6月上旬，敌我双方在三八线附近均转入防御。中国人民志愿军在五次战役中共歼敌23万人，把战线稳定在三八线附近。

经过入朝后五次战役的作战实践，根据国际关系和战场形势发生的复杂变化，中共中央、毛泽东确定了"边打边谈"的基本方针，即"充分准备持久作战和争取和谈结束战争"。这标志着在抗美援朝战争的战略指导上，由过去务求全歼敌人赢得战争全面胜利，向基本达到保卫祖国安全和有关国际协定的目标的国际局部战争的思想转变。为此，中央适时地指示志愿军，采取以和谈的政治手段、结合军事打击、争取在一定条件下结束战争的正确方针，从1951年7月起，朝鲜战争即进入边打边谈阶段。对于这一特殊的斗争样式，毛泽东把它概括为"能战然后言和"。他在人民政协常委会议上分析说："谈还是要谈，打还是要打，和还是要和。"美国从其以欧洲为重点的全球战略出发，不愿长期陷于朝鲜半岛的战争泥潭，终将接受和谈结束这场战争。基于这种形势估量，毛泽东代表中国政府和中国人民严正声明：我们是要和平的，但是，只要美帝国主义一天不放弃它那种蛮横无理的要求和扩大战争的阴谋，中国人民的决心就是只有同朝鲜人民一直战斗下去，一直打到中朝人民完全胜利的时候为止。这充分显示了中国人民维护国家主权和领土完整的大无畏气概。

美国虽然自恃其军事、经济力量"世界无敌"，但终究受到战后世界格局的变化及国际政治斗争中种种复杂因素的制约。经过两年边谈边打的复杂斗争，战争双方终于就停战问题达成协议。1953年7月，在三八线以南新校正的军事分界线上的板门店，中朝一方和美国一方正式签署了朝鲜停战协定。在中朝人民同仇敌忾的坚决斗争下，美国自开国近200年来第一次在没有取得胜利的停战协议上签字。历时三年的抗美援朝战争，以美帝国主义企图霸占朝鲜全境的野心遭到破产而告结束。正如志愿军司令员彭德怀所总结的：战争的结果雄辩地证明，西方侵略者几百年来只要在东方一个海岸上架起几尊大炮就可以霸占一个国家的时代，已经一去不复返了。

在志愿军入朝作战的同时，国内开展了轰轰烈烈的全国人民抗美援朝运动。各阶层人民提高了对抗美援朝必要性和重要性的认识，极大激发了爱国主义热忱，在一部分人中扫除了心理上的"亲美、崇美、恐美"情绪，确立鄙视、蔑视美帝国主义侵略行径的立场，增强了全国人民的民族自尊心和民族自信心。同时，加紧肃清帝国主义特别是美帝国主义在华残余势力和影响。在全国掀起的参军参战热潮中，毛泽东将他的儿子毛岸英送到朝鲜前线；大批青年踊跃报名参加志愿军和各种军事学校。祖国的优秀儿女源源不断奔赴朝鲜前线，成千上万的农民、铁路员工、汽车司机和医务人员，志愿到朝鲜担负战地勤务和运输工作。在中国人民抗美援朝总会的号召下，全国男女老少、各阶层人民普遍订立爱国公约，进行捐献飞机大炮运动。至1952年5月底，捐款达人民币5.565亿元，折合飞机3710架。广大工人、农民通过开展增产节约运动和爱国丰产运动，保证以充足的物资支援朝鲜前线。中国人民组织各种慰问团深入到朝鲜战场前后方，慰问志愿军、朝鲜人民军和朝鲜人民，大大鼓舞了中朝军队的战斗意志和保卫世界和平、共同胜利的信念。在整个战争期间，中国人民支援朝鲜前线的各种作战物资达560余万吨，为夺取战争的胜利作出了重大贡献。

抗美援朝战争的历史性胜利，使新中国的国际威望空前提高，包括美、苏在内的世界各国都感到必须重新估计中国作为一个世界大国的分量。以此为契机，中央人民政府积极开展外交活动，为在国内进行大规模有计划的经济建设创造有利的国际和平条件。

三　厘定国家大政方针

在进行抗美援朝、土地改革和各项民主改革的条件下，党和政府领导开展了包括经济、政治、教育文化等多方面的新民主主义建设。各方面的建设，都紧紧围绕恢复和发展生产这一中心工作进行，实际上是对新民主主义建国纲领的全面实施。

旧中国经济本来就极其落后，多年的战争更使它遭受严重破坏。1949年同历史上的最高水平相比，工业总产值减少一半，粮食减产约25%，棉花减产约48%。这种状况使恢复国民经济的任务十分紧迫。抗美援朝战争的发生，不能不影响党和国家工作重点向经济建设的转移。中央确定"边打、边稳、边建"的方针，第一是服从战争需要，第二是稳定国内市场，第三是进行必要的经济文化建设。同时，党和政府并没有因为朝鲜战争而忽略中长期的发展规划。1951年2月，中共中央政治局提出"三年准备，十年计划经济建设"的战略思想，向全党、全国明确了当前所进行的一切工作，都是为即将实行的国家工业化直接做准备，在时间要求上增强了做好各项工作的急迫感。

根据"边打、边稳、边建"的方针，中央把扩大城乡交流放在财经工作的第一位，动员各种社会力量，公营、私营、合作社商业一起上，通力开辟流通渠道，打开农村土特产品的销路，拓展工业品在农村的市场。1951年，中央推广了华北地区举行土产交流大会的经验，全国各种形式的物资交流大会此起彼应，盛极一时。在绥远一向不值钱的烂皮废骨，运到上海便成了适用的工业原料;两广的片糖、砂糖行销内蒙古;东北的土碱、黄烟畅销于关内;江西的瓷器、湖北的土布重新销往西北;更有猪鬃、茶叶、桐油、松香等许多土特产品远销到苏联和东欧国家,换回恢复经济所急需的机械设备。扩大农副土产品的收购,使农民手里有了钱,大大提高了农民的购买力。各地展销会上的新式农具,天津的暖水瓶、上海的自行车等日用工业品,深受农民的欢迎。"土产一动,百业俱兴"。正如陈云当时所说:"扩大农副土产品的购销,不仅是农村问题,而且也是目前活跃中国经济的关键。"[1]

影响我国经济恢复和建设的另一个方面,是帝国主义的封锁禁运。新中国成立后,在实行对外贸易统制和保护民族工业的贸易政策下,首先同苏联和其他人民民主国家建立和发展经济贸易关系,同时也积极寻求同西方资本主义国家做生意。1950年,新中国对外贸易总额为11.35亿美元,超过了1931年九一八事变以来的任何一年。抗美援朝战争开始后,美国对中国实施全面的封锁禁运,颁布有关管制对中国大陆、香港、澳门的战略物资输出等法令,宣布冻结中国政府在美的资产、中国人民在美的银行存款及其他财产,同时,操纵联合国通过提案,拉拢英、法、联邦德国、日本、菲律宾、加拿大等36个国家参加了对中国的封锁禁运行动。

封锁禁运给新中国的对外贸易带来很大困难。但中国人民没有被这些困难吓倒,积极展开反封锁禁运的斗争,尽力弥补损失。一方面挖掘内部潜力,扩大国内交流,使一些物资不再依赖从西方国家进口;另一方面,将西方所禁运的各种战略物资,转为大部分从苏联等国进口。同时,充分利用香港、澳门进行转口贸易的特殊地位,把开展内地同港澳地区的贸易,作为反封锁禁运的一条重要战线。此外,积极发展已同我国正式建交的资本主义国家的贸易,继续保持与英、法、日等国的民间贸易往来,努

---

[1]《陈云文选》第二卷,人民出版社1995年版,第118页。

力克服帝国主义封锁造成的种种困难。在西方"禁运"最猖獗的1951年，中国对外贸易总额达19.55亿美元，超过了中华人民共和国成立前的最高年份1928年的15.53亿美元，并继续呈增长势头，逐渐将旧中国的长期入超转变为进出口大体平衡的局面。

农业的恢复，是国民经济一切部门恢复的基础。党和人民政府在土地改革解决农民土地问题的基础上，充分调动农民个体经济和劳动互助两方面的生产积极性，还采取减轻税赋、动员群众兴修水利等一系列的政策和措施，促进农业生产的恢复和发展。国家在财政仍很困难的情况下，拨出大笔资金用于水利建设。著名的根治淮河工程、官厅水库工程、荆江分洪工程，都是这一时期开始动工和加紧兴建的。1952年，我国粮食总产量为3278.4亿斤，比历史上最高年产的1936年增长9.3%；棉花总产量从1949年的888.8万担，增加到1952年的2607.7万担，增长193.4%，为历史上最高年产量的153.6%。

工业生产的恢复，是在艰难境况中起步的。中国共产党强调：一要依靠工人阶级；二要依靠国营经济。首先重点恢复国计民生所急需的矿山、钢铁、动力、机器制造和主要化学工业，同时恢复和增加纺织及其他轻工业生产。国家除重点恢复和改造东北等地原有企业以外，还有计划地新建了一批急需的工业企业，如阜新海州露天煤矿，鞍山钢铁公司无缝钢管厂和大型轧钢厂，山西重型机械厂，武汉、郑州、西安、新疆的纺织厂，哈尔滨亚麻厂等。这批新建厂后来都成为我国工业战线上的骨干企业。

交通运输业是经济恢复的重点。新中国成立之初的三年中，国家用于交通运输建设的投资占全国基建投资总额的26.7%。1949年年底，我国基本恢复了原有的铁路网，东西大干线陇海路全线通车，中断多年的京汉线和粤汉线也恢复运营。1950年6月，穿越巴蜀的成（成都）渝（重庆）铁路开始动工修筑，1952年6月即告完工。这条铁路是清朝末年就酝酿兴建的川汉铁路的一段，拖了近半个世纪未铺上一根钢轨，而新中国成立后仅用两年时间就建成通车。这一时期，通往"世界屋脊"拉萨的康藏、青藏公路也开始兴修。

在恢复和发展国民经济中，如何对待私营工商业是一个很重要的问题。私营经济有两面性，人民政府在发挥其积极作用的同时，又必须限制其消极的一面。1950年初稳定物价、统一财经后，私营工商业一度出现商品滞销、工厂关门、商店歇业、职工失业等情况。为了解决这些问题，从1950年6月起，全国各大中城市全面调整工商业。调整工作的基本方针是"公私兼顾、劳资两利"，主要是调整公私关系、劳资关系和产销关系，重点是调整政府和国营经济同私人资本主义经济之间的关系。调整的主要措施：一是加强对私营工厂的加工订货；二是增加货币投放，收购农副土产品，扩大城乡交流，活跃国内市场。调整工作到1950年年底完成。经过半年的调整，私营工商业不仅渡过了难关，还得到很大发展。资本家为工商业调整所带来的丰厚利润深感振奋。武汉有资本家用一副对联表达自己的兴奋之情："挂红旗五星（心）已定，扭秧歌稳步前进"；上海资本家称1951年是私人资本主义经济发展的"黄金时期"。

但是，资本家中的一些不法分子并不满足于用正常的方式获得的利润，而是试图用向国家干部行贿等非法手段获取高额利润。由于出现资本家腐蚀党政干部的严重情况，1951年11月，中共中央决定在党政机关工作人员中开展一场反对贪污、反对浪费、反对官僚主义的"三反"运动；1952年1月，决定在私营工商业者中开展一场反对行贿、偷税漏税、偷工减料、盗骗国家财产、盗窃国家经济情报（通称"五毒"）的"五反"运动。

"三反"斗争大张旗鼓、雷厉风行地展开了，首先抓重大典型案件，对当事人严肃处理。如中共天津地委前任书记刘青山、在任书记张子善堕落为大贪污犯，尽管他们在革命战争中有过功劳，但党和政府决不姑息，经人民法院审判后判处他们死刑，执行枪决。这是中国共产党在全国执政的条件下为保持廉洁向腐败打响的第一枪。"三反"运动历时半年多，清除了一批吞噬共和国大厦基石的蛀虫，有力地抵制了旧社会的恶习和资产阶级的腐蚀，树立了廉洁朴素、厉行节约、爱护国家财产的新的社会风气。

城市工商业界开展"五反"运动之初，发现"五毒"行为在资本家中不同程度地普遍存在。少数资本家"五毒"之严重更是触目惊心，如用废烂棉花制造急救包，用变质牛肉、臭鸡蛋制造食品罐头等，这些东西送到朝鲜前线，使不少志愿军战士没有倒在敌人的枪口下，却因使用或食用后方送来的药品、食品而致残致死。这些情况激起了全国人民的公愤，"打退资产阶级的猖狂进攻"，成为全国上下强烈的呼声。全国范围的"五反"运动历时半年结束，有力地打击了不法资本家的"五毒"行为，在工商业者中普遍进行了一次守法经营教育，推动了在私营企业中建立工人监督和民主改革的步伐，使党和国家在对资产阶级进行限制和资产阶级反限制的斗争中，取得又一回合的胜利。

贯彻新民主主义建国纲领的一项重要内容，是加强民主建政。中华人民共和国成立初期，由于社会秩序、群众基础等各方面条件还不成熟，不可能在短时期内召开普选的人民代表大会。为此，在接管城市的过程中，创造了各界人民代表会议这一过渡形式，以之作为政府领导机关征询意见、传达政策、联系群众的协议机关，听取和讨论政府的工作报告，提出批评和建议。按照《共同纲领》的规定，中央人民政府发布省、市、县各界人民代表会议组织通则，规定凡具备条件的地方应抓紧召开各界人民代表会议，并促使其逐步代行人民代表大会职权，选举产生各该级的人民政府。党中央强调：我们国家的民主化，与新民主主义的经济建设及国家的工业化是不能分离的，"我们的基本口号是：民主化与工业化！"[1] 到1952年年底，人民代表会议已经形成一项经常的制度，在全国范围内自下而上地建立起来。通过这一组织形式，原来缺乏民主训练的人民群众，开始逐

---

[1] 刘少奇：《在北京第三届人民代表会议上的讲话》，1951年2月28日。

步学会如何行使自己的民主权利，各级人民政府也在实施民主建政的过程中，逐步提高了行政效率和组织管理能力。

在民主建政的同时，中央要求进一步加强统一战线工作，积极争取知识分子、工商业界、宗教界、民主党派、民主人士，在反帝反封建的基础上将他们团结起来，吸引他们参加包括土地改革、镇压反革命在内的人民革命斗争和适当工作；加强政权机关和协商机关中党与非党人士之间的合作，做到使非党人士有职有权。在各级党政部门的努力工作下，人民民主统一战线经受了抗美援朝、土地改革、镇压反革命运动的考验，获得了巩固和壮大，充分动员和团结了社会各方面的力量，为完成民主改革和经济恢复的任务而共同奋斗。

根据《共同纲领》关于国内各民族一律平等的政策，人民政府为加强民族团结互助进行了大量工作，协调解决民族间和民族内部存在的纠纷，并抽出必要的财力、物力帮助少数民族发展经济事业，改善少数民族群众的生活。1952年8月，《中华人民共和国民族区域自治实施纲要》公布实施。民族区域自治，是指在中华人民共和国领土之内的、在中央人民政府统一领导下的、以少数民族聚居区为基础的区域自治。根据"纲要"对民族自治机关、自治权利、自治区内的民族关系、上级人民政府的领导原则等问题所作具体规定，到1953年3月，已在包括约1000万人口的少数民族聚居区，建立起一批县级和县级以上的民族自治区和相当数量的民族自治乡。经过三年多的努力，民族区域自治已成为国家的一项重要国策和基本制度，它对祖国统一、民族平等、民族团结和民族发展具有重大的意义。

新民主主义文化建设的基本方针，一是要适应和推进政治变革，二是要适应和推进经济建设。新中国成立以后，首先有步骤地对私营报纸、刊物、广播等事业进行改造，把作为舆论宣传、大众传播重要工具的这些文化事业，完全置于党和国家的统一领导之下，确立马克思列宁主义、毛泽东思想在全国一切工作中的指导思想的地位。同时，谨慎地对旧有学校教育事业和旧有社会文化事业进行改革。教育改革的内容，主要是实行国家对学校的领导，废除原来的反动政治教育，建立和加强革命的政治教育；使教育向广大人民群众敞开大门；在全国范围进行高等学校的院系调整，大幅度扩大招生，以适应有计划建设和工业化发展对人才的急迫需要。在科学工作方面，成立中国科学院和调整科学研究机构，培养与合理地分配科学人才，提出科学研究应为人民服务的方向、学术研究应与实际需要密切配合的方针。在文艺工作方面，提倡文艺为工农兵服务，为人民服务，还提出"百花齐放，推陈出新"的方针。在医药卫生工作方面，提出"面向工农兵""预防为主""团结中西医"三大方针。在这些方针的指导下，科学、教育、文化、卫生事业的改革和发展，都取得显著成绩。

知识分子的思想改造，是我国在各方面彻底实现民主改革和逐步实现工业化的重要条件之一。中华人民共和国成立之初，广大知识分子爱国热情很高，学习热情也很高。他们希望深入了解革命，了解共产党，了解新社会，以适应形势的巨大变化和发展。1951年9月，北京大学十二位教授发起北大教员政治学习运动，由此推广到北京、天津各高等学校，教师中开展了一场比较集中的思想改造学习运动。周恩来受中央委托，向京津两市高校教师学习会作了《关于知识分子的改造问题》的报告。此后，学习运动逐渐扩展到整个知识界，发展成为全国规模的知识分子思想改造运动，到1952年秋基本结束。这次学习运动，是知识分子为适应新形势的要求而进行的自我教育和自我改造，主要解决了分清革命与反革命、树立为人民服务的观点等问题，对帮助从旧社会过来的知识分子初步接受马克思主义起了促进作用。但由于对复杂的思想问题采取了群众运动的方式，工作中出现不少简单粗暴的做法，伤害了一部分愿意为人民服务的知识分子的感情，造成一些不良影响。

新中国成立后，中国共产党十分重视在全国执政条件下党组织自身的建设。1950年，针对党内一部分人在革命胜利的形势下滋长了居功自傲情绪和官僚主义、命令主义作风，全党进行了一次历时半年的整风学习。1951年下半年起，又在全国范围开展了一次整党运动，主要是整顿党的基层组织，对党员进行关于共产党员必须具备的八项条件的教育。据1953年6月底统计，在总数为630余万的党员中，90%以上是合于或基本合于共产党员标准的；同时，有32.8万人被开除出党或被劝告退党。通过整风整党，纯洁了党的队伍，保持了革命战争年代的艰苦奋斗作风和同人民群众的密切联系，更好地发挥了党的基层组织的战斗堡垒作用和广大党员的先锋模范作用，为顺利完成恢复国民经济的任务提供了组织和领导上的保证。

经过三年的努力，我国国民经济得到全面恢复和初步发展。1952年，全国工农业总产值810亿元，比1949年增长77.6%，比中华人民共和国成立前最高水平的1936年增长23%。其中，工业总产值比1949年增长145.1%；钢产量达到134.9万吨，比1949年增加7.54倍，比历史最高水平增加46.3%；生铁产量比1949年增加6.72倍，比历史最高水平增加7.2%；原油、水泥、电力、原煤等都超过历史最高产量。棉纱、棉布、食糖等主要轻工业产品也超过历史最高水平。1952年，我国农业总产值比1949年增长48.4%；粮、棉、大牲畜、生猪等主要农产品的产量，均超过中华人民共和国成立前的最高水平。按可比价格计算，1952年的国民收入比1949年增长69.8%。国家财政收入有了成倍增加，1952年比1950年增长181.7%，并且收大于支，连年结余。在财政总支出中，用于经济建设的支出逐年上升，社会文化事业支出不断增长。城乡人民收入逐年增长，生活普遍得到改善。

中华人民共和国成立三年来国民经济的增长，虽然带有明显的战后恢复性质，但从世界范围来看，与第二次世界大战后欧亚各国经济恢复到战前水平的情况相比，新中国战后经济恢复之快、增长幅度之大，是举世瞩目的。国民经济的全面恢复和初步发展，为国家开始进行大规模的经济建设和沿着新民主主义轨道逐步走向社会主义奠定了良好的基础。

第三章
走向社会主义

中国最终要走到社会主义，这是新民主主义建国纲领的题中应有之意。国民经济恢复任务完成后，1953年，党不失时机地提出"一化三改"的过渡时期总路线。伴随大规模经济建设的展开，国家对农业、手工业和资本主义工商业的有系统的社会主义改造也迈开了步伐。到1956年，我国第一个五年计划中的工业建设进展顺利，社会主义改造基本完成，社会主义制度在我国建立起来。这是中国历史上最深刻的社会变革，也是进入社会主义初级阶段的开始。

一 从"先建设后过渡"到"边建设边过渡"

从1953年起,我国开始实行"三年准备十年建设"设想的第二步发展战略,即进行以实现国家工业化为目标的大规模经济建设,并采取实际的步骤向社会主义过渡。为此,中国共产党提出了过渡时期的总路线。

当时,我们国家发展面临的形势是:大规模土地改革的任务在全国大陆基本完成;朝鲜停战谈判在主要问题上达成协议,新中国被迫进行的这场战争不久可望结束;恢复国民经济的工作进展顺利,基本实现了预计的目标,各项生产都恢复到或超过了历史上的最高水平。这种情况表明我国已经有了进行大规模经济建设的条件。与此同时,我国社会生活中也出现和积累了一些新的矛盾:在农村,土地改革后农民分散的个体经济难以满足城市生活和工业生产对粮食与农产原料不断增长的需要;农村贫富差距一定程度拉开,引起中国共产党内对两极分化的担忧,个体经济朝哪个方向发展的问题日益受到关注。在城市,工人阶级和国营经济同资产阶级之间限制和反限制的斗争经历了几个回合,"三反""五反"运动中私人资本主义经济的消极面突出地暴露出来,但斗争并未结束而是时起时伏。这些问题和矛盾,都需要明确的方针和系统的政策来逐步加以解决。

在上述背景下,中共中央经过将近一年的反复酝酿,形成和提出了过渡时期的总路线,明确地向全国人民提出了建设社会主义的伟大任务。在中国实现社会主义,是中国共产党自创立时就确定的奋斗目标。鉴于旧中国是一个经济十分落后的半殖民地半封建社会的基本国情,党确定实现社会主义必须分两步走，先完成新民主主义革命任务，然后才能转入社会主义革命。新中国成立时，党把新民主主义革命作为自己的第一步纲领，用来规定当前革命的性质和人民共和国的性质。至于何时转变到社会主义革命，中共中央曾经设想先经过一段"相当长久"的新民主主义建设时期，等到工业发展了，国营经济壮大了，再采取"严重的社会主义的步骤"，即实行资本主义工商业的国有化和个体农业的集体化。当时预计这至少要十年到十五年以后再视情况而定。

随着土地改革的基本完成和国民经济的迅速恢复，社会主义国营经济的力量迅速发展，工人阶级在整个国家中的领导地位，国家对社会经济活动的控制能力，都得到了很大的加强。在这种情况下，原来的设想发生了改变，党中央、毛泽东对向社会主义过渡问题作了新的思考，认为解决工人阶级与资产阶级的矛盾，在农村和城市开始逐步采取消灭资本主义的步骤已成为必要并且已有可能。1952年9月，毛泽东在中共中央书记处会议上指出：我们现在就要开始用十到十五年的时间基本上完成到社会主义的过渡，而不是十年或者更长时间以后才开始过渡。这是酝酿提出总路线的开始。

中国最终要走到社会主义，是新民主主义建国纲领的题中之意，这个目标早已得到社会各阶层的认同。中共中央、毛泽东的新思考，提前了开始过渡的时间，这从过去几年实施新民主主义建国纲领的实际结果来看，也能够得到理解。新民主主义三大经济纲领的头一条，是没收官僚资本归人民的国家所有，这虽然属于新民主主义革命的范畴，但实质上带有社会主义革命的性质。几年来国营经济的迅速发展和壮大，实际上成为对整个国民经济进行社会主义改造的开端和重要的依靠力量。保护民族工商业，是新民主主义经济纲领的又一条，保护本身就包括利用其有利于国计民生的积极作用和限制其不利于国计民生的消极作用两个方面。国家在调整工商业中采取的加工订货、统购包销等措施，不仅具有利用和限制的作用，实际上也是对资本主义工商业进行社会主义改造的最初步骤。没收地主阶级的土地归农民所有，是新民主主义经济纲领的一项主要内容。土地改革完成以后，党注意发扬农民个体经济和互助合作这两种生产形式的积极性，帮助农民组织起来，兴起互助合作运动，实际上成为引导个体农业向社会主义的集体化逐步过渡的开端。所有这些表明，过渡时期总路线的提出是有历史缘由和现实根据的，并在中国共产党内外得到了广泛的支持和拥护。

1953年6月，中共中央政治局会议正式讨论和制定了中国共产党在过渡时期的总路线，它的完整表述是："从中华人民共和国成立，到社会主义改造基本完成，这是一个过渡时期。党在这个过渡时期的总路线和总任务，是要在一个相当长的时期内，逐步实现国家的社会主义工业化，并逐步实现国家对农业、对手工业和对资本主义工商业的社会主义改造。这条总路线是照耀我们各项工作的灯塔，各项工作离开它，就要犯右倾或'左'倾的错误。"1954年2月，中国共产党七届四中全会通过决议，正式批准了中央政治局确认的这条总路线。

党在过渡时期总路线的特点，是社会主义工业化与社会主义改造同时并举，体现了发展生产力和变革生产关系的统一。其中，国家工业化处在主体地位；对个体农业、手工业的改造和对资本主义工商业的改造，处于两翼的配合地位。主体和两翼之间是彼此联系、相互促进的。当时党的指导思想，比较倾向于首先实现生产关系的变革，以此来推动生产力的大发展，因而在实践中更注重生产资料私有制的社会主义改造，强调过渡时期总路线的实质，就是"使生产资料的社会主义所有制成为我国国家和社会的唯一的经济基础"[1]。当时设想，工业化和社会主义改造将经过一个相当长的时间逐步实现，估计需要三个五年计划，加上三年恢复时期，总共

---

[1]《毛泽东文集》第六卷，人民出版社1999年版，第316页。

十八年。

　　过渡时期总路线提出以后，中国共产党党内迅速统一了认识，并在全社会进行了广泛深入的宣传教育工作，获得全国各阶层人民的支持和拥护，成为团结和动员全体人民共同为建设一个伟大的社会主义新中国而奋斗的新的纲领。

　　实现国家的工业化，是中国真正获得独立和走向富强的当然要求和必要条件，也是中国一百多年来无数志士仁人梦寐以求、为之奋斗的夙愿。随着国民经济的全面恢复和抗美援朝战争状态的基本结束，中国人民期盼已久的这个历史机遇终于到来了。鉴于我国经济基础薄弱、资金缺乏，新中国成立之初，曾设想先发展投资少、见效快的农业和轻工业，以便为建设投资大、周期长的重工业积累资金。抗美援朝战争开始后，建立现代国防、保卫国家安全的问题日益突出，原有的工业基础显然不能适应这个形势。1952年国民经济全面恢复时，工业生产虽然达到或超过历史最高水平，但这仍然是一个很低的起点，现代工业在工农业总产值中的比重只占26.6%，重工业在工业总产值中的比重只占35.5%，我国仍是一个落后的农业国家。鉴于国家面临的外来威胁，特别是经过同世界头号强国美国的战争较量，改变我国工业极端落后状况的客观要求，更显得紧迫。

　　毛泽东当时发人深省地说："现在我们能造什么？能造桌子椅子，能造茶碗茶壶，能种粮食，还能磨成面粉，还能造纸，但是，一辆汽车、一架飞机、一辆坦克、一辆拖拉机都不能造。"[1]在帝国主义的封锁禁运和战争威胁的历史条件下，中国不能不更多地考虑加快建立重工业基础以增强自己的国力。经过权衡比较，中国参照苏联的经验，选择了一条能够较快增强国力的优先发展重工业的工业化道路。在发展速度上，预计大体用三个五年计划即十五年时间基本实现预定目标。

---

[1]《毛泽东文集》第六卷，人民出版社1999年版，第329页。

1953年，我国开始执行国家建设的第一个五年计划。全党和全国人民把注意力迅速地转移到社会主义工业化建设的任务上来。"一五"计划的编制，从1951年开始着手，由周恩来、陈云等主持，具体工作由中央财经委员会负责。计划一方面初步编制和开始执行，一方面不断讨论修改，草案于1954年9月基本确定。1955年3月，"一五"计划草案获得中国共产党的全国代表会议同意，同年7月，在第一届全国人民代表大会第二次会议上正式审议通过。

第一个五年计划确定的指导方针和基本任务是：集中主要力量发展重工业，建立国家工业化和国防现代化的初步基础；相应地发展交通运输业、轻工业、农业和商业；相应地培养建设人才；有步骤地促进农业、手工业的合作；继续进行对资本主义工商业的改造；保证国民经济中社会主义成分的比重稳步增长，同时正确地发挥个体农业、手工业和资本主义工商业的作用；保证在发展生产的基础上逐步提高人民物质生活和文化生活的水平。"一五"计划规定，五年内国家用于经济和文化建设的投资总额将达766.4亿元，全部基本建设投资的58.2%用于工业基本建设，其中又把88.8%用于重工业的建设，这在我国历史上是空前的。

"一五"计划的制定和实施，得到苏联政府的很大帮助，苏联一共帮助中国兴建了156个项目。对于这些项目，苏方不仅提供贷款，而且从资源勘探、厂址选择、技术设计、机器设备、建筑安装到人员培训、试车投产，都将给予具体的指导和帮助。与此同时，党和政府坚持独立自主、自力更生的方针，强调凡能自己解决的绝不依赖外援。在"一五"计划期间，国家财政中来自国外的贷款只占国家总收入的2.7%。1956年，中共中央进一步明确提出建立独立完整的工业体系的方针。这些方针和做法，对于后来我国在国际关系剧烈变化中能够坚持独立自主的立场，具有深远意义。

进行大规模经济建设，中国共产党十分缺乏经验。"一五"计划的制定，只能主要借鉴苏联的建设经验，同时注意结合中国当时的实际情况。虽然制定的过程长了一些，但由于经过反复的多方面的论证，基本上是一个比较好的中期发展计划。

第一个五年计划一开始执行，全国城乡便迅速形成参加和支援国家工业化建设的热烈景象。工人阶级是国家的领导阶级，又是工业化战线的主力军，他们一马当先，以国家主人翁的态度投入到生产建设当中。农民用增加生产、积极交纳农业税和交售粮棉的实际行动支援工业建设。大批高等学校和各类专业技术学校的毕业生自觉服从国家分配，奔赴祖国各地工业建设的最前线。各级党委像战争年代选派大批干部到军队中去一样，抽调优秀干部充实到工业战线上去。

"一五"计划头三年，工业化建设取得很大成就。我国现代工业在工农业总产值中的比重，由1952年的26.7%上升到1955年的33.6%。1953年12月，鞍山钢铁公司三大工程举行开工生产典礼，这是我国重工业建设中首批竣工并投入生产的重要工程，是社会主义工业化起步时具有代表性意义的胜利。我国不仅新建了许多工业企业，而且采用了当时比较先进的苏联的技术装备，如：机械工业有哈尔滨量具刃具厂、沈阳第一机床厂、长春第一汽车制造厂；电力工业有已建成的富拉尔基热电站、抚顺火力电站及丰满水电站，新建的煤矿矿井等。尤其是机械制造工业有了长足的发展，已经能够生产火车机车、大型机床、电机、现代采煤机械、地质钻探机械等大型设备，并成功制造了第一架飞机（军用）。从1953年开始酝酿的第一座横跨长江天堑的武汉长江大桥已正式动工兴建；全长2255公里的康藏公路建成通车；兰新铁路黄河大桥建成通车。到1955年年底，公路建设已提前完成"一五"计划，成为最早完成"一五"计划的领域。

二　上层建筑各领域的建设

大规模经济建设开始后，围绕过渡时期的总路线和总任务，国家其他方面的建设也亟待发展。尤其是加强政治法律建设以便更好地为建立社会主义经济基础服务，成为国家在过渡时期的迫切需要。

1952年秋，鉴于第一届政协任期已满，中共中央向全国政协常委会提出召开全国人民代表大会的提议。全国政协常委会举行扩大会议就此交换意见，认为在三年来取得的伟大胜利的基础上，在开始大规模建设的同时，召开全国人民代表大会和地方各级人民代表大会，是符合全国人民要求的。为此，中央人民政府决定分别成立以毛泽东为主席的中华人民共和国宪法起草委员会、以周恩来为主席的中华人民共和国选举法起草委员会，领导进行宪法和选举法的起草工作。根据1953年2月公布的《中华人民共和国全国人民代表大会及地方各级人民代表大会选举法》，全国各地经过一年多的紧张工作，在21万余个基层选举单位、3.23亿登记选民中进行了基层选举，共选出基层人民代表大会的代表566万余名。接着，县、市、省相继召开人民代表大会，选举产生了1226名出席全国人民代表大会的代表。

1954年9月15日至28日，第一届全国人民代表大会在北京隆重召开。出席大会的代表济济一堂，共商国家大事。大会的首要任务，是制定国家的根本大法——宪法。大会通过了第一部《中华人民共和国宪法》，史称"1954年宪法"。这部宪法既以《共同纲领》为基础，又是《共同纲领》的发展。它用根本大法的形式，把中国共产党在过渡时期的总路线作为国家在过渡时期的总任务确定下来。写入宪法的坚持社会主义道路和人民民主原则，从此成为中华人民共和国遵循的基本原则。依照宪法规定，全国人民代表大会完全统一地行使最高国家权力，国家行政机关从国务院到地方各级人民委员会，都由全国人民代表大会和地方各级人民代表大会产生，受它们的监督，并可由它们罢免。国家行政机关不能脱离人民代表大会或者违背人民代表大会的意志而进行活动。一切重大问题都应当经过人民代表大会讨论后作出决定，并监督其实施。由此，确立了人民代表大会制度为中华人民共和国的根本政治制度。

　　大会依据宪法和有关组织法，选举和决定了国家领导工作人员。毛泽东当选为中华人民共和国主席，朱德为副主席。刘少奇当选为全国人民代表大会常务委员会委员长，宋庆龄等13人为副委员长。根据中华人民共和国主席毛泽东的提名，大会通过决定，以周恩来为国务院总理。根据周恩来的提名，决定任命陈云、林彪、彭德怀、邓小平等10人为国务院副总理。新成立的国务院作为最高国家行政机关，统一领导全国地方各级国家行政机关的工作。

　　由于全国人民代表大会的召开，中国人民政治协商会议全体会议代行全国人民代表大会职权的任务已经结束。1954年12月，中国人民政治协商会议举行二届一次会议，推举毛泽东为第二届全国政协名誉主席，选举周恩来为主席，宋庆龄等16人为副主席。会议还通过新的《中国人民政治协商会议章程》。人民政协作为全中国人民民主统一战线的组织形式继续存在，体现了中国共产党领导的多党合作和政治协商制度的特点。

　　《中华人民共和国宪法》的重要内容之一，是确立中国国内各民族之间平等友爱互助的关系，保障各少数民族的自治权利；正式确认民族区域自治是一项国家制度，并把自治地方划为自治区、自治州、自治县三级。内蒙古自治区是最早成立的省级自治区。1955年10月1日，新疆维吾尔自治区宣告成立。西藏自治区筹备委员会于1956年4月成立。广西壮族自治区和宁夏回族自治区于1958年3月和10月相继成立。这样，到1958年年底，在全国15个省、区已建立民族自治地方87个，除省级自治区外，有自治州29个、自治县（旗）54个，包括35个民族成分。实行自治的民族人口，已占全国有条件建立自治地方的少数民族人口的绝大多数。同时，除西藏以外的民族地区，都根据各自的具体情况采取适当的方法实行了土地改革和民主改革，人民的经济生活和文化生活得到了一定的改善。"一五"计划规定新建的八条铁路干线中，有五条在少数民族地区或直接与少数民族地区相连接。公路修建的重点，相当大部分也在西南少数民族地区和边疆地区。这些铁路和公路的修建，大大改变了少数民族地区闭塞的状况，增进了各地区的物资交流和各民族之间的往来，为民族自治地方经济、文化的长远发展创造了有利条件。

在国防建设方面，中华人民共和国成立后，人民解放军的任务已由进行军事战争夺取政权，转变为巩固人民民主专政，防御外敌入侵，保卫社会主义革命和建设，保卫国家安全和领土主权的完整，中共中央、毛泽东提出必须建设一支现代化、正规化的革命军队的新的历史任务。据此，人民解放军通过精简整编，逐步适应了大规模经济建设和军队现代化、正规化建设的需要，压缩军队定额，减少军费开支，向国家各方面的建设输送了大批骨干力量。为适应现代化战争的要求，人民解放军开始实行由单一兵种向多军兵种的转变，先后组建了空军、海军、防空军、公安军等军种，炮兵、装甲兵、工程兵、铁道兵、通信兵、防化学兵等兵种的领导机关及所属部队，由过去单一步兵组成的军队向诸军兵种合成的军队发展，为实现军队的现代化、正规化奠定了基础。在此期间，国家还加强了军事国防工业的建设，1955年和1956年，中央先后成立了领导航空、导弹、原子能事业的领导机构及研究机构，开始研制发展包括导弹、原子弹在内的尖端武器，以提高我国军队的现代化水平。1951年解放军军事学院的创办以及后勤学院、军事工程学院、政治学院、各军兵种学院的相继建立，形成了比较完整的军队院校体系，培养出大批军事指挥和军事技术人才，对军队现代化、正规化的建设作出了重大贡献。

在实行过渡时期总路线的过程中，发生了高岗、饶漱石分裂党的重大事件。1952年年底至1953年年初，高岗由中共中央东北局第一书记调任国家计划委员会主席；饶漱石由中共中央华东局第一书记调任中共中央组织部部长。他们到中央工作后，出于个人野心，在党的领导层制造分裂，进行阴谋活动。1954年2月，中共七届四中全会揭发批判了高岗、饶漱石的反党分裂活动。1955年3月，中国共产党全国代表会议通过决议，开除高岗、饶漱石的党籍，撤销他们所担任的党内外一切职务。反对高岗、饶漱石分裂党、篡夺党和国家最高权力的斗争，是中国共产党在全国执政以后的一次重大党内斗争。通过这次斗争，使党在全国执政的条件下，维护和增强了自延安整风和中共七大以来的坚强团结，这是过渡时期各项工作取得顺利进展的最重要的保证。

七届四中全会后，在对饶漱石问题的进一步审查中，牵连到上海市公安局副局长扬帆，认为饶、扬在镇反运动中包庇纵容了一大批敌特反革命分子；随后，又牵连到中华人民共和国成立前长期从事党的隐蔽战线斗争、中华人民共和国成立后担任上海市委第三书记和上海市副市长的潘汉年，怀疑潘为"内奸"。1955年4月，潘、扬被正式逮捕关押审查。这是在当时历史条件下，忽视对敌隐蔽斗争的特殊性，严重混淆是非界限和敌我界限所作的错误决定，造成所谓"潘、扬反革命集团"的冤案，致使忠诚为党和人民的事业做出重要贡献和卓著成绩的潘汉年、扬帆蒙冤20余年。这个历史教训值得深刻记取。

经济建设高潮的到来，为我国的文化、教育、科学事业的发展提出新的任务和要求。在文艺方面，主要是加强党对文艺创作（包括文学、戏剧、电影、美术、音乐等）的领导，引导作家按照为工农兵服务的政治方向和社会主义现实主义的创作原则前进；同时克服在领导创作上的简单行政方式和粗暴态度。在"百花齐放，推陈出新"方针指导下，我国的文化工作出现欣欣向荣的景象。电影《白毛女》、评剧《刘巧儿》、昆曲《十五贯》、小说《暴风骤雨》等许多新创作和改编的优秀文艺作品，深受广大群众的欢迎，丰富了人民的文化生活。

教育方面，1953年1月，党和政府提出"整顿巩固、重点发展、提高质量、稳步前进"的文教工作方针，强调教育工作的重点是高等教育，中心是培养人才，特别是培养高、中级技术人才，并在全国范围进行了高等学校的院系调整；同时，打好普通教育的基础，整顿巩固中小学教育，积极做好扫盲工作；注重提高教学质量，给学生以"德、智、体、美"的全面教育。到1956年，全国高等学校发展到194所，在校学生由1952年的19.1万人上升到40.3万人；各类中等学校在校学生由1952年的441.7万人上升到763.3万人。普通中小学教育、成人教育和工农群众的业余文化教育事业也都有了很大的发展。

科学工作方面，中共中央强调：我国科学基础薄弱，而科学研究干部的成长和科学研究经验的积累，都需要相当长的时期，必须发愤努力，急起直追，否则就会由于科学落后而阻碍国家建设事业的发展；科学家是国家和社会的宝贵财富，必须重视和尊敬他们，争取和团结一切科学家为人民服务；大力培养新生的科研力量，扩大科学研究工作的队伍，是发展我国科学研究事业的重要环节。1954年中国科学院成为国务院领导下的国家最高学术机关之后，实行了组织形式的调整，于1955年成立了数理化学、生物学地学、技术科学、哲学社会科学四个学科性的学部，逐渐形成全国科学研究体系，为全面发展科学事业、制定科学长远规划奠定了基础。

在推动文化建设高潮的同时，党在思想文化领域领导进行了宣传历史唯物主义、反对资产阶级唯心主义思想的斗争。继1951年批判电影《武训传》后，1954年至1955年间，在毛泽东的支持下，先后进行了对古典文学名著《红楼梦》研究中唯心观点的批判；在整个文学艺术界，直到哲学、历史学、教育学、政治学、心理学等诸多领域，对胡适派唯心论思想进行了批判；对胡风文艺思想进行了批判；等等。结合实际事例开展正常的批评和讨论，对于学习和宣传历史唯物主义和辩证唯物主义应该是有积极作用的。但是，思想问题和学术问题是属于精神世界的很复杂的问题，采取批判运动的办法来解决，容易流于简单和片面，学术上的不同意见难以展开必要的争论，实际上形成一场政治围攻，产生了消极的负面影响。特别是对胡风文艺思想的批判，由于过分强调思想文化领域的阶级斗争，后来演变为揭露"胡风反革命集团"的斗争，胡风本人被逮捕并遭长期监禁，同他有联系的一批文艺工作者也被牵连而受到不公正处理，造成一桩错案。直到党的十一届三中全会后的20世纪80年代，这桩错案才得到全面平反。历史的教训表明，凡属思想、学术方面的问题，应按照宪法有关学术自由、批评自由的精神和党的"百花齐放，百家争鸣"的方针，由思想学术界和广大读者通过科学的批评和讨论，求得正确解决。

为了给我国大规模经济建设创造良好的国际和平环境，朝鲜战争结束后，中国政府在外交方面展开了积极的活动和斗争。1954年4月，美、苏、英、法、中及其他有关国家在日内瓦召开外长会议，讨论朝鲜问题和印度支那问题。这是中华人民共和国首次以五大国之一的地位和身份参加讨论重大国际问题，也是第一次尝试通过大型国际会议和平解决国际争端。会议期间，周恩来率领的中国代表团展开了积极的外交活动。虽然由于美国的阻挠，会议未能就政治解决朝鲜问题达成协议，但达成了恢复印度支那和平协议，迫使法国从印度支那三国撤军。日内瓦会议的成功，使印度支那战争得以停止，使亚洲局势和国际局势得到进一步缓和，也使新中国初步地打破了美国的孤立和遏制政策。通过这次会议，中国巩固了南部边陲的安全，扩大了国际和平统一战线，为国内建设创造了有利的周边环境。

1953年12月31日，周恩来在北京接见印度谈判代表团时，首次系统地提出了和平共处五项原则，其内容是：互相尊重主权和领土完整、互不侵犯、互不干涉内政、平等互利、和平共处。1954年6月，周恩来分别与印度和缅甸两国总理发表联合声明，一致同意以和平共处五项原则作为指导相互关系的基本原则，并倡议将和平共处五项原则作为处理国际关系的准则，在世界上产生了广泛而深远的影响。

1955年4月18日，有共同遭遇的亚非29个国家的政府首脑第一次在印度尼西亚万隆举行大型国际性会议（亚非会议，也称万隆会议）。周恩来率领中国代表团出席了会议。面对帝国主义对会议的破坏阴谋以及与会各国之间矛盾分歧错综复杂的情况，周恩来鲜明地提出"求同存异"方针，为大会的圆满成功作出了巨大贡献。通过万隆会议，中国打开了与亚非国家广泛交往的大门。

亚非会议后，新中国迎来以亚非拉美新兴民族国家为主要对象的第二次建交高潮，尼泊尔、埃及、叙利亚、也门、锡兰、柬埔寨、伊拉克、阿尔及利亚、苏丹和几内亚等一批国家相继与中国建交。20世纪50年代上半期，中苏关系迅速发展，同时，中国开始同主要资本主义国家之间进行各种形式的接触，还初步开展了同拉丁美洲国家的民间友好往来。这些卓有成效的外交活动，促进了国际紧张局势的缓和，加强了我国同国际社会的联系，显示出新中国在国际事务中的重要作用，也为我国的经济建设争取了较为有利的外部环境。

三　农业合作化与"三大改造"的完成

1953年，伴随大规模经济建设的展开，国家对农业、手工业和资本主义工商业的有系统的社会主义改造，也迈开了步伐。

在农业社会主义改造方面，中共中央于1951年9月制定了《关于农业生产互助合作的决议（草案）》。针对当时老解放区农村互助组织有所涣散，不少中农向往单干，也有许多干部、贫农抱有"农业社会主义"思想，盼着早日实现大家生活"一拉齐"等情况，决议草案提出要重视农民在土地改革基础上发扬起来的个体经济和劳动互助两种生产积极性，批评了农业互助合作问题上存在的消极态度和急躁态度这两种错误倾向，要求根据生产发展的需要和可能，引导个体农民沿着互助合作的道路前进。这个决议草案经过一年多的试行，于1953年2月由中共中央作为正式决议下达。

由于工业建设的全面铺开，从1952年下半年起，全国粮食购销开始呈现出紧张形势。1953年，粮食紧张情况有增无减，哄抬物价的风潮随时可能发生。面对这种严峻情况，1953年10月，中共中央紧急作出一项重大决策：在农村实行粮食征购，在城市实行粮食配给，严格管制粮食私商（简称"统购统销"）。具体政策为：计划收购，计划供应，由国家严格控制粮食市场和中央对粮食实行统一管理。11月，政务院下达《中央人民政府政务院关于实行粮食的计划收购和计划供应的命令》。统购统销政策的实行，很快缓解了粮食供求紧张的矛盾，但不能根本改变农业生产落后于工业发展的状况。中央认为，解决粮食紧张的根本出路在于依靠农业合作化并在此基础上适当进行技术改革。此外，实行粮食统购统销，国家要同上亿户农民直接打交道，核定各户余粮，动员各户交售，工作非常繁难。这也要求"把太多的小辫子梳成较少的大辫子"，把农民进一步组织到合作社里来。

为进一步推动农业合作化运动的发展，1953年12月，中央又公布了《关于发展农业生产合作社的决议》，从克服农业同工业发展不相适应的矛盾出发，把逐步实行农业合作化作为农村工作中最根本的任务，提出初级社是引导农民过渡到完全社会主义的高级社的适当形式，要求把发展初级社作为领导互助合作运动继续前进的重要环节。执行这个决议后，1954年农业互助合作工作获得很大发展。1954年年底，全国互助组增加到近1000万个，初级社增加到48万个，参加互助合作的农户增加到7000万户，占全国农户总数的60.3%。在这里，互助组是建立在农民小私有制基础上的，因实行生产互助而具有社会主义萌芽的性质。初级社是生产资料部分公有，属于半社会主义性质，其特点是土地入股，实行按劳动力分配和一定比例的土地分红，比较适合当时我国农村生产力的状况，较容易为贫农、中农两部分农民群众所接受。高级社则是生产资料完全归集体所有，实行统一经营、统一分配。这种高级形式的合作社，当时仅在个别地方进行试点工作，尚不宜推广。

到1955年春，全国初级社迅速发展到67万个。由于发展过猛，一些地方出现了侵害农民主要是中农利益的偏向，造成农村关系的紧张。为此，中央发出《中共中央关于整顿和巩固农业生产合作社的通知》等一系列指示，强调农村工作的一切措施，都必须围绕发展生产这一环节，必须从小农经济的现状出发，在粮食方面采取"定产、定购、定销"措施，安定农民的生产情绪；在扩展合作社方面，实行"停、缩、发"方针，一般停止发展，适当收缩，全力巩固农业合作社。经过整顿，全国共收缩了2

万个社，巩固下来的 65 万个社，当年夏收有 80% 增产，开始转入健康发展轨道。

粮食统购统销以后，跟着实行油料的统购和食油的统销，1954 年又实行棉花的统购和棉布的统购统销。统购统销政策与农业互助合作相互联系、相互促进，实际上使国家掌握了私营工商业的原料供给和销售市场，从而直接推动了对资本主义工商业的社会主义改造进程。

1953 年 6 月，中央确定经过国家资本主义改造资本主义工商业的方针。国家资本主义的初级形式：一是国家委托私营工厂加工订货，对其产品统购包销，工业资本家获取一定的工缴费，企业利润实行"四马分肥"（国家所得税、企业公积金、工人福利费、资方红利四个部分），企业虽然仍由资本家管理，但基本上是为国计民生服务，具有一定的社会主义性质。二是国家委托私营商店经销和代销商品，商业资本家获取合理的批零差价和代销费。这些形式属于国家同资本家在企业外部的合作，并不触及生产资料的资本家所有制。国家资本主义的高级形式是公私合营，即国家通过注入资金和委派干部，使社会主义成分同资本主义成分在企业内部合作，企业由私有变为公私共有，公方代表和工人群众结合在一起掌握企业的领导权，资本家失去原有的支配地位，生产关系发生重要变化，便于劳资矛盾、公私矛盾朝着有利于劳方和公方的方向解决，有利于改进生产，将生产纳入国家计划。

在 1953 年年底以前，以加工订货、经销代销为主的初级国家资本主义形式，在私营工商业中已有较大发展。随着粮棉油统购统销制度的实行，从 1954 年起，国家转入重点发展公私合营这种高级形式的国家资本主义。私营工商业由国家资本主义的低级形式向高级形式的发展，事实上也就是逐步改造其生产关系，使企业逐步走向社会主义的过程。1954 年到 1955 年，扩展公私合营的工作取得很大进展，公私合营企业数量不断增加。1954 年 12 月，中央提出统筹兼顾、归口安排、按行业改造的方针。

1955年，北京、上海、天津等地一部分行业先后实行了全行业公私合营。

1955年夏季以后，围绕农业合作化速度问题，中央领导层发生了一场严重的争论。在此之前，整个社会主义改造总的来说是按计划、有步骤地稳步前进的，争论之后，社会主义改造的步伐猛烈地加快了。

根据局部农村整社后的形势，中央农村工作部提出农业合作社到1956年春发展到100万个的计划，得到中央政治局批准。但1955年6月毛泽东从南方视察回到北京后，对农业合作化发展作出了新的观察和判断，主张修改计划，发展到130万个。中央农村工作部部长邓子恢认为不妥，力主合作社要稳步发展。他提出：合作化运动应与工业化进度相适应，发展不宜过快；群众觉悟水平和干部领导能力需要逐步提高，要求不能过急；目前合作化发展已经很快，存在的问题很多，应该着重做好巩固工作，为下一步的发展打好基础。后来的实践表明，邓子恢的意见是正确的，是符合农村实际情况的。但在当时，毛泽东认为邓子恢的思想右了，是对合作化不积极。

1955年7月31日至8月1日，省、市、自治区党委书记会议在北京举行，毛泽东在会上作了《关于农业合作化问题》的报告。报告严厉批评了邓子恢和他领导的中央农村工作部的所谓"右的错误"，认为"在全国农村中，新的社会主义群众运动的高潮就要到来"，而我们的某些同志却落后于群众，"像一个小脚女人，东摇西摆地在那里走路"，对合作化运动有"过多的评头品足，不适当的埋怨，无穷的忧虑，数不尽的清规和戒律"，这是"错误的方针"。报告强调农村中"将出现一个全国性的社会主义改造的高潮"，为此，必须实行"全面规划，加强领导"[1]的方针。这次会议定下了加快农业合作化步伐的基调，助长了在农业合作化问题上的急躁冒进情绪，成为农业社会主义改造进程的一个转折点。

---

[1]《毛泽东文集》第六卷，人民出版社1999年版，第418—443页。

同年 10 月，中共七届六中全会（扩大）在北京举行。全会根据毛泽东《关于农业合作化问题》的报告，讨论和通过了《关于农业合作化问题的决议》。该决议把邓子恢和中央农村工作部的"错误"性质进一步升级，确定为"右倾机会主义"，并对不同地区规定了合作化的进度，绝大部分地区都规定了很高的指标。七届六中全会结束后，各地再次修订加快合作化步伐的规划，使合作化运动形成异常迅猛的发展浪潮。到 12 月下旬，全国已有 60% 以上的农户加入了合作社。这时，毛泽东主持编选的《中国农村的社会主义高潮》一书出版。他为这本书写了序言和 104 条按语，主导思想是"批右"，不仅对合作化运动中的所谓"右倾机会主义"给予更尖锐的批评，而且认为在其他许多方面的工作中也有"右倾保守思想"在"作怪"。由于激烈批判"右倾"所形成的政治压力，以及一再提出超前的发展计划，农业合作化运动像海啸一般席卷中国大地。

1956 年 1 月，入社农户由 1955 年 6 月占全国总农户的 14.2%，猛增到 80.3%，基本上实现了初级社化。6 月，毛泽东以国家主席的名义公布《高级农业生产合作社示范章程》，刚刚建立的初级社随之向高级社转变，各地并社升级的浪潮愈发不可遏制，许多单干农民直接参加高级社，被喻为"一步登天"。到 1956 年年底，加入合作社的农户已达全国总农户的 96.3%，其中入高级社的农户占 87.8%。在短短几个月的群众运动高潮中，骤然完成由半社会主义合作社到全社会主义合作社的转变，全国基本上实现了高级社化。

在农业合作化运动迅猛发展的推动下，资本主义工商业全行业公私合营的浪潮也很快席卷全国。1956 年 1 月底，全国五十多个大中城市相继宣布实现全市的全行业公私合营；当年年底，全国私营工业户数的 99%，私营商业户数的 82.2%，分别纳入了公私合营或合作社的轨道。原定用三个五年计划基本完成资本主义工商业社会主义改造的计划一再提前，结果在 1956 年内就实现了。

手工业的合作化，在总路线提出以后采取"积极领导、稳步前进"的方针。组织形式是手工业生产合作小组、手工业供销合作社和手工业生产合作社，步骤是从供销入手，由小到大，由低到高，逐步实行社会主义改造和生产改造。农业合作化的猛烈发展，也影响了手工业的合作化速度。1955年年底中央提出要求：在两年内基本完成手工业合作化。实际上，到1956年年底，参加合作社的手工业人员已占全体手工业人员的91.7%。

由于在指导思想上急于求成，1955年夏季以后的社会主义改造出现了要求过急、改变过快、工作过于粗糙、组织形式过于单一等偏差。中央针对这些问题采取了一些补救措施，提出"大部不变、小部调整"的方针，要求纠正公私合营的面过宽、合并改组过多，手工业盲目集中生产、统一经营，农业合作社并社升级过快、入社的生产资料作价不合理等缺点，使改造高潮中的紊乱状况得到一定程度的缓解。改造后期出现的这些问题，从中国共产党的领导来看，主要是在巨大胜利面前不像过去那样谨慎、那样注重客观现实的条件，党内普遍存在尽快消灭资本主义私有制、提早进入社会主义的思想倾向。尽管当时觉察到一些问题，也采取了若干调整措施，但实际上很难在工作中切实地贯彻执行。

1956年社会主义改造的基本完成，在中国实现了生产资料所有制的深刻变革。农民、手工业者个人所有的小私有制，基本上转变为劳动群众集体所有制；资本家所有的资本主义私有制，基本上转变为国家所有制即全民所有制。在整个国民经济中，全民所有制和劳动群众集体所有制这两种社会主义公有制形式，已占居绝对优势地位。尽管改造后期实际工作中出现了一些偏差，但从改造的方向和全过程来看，基本上是符合我国工业化初期经济发展的客观需要的，在我国实现对农业、手工业、资本主义工商业的社会主义改造，可以说是一件具有伟大历史意义的事情。

从社会主义改造的直接结果来看，在国民收入中，1956年同1952年相比，国营经济的比重由19.1%上升到32.2%，合作社经济由1.5%上升到53.4%，公私合营经济由0.7%上升到7.3%。与此相对应，个体经济由71.8%下降到7.1%，私人资本主义经济由6.9%下降到接近于零。社会主义性质的公有制经济的比重总共达到92.9%。在工业总产值中，1956年同1952年相比，社会主义国营工业的比重由56%上升到67.5%，国家资本主义工业由26.9%上升到32.5%，资本主义工业则由17.1%下降到接近于零。在社会商品零售总额中，国营商业和供销合作社商业由42.6%上升到68.3%，国家资本主义商业和由原来小私商组成的合作化商业由0.2%上升到27.5%，私营商业由57.2%下降到4.2%。我国所有制结构的根本性变化，表明社会主义经济基础已经初步建立起来。

伴随着社会主义经济基础的建立，我国人民民主专政的国家制度也逐步健全起来。社会主义改造在新的基础上巩固了工农联盟以及工人阶级同其他劳动人民的联盟。普选的人民代表大会制在全国的实行，共产党领导的多党合作和政治协商制度的发展，为进一步建立健全社会主义民主与法制开辟了道路。以社会主义工业化建设为中心，国家在科学、教育、文化和国防建设等方面都取得了显著的成绩。马克思主义在意识形态领域指导地位的确立，促使社会主义的思想意识和社会道德规范在人民中间逐渐树立起来。

鉴于新的社会主义经济基础业已建立，又有依据社会主义的原则进行的政治法律等上层建筑、教育科学文化以及社会生活等多方面建设的成果，中国共产党在1956年确认：社会主义的制度在我国已经基本建立起来了。社会主义基本制度的建立，为我国今后的一切进步和发展奠定了最重要的基础。

从社会历史发展的总进程看问题，三大改造完成后，我国进入的只是初级阶段的社会主义。按照党的过渡时期总路线所规定的任务，生产资料所有制方面发生的巨大变革，表明我国过渡时期已经完结，向社会主义的过渡已经实现；而在发展生产力方面，社会主义工业化还需要经过几个五年计划才能真正打下基础。这表明，我国虽然进入了社会主义社会，但刚刚建立的社会主义物质基础还很不充分。由于在发展生产力方面还有很长的路要走，由三大改造所建立的生产关系还要在发展中经受考验，因此我国在1956年只是进入了很不成熟的社会主义，即社会主义初级阶段。中国还要经历一个继续实现国家工业化和生产的商品化、社会化、现代化的相当长的历史阶段，即社会主义初级阶段，才能把我国建设成为伟大的社会主义强国。在这个较长的历史过程中，还会有原来根本没有遇到过的艰难和曲折，还需要党和人民付出巨大的努力。

应该指出，在中国这样一个人口众多、经济文化还很落后的大国里消灭生产资料私有制，是一个非常复杂而深刻的社会变革。由于党和人民政府在总体上采取了逐步过渡的路线方针，创造了适合中国特点的过渡形式，并在改造过程中适时地进行了政策调整，注意对生产、流通的许多环节统筹安排，不但避免了通常情况下生产关系急剧变革往往引起的对社会生产力的破坏，而且基本上保证了工农业生产的增长，促进了整个国民经济的发展。这是很难做到而在我国确实做到了的事情。特别是在过渡时期，中国共产党继续保持了同民族资产阶级的联盟，坚持对资本家实行赎买政策，有效地减少了资本家的抵抗。资产阶级中的进步分子和大多数人也对社会主义改造起了有益的配合作用。这两方面结合起来，使中国成功地实现了马克思、列宁曾经设想的对资产阶级的和平赎买，以新的经验丰富了马克思主义的科学社会主义理论。这表明，尽管我国的社会主义改造在目标和模式上是以苏联为榜样，但在具体道路上却有中国自己的特色。

当然，中国是在20世纪50年代初的国际和国内的历史环境下开始向社会主义过渡的，中国共产党对"什么是社会主义、怎样建设社会主义"的认识，不能不带有那个年代的历史局限，也不能不受到当时苏联的社会主义理论和实践的影响。尤其是1955年夏季以后，所提出的一些超越生产力实际状况而追求生产关系先进性的要求，使我国的所有制结构趋于单一；同时，急于把全部农业、手工业、私营工商业的生产经营活动统统纳入国家计划的轨道，使我国经济体制中原有的计划和市场双重调节的机制，变成了单一的计划机制。社会主义改造基本完成后建立起来的过于单一的公有制结构和过分集中的计划经济体制，给我国经济和社会的长期发展遗留了一些问题，产生了多方面的复杂影响。

社会主义改造后期遗留的问题，大体有三个方面：一是在社会主义公有制经济已居于绝对统治地位的前提下，有没有必要使它成为唯一的经济成分，可不可以保留一部分有益于国计民生的个体经济和私营经济？二是高度集中的计划经济体制随着对资本主义和个体经济改造的完成而扩大到全部经济生活中，市场调节作用是否还需要发挥，如何发挥？三是国营经济如何发挥中央、地方各级和企业的主动性和积极性，公有制经济是否可以划分所有权和经营权，生产经营上要不要有集中与分散的不同层次，还是公有范围越大、生产经营越集中越好？

社会主义改造基本完成后的客观形势，要求根据生产力发展和社会生活的需要，根据人民群众的愿望，对生产关系不适应生产力状况的某些环节进行一系列的调整和改革，以便迅速发展社会生产力，巩固和加强新建立的社会主义经济基础。这就为我国社会主义建设事业的发展提出了新的历史任务。

第四章
开展大规模社会主义建设

　　社会主义改造基本完成后的客观形势，要求党根据生产力发展和社会生活的需要，根据人民群众的愿望，对生产关系不适应生产力状况的某些环节进行一系列的调整和改革，以便迅速发展社会生产力，巩固和加强新建立的社会主义经济基础。为此，从1956年起，党对建设社会主义的中国道路进行了探索，并取得初步成果，大规模的社会主义建设也全面展开，积累了党领导社会主义建设的重要经验。

一 探索中国建设社会主义的道路

1956年,中国生产资料私有制的社会主义改造基本完成。由此开始,中国进入了社会主义初级阶段。

中国是在国际形势发生重大变化的情况下进入社会主义初级阶段的。20世纪50年代中期,国际形势出现了一系列新的特点。首先,缓和成为国际关系发展的趋向。虽然社会主义阵营同资本主义阵营之间的冷战仍在继续,但是冷战双方开始就一系列重大国际问题举行谈判,并取得了一些成果。亚洲和非洲国家广泛兴起争取和维护民族独立的运动。1956年下半年,埃及为收回苏伊士运河而进行的斗争震动西方世界,一些亚非新兴国家向社会主义阵营靠拢。中国所处的国际环境逐渐改善。其次,世界经济和科学技术开始进入一个迅速发展的时期。在完成对战后经济恢复的基础上,许多国家特别是西方国家调整内部经济结构,逐步建立起战后新的国际贸易和金融体系。社会主义各国按照经济计划,不断扩大投入,实现了经济的高速增长。统计结果显示,当时苏联经济正以超过西方主要国家两至三倍的速度发展,中国"一五"计划期间的经济增长速度也高于美国、英国和日本,同周边的印度等国家和地区相比,中国在经济上更是保持了明显优势。同时,科学技术的发展取得长足的进步。继20世纪40年代后期至50年代前期人类开始利用核能之后,以1957年苏联成功发射第一颗人造地球卫星为标志,人类开始摆脱地球引力向外层空间进军。这些新技术革命的发生,推动各国将科学技术的新成果广泛应用于人类社会的生产和生活领域，极大提高了社会生产力水平，开拓了人类生产和经济活动的新领域。

国际政治经济形势的新发展，为中国的社会主义建设提供了难得的历史机遇。就中国自身而言，虽然经济增长速度很快，但是这种增长的起点很低，实际上经济、文化还相当落后，综合国力同西方发达国家相比差距还很大。因此，把握历史的机遇，迅速提高社会生产力水平，建设一个强大的社会主义中国，这就是现实向中国共产党提出的客观要求。

对于中国共产党来说，全面建设社会主义，努力发展社会主义的经济、政治和文化，这个目标是明确的。然而实现这一目标却没有现成的道路可走。成功地探索了中国新民主主义革命道路的中国共产党，对建设社会主义不仅没有经验，而且缺乏足够的思想准备，更不可能有一套完整的理论。在新中国建立以后的头七年间，特别是从1953年开始有计划地进行经济建设的几年里，党曾经把苏联建设模式作为学习的样板。但是苏联的经验并不都是成功的，苏联成功的经验也不都适合中国的情况，学习苏联终究不能代替对自己道路的探求。在"一五"计划实施的过程中，苏联模式在中国逐渐暴露出它的某些问题，比如片面强调发展重工业而忽视农业、轻工业，重积累、轻消费导致国民经济重要关系比例失当，管理体制因权力过分集中而显得僵死和缺乏活力。

如果说中华人民共和国成立后头几年的实践，使中国共产党人从自身体验中发现了问题，那么1956年2月召开的苏联共产党第二十次代表大会，又从外部给了中国共产党一个认识苏联模式弊端的契机。赫鲁晓夫在大会上作了题为《关于个人崇拜及其后果》的秘密报告，尖锐地揭露了斯大林在领导苏联社会主义建设中的严重错误。这个报告在社会主义阵营和国际共产主义运动内部引起极大震动，人们没有想到斯大林竟然会犯如此严重的错误，在第一个社会主义国家还存在这样多的问题。中共中央政治局、书记处多次开会研究苏共二十大及其影响，并将讨论结果以人民日报编辑部的名义发表《关于无产阶级专政的历史经验》的文章。毛泽东指出，赫鲁晓夫的报告一是揭了盖子，二是捅了娄子。它一方面表明苏联、苏共、斯大林并不都是一切正确，这就破除了迷信，不要再硬搬苏联的一切了，有利于反对教条主义；另一方面报告无论在内容上还是在方法上都有严重错误。在批评苏共领导全盘否定斯大林的错误，肯定斯大林"功大于过"的同时，毛泽东着重指出，对于苏共二十大，重要的问题在于我们从中得到什么教益。最重要的是要独立思考，把马克思主义的基本原理同中国革命和建设的具体实际相结合。民主革命时期我们在吃了大亏之后才成功地实现了这种结合，取得了中国新民主主义革命的胜利。现在是社会主义革命和建设时期，我们要进行第二次结合，找出在中国怎样建设社会主义的道路。

中国共产党就在这一年开始了对中国自己建设社会主义道路的探索。1956年2月中旬至4月下旬，毛泽东等中央领导人分别听取党中央和国务院三十四个部门关于工业生产和整个经济工作的汇报。4月25日，毛泽东在中央政治局扩大会议上作《论十大关系》的报告，经过讨论后得到政治局的赞同。5月2日，他又在最高国务会议上作报告。报告提出了一个基本方针，即把国内外一切积极因素调动起来，为社会主义事业服务。它所论述的十大问题（十大关系），一方面是从总结我国经验、研究我国的实践提出来的，另一方面是借鉴苏联的经验教训提出来的。鉴于苏联忽视农业、轻工业，片面注重重工业，造成农、轻、重发展不平衡的教训，报告提出今后我国应该适当调整，更多地发展农业、轻工业，更多地利用和发展沿海工业，降低军政费用的比重，多搞经济建设。报告还论述了国家、生产单位和生产者个人的关系、中央和地方的关系，开始涉及经济体制的改革。报告同时阐述了汉族和少数民族、党和非党、革命和反革命、是非关系及中国和外国等方面的关系。这样就初步提出了中国社会主义经济、政治建设的若干新方针。

1956年1月，党中央还召开了关于知识分子问题会议，周恩来代表党中央肯定了我国知识界的面貌已经发生了根本改变，绝大部分已经成为工人阶级的一部分。会议分析了世界科学技术发展的形势，号召全党努力学习科学技术知识，提出了"向现代科学进军"的任务。中央政治局扩大会议在讨论《论十大关系》报告时，又针对我国科学文化领域受苏联学术批评中粗暴作风和教条主义的影响，把毛泽东提出的"百花齐放，百家争鸣"作为发展科学和文化的基本方针。党在知识分子问题和发展科学文化上作出的这些决策，初步提出了中国社会主义文化建设的若干新方针。

在前一阶段探索的基础上，1956年9月15日至27日，党召开了第八次全国代表大会。这是新中国成立后中国共产党召开的第一次全国代表大会。大会正确分析了国内形势和国内主要矛盾的变化，指出几千年来的阶级剥削制度的历史已经基本上结束，社会主义制度已经基本上建立，我们国内的主要矛盾已经是人民对于经济文化迅速发展的需要同当前经济文化不能满足人民需要的状况之间的矛盾。大会强调，在社会主义改造基本完成的情况下，国家的主要任务是在新的生产关系下保护和发展生产力，全党要集中力量发展生产力。大会确定了经济、政治、文化、外交和党的建设等方面的方针。在经济建设方面，坚持既反对保守又反对冒进、在综合平衡中稳步前进的方针；在改进经济体制方面，要求适当调整中央和地方管理权限，肯定"三个主体，三个补充"的思想；在国家工作方面，强调进一步扩大国家的民主生活，建立健全社会主义法制；在文化科学建设方面，确认"百花齐放，百家争鸣"为发展科学文化事业的指导方针；在对外政策方面，坚持以和平共处五项原则为基础的外交政策；在党的建设方面，强调坚持集体领导原则，健全党的民主集中制，发展党内民主，反对个人崇拜。大会选出了新的中央委员会，随后又选出了新的中央领导机构。毛泽东为中央委员会主席，刘少奇、周恩来、朱德、陈云为副主席，邓小平为总书记。毛泽东会前就提出准备在适当的时候不再当党的主席，可以当名誉主席，还提出他不再担任下一届国家主席，并建议修改宪法，规定国家主席、副主席只得连任一届。这是酝酿废除领导职务终身制的很有意义的一个设想。

党的八大是中国进入社会主义时期的一次历史性盛会，它制定的路线是正确的，提出的许多新方针和新设想是富于创造精神的。党的八大既肯定了前一阶段党对中国社会主义建设道路探索的成果，又进行了新的探索，丰富、深化了已有的认识。如果把中国的新民主主义革命和建立社会主义基本制度作为党领导下中国的第一次伟大革命，把中国由不发达的社会主义国家变成富强民主文明的社会主义现代化国家作为党领导下中国的第二次伟大革命，那么党的八大原本是准备拉开这第二次伟大革命的序幕的。

党的八大之后，党沿着八大确定的正确方向继续探索。这主要集中在两个问题上：一个是按照八大的方针，调整若干方面的经济关系和编制1957年的建设计划；另一个是准备全党整风，正确处理日渐突出的人民内部矛盾。

按照"三个主体，三个补充"的方针，党的八大以后在调整经济关系上有了初步进展，并产生了一些新思路。1956年秋冬，自由市场渐渐又活跃起来，个体工商户明显增长，其中还出现了较大的手工业和手工工场，人们称之为"地下工厂"，也出现了"地下商店"。对社会主义改造后出现的这种情况，党中央领导人提出了十分开明的主张。1956年12月，毛泽东同全国工商联负责人和中央统战部负责人进行了谈话，认为要使地下工厂由地下转为地上、使其合法化；只要有市场、有原料，这样的工厂还可以增加。毛泽东甚至说，可以消灭了资本主义，又搞资本主义。刘少奇、周恩来等也表示，可以在社会主义建设中搞一点私营的，活一点有好处。同党的八大相比，这些思路又有新的发展，即不仅允许一定数量的个体经营作为补充，而且允许一定限度的私人资本主义经营存在和发展，使之在国家领导下作为社会主义经济主体的补充。

在农业集体经济内部,党中央在八大之后提出了整顿农业生产合作社、做好农业生产管理工作的要求。这些要求主要是调整社、队规模,主张一般不宜过大;社对队实行"包工、包产、包财务",超产提成,减产扣分,深远山区也可以包产到组、到户;对队、组实行按季包工到组,田间零活包工到户。1956年到1957年上半年,四川、安徽、广东、浙江、河北等不少地方的农村进行了包产到户的试验。这些政策和实践,是根据实际情况对合作化以后农村的生产关系进行的调整,是朝向实行农村生产责任制的创造性尝试。

党中央还开始酝酿经济管理体制的改革。1956年10月,中共中央、国务院发出有关改进国家行政体制的文件草案,要求各地讨论。以陈云为组长的中央经济工作小组着手拟订这一方面改革的方案。这一改革的主要精神是改变权力过多集中于中央而地方和企业权力太少的状况,重新划分中央、地方和企业的权限,下放一部分权力给地方和企业。中央设想的改革涉及从计划、财政、基本建设到工业、运输、邮电等十八个方面,先从工业、商业、财政三个方面展开。1957年9月,党的八届三中全会通过改进工业、商业、财政管理体制的规定,相关的三个文件是对党的八大关于经济体制改革思想的具体化。

党的八大以后,党在指导编制第二个五年计划的过程中,坚持八大肯定的既反保守又反冒进的经济建设方针,注意继续解决前一阶段得到初步遏止的急躁冒进问题。在1956年11月召开的党的八届二中全会上,刘少奇、周恩来等联系苏联、东欧某些社会主义国家经济建设中的弊端和国内经济建设中的问题,强调应当把工业建设的速度放在稳妥可靠的基础上,1957年的计划应当是在继续前进的基础上"保证重点,适当收缩"。在这个方针指导下,陈云主持制订了1957年国民经济计划,压缩了基本建设投资规模。经过全党和全国人民的努力,到1957年年底,第一个五年计划的各项指标都大幅度地超额完成，取得令人瞩目的成就。

党在探索经济体制改革和经济建设方针的同时，根据八大的精神，针对党内存在的主观主义、官僚主义和宗派主义的思想作风，准备全党整风。

1956年6月和10月，波兰、匈牙利先后发生罢工、游行示威和骚乱，即波匈事件。这年秋冬，中国国内也出现一些不安定的情况。一些地方发生罢工、请愿事件。在农村，夏收以后不少地方发生闹粮食、闹退社的风潮。知识界在"百花齐放，百家争鸣"方针提出后，思想日趋活跃，在政治、经济、文化、科学、教育等问题上发表各种意见，其中不少意见相当尖锐。

波匈事件和国内的不安定情况，引起党中央和毛泽东的高度重视和思考。党中央和毛泽东认为，在波兰和匈牙利，一方面已经出现否定苏联和十月革命的倾向，另一方面，官僚主义、脱离群众、照搬苏联经验、阶级斗争不彻底等错误的恶果也逐渐表露出来。对国内不安定情况，党中央和毛泽东着重从领导方面分析，指出其发生原因是由于领导上存在官僚主义和主观主义，在政治或经济的政策上犯了错误，还有工作方法不对。这表明，党试图以波匈事件为借鉴，从整顿党的作风入手，克服主观主义、官僚主义和宗派主义，正确处理人民内部矛盾，以缓和党和人民群众间的某些紧张状态。毛泽东指出：在革命时期，大家集中力量去从事阶级斗争了，人民内部矛盾不突出。建设时期剩下一部分阶级斗争，大量表现的是人民内部的斗争，对于这个东西我们的经验不足，值得好好研究一下。

1957年2月，毛泽东在最高国务会议第十一次（扩大）会议上发表《关于正确处理人民内部矛盾的问题》的讲话。毛泽东指出，社会主义社会仍然充满着矛盾。社会主义社会的基本矛盾仍然是生产力和生产关系、经济基础和上层建筑之间的矛盾，不过社会主义社会的这些矛盾同旧社会具有根本不同的性质和情况，可以经过社会主义制度本身的调节不断得到解决。毛泽东特别分析了社会主义社会存在着敌我之间和人民内部两类性质根本不同的矛盾,他指出前者需要用强制的、专政的方法去解决,后者只能用民主的、说服教育的、"团结—批评—团结"的方法去解决,决不能用解决敌我矛盾的方法去解决人民内部的矛盾。毛泽东联系农业合作化问题、工商业问题、知识分子问题、少数民族问题、肃反问题、少数人闹事问题以及统筹兼顾、适当安排,百花齐放、百家争鸣,长期共存、互相监督,勤俭节约和中国工业化道路等问题,分析和阐明了正确处理各方面人民内部矛盾的方针和方法。毛泽东认为,在这个时候提出划分敌我和人民内部两类矛盾的界限,提出正确处理人民内部矛盾的问题,是十分必要的。这表明党把正确处理人民内部矛盾作为国家政治生活的主题,并且从理论上提出了社会主义社会矛盾的新学说。这个学说发展了马克思主义的科学社会主义理论,是党和毛泽东探索社会主义政治建设的一个重要的理论和思想成果。

从1956年到1957年春,党对中国自己的建设社会主义道路作了多方面探索。这些探索虽然是初步的,但却是整个探索过程的一个良好开端。当然,由于实践的时间很短,理论上和思想上还不可能很成熟,许多新的观念和方针还没有牢固地确立和取得共识,许多新设想还没有付诸实施或者还没有充分付诸实施。因此,这个探索远未完结,它将经历很长而且很曲折的历程。

二 探索中的失误和曲折

毛泽东《关于正确处理人民内部矛盾的问题》的讲话及不久以后他在全国宣传工作会议上的讲话，很快在广大干部和知识分子中作了传达，引起热烈反响。在传达和讨论这两篇讲话的过程中，党实际上已经开始进行整风。1957年4月27日，党中央作出《关于整风运动的指示》。这次整风运动采取"开门"的形式，既在党内开展批评与自我批评，也欢迎党外人士参加，对党和政府及党员、干部工作中的缺点错误予以批评。党中央特别重视邀请党外人士帮助共产党整风，专门发出了指示。从中央到地方和各个单位的党组织纷纷召开各种座谈会，听取党外人士意见。

随着整风运动的迅猛展开，广大党外人士提出了许多批评意见，同时也出现了一些复杂情况，不少意见涉及对共产党的领导、社会主义制度、中华人民共和国成立以来历次政治运动的根本评价。原来主要从人民内部矛盾的角度来观察国内政治形势和思想动向的毛泽东，开始更多地从阶级斗争的角度来看待整风中提出的意见。5月中旬，他写了一篇题为《事情正在起变化》的文章，印发党内高级干部。文章认为当时的形势已经是"右派猖狂进攻"，但他们还没有达到顶点，还要让他们猖狂一个时期，然后"诱敌深入，聚而歼之"。这表明党中央的指导思想发生了变化，运动的主题由正确处理人民内部矛盾转向对敌斗争，由党内整风转向反击右派。

1957年6月8日，《人民日报》发表社论《这是为什么？》，指出少数右派分子想推翻共产党的领导,推翻社会主义制度,广大的人民是决不许可的。同一天,党中央作出《关于组织力量准备反击右派分子进攻的指示》,对反击右派作出进一步安排。以此为标志,一场群众性疾风暴雨式的反右派斗争在全国正式开展起来。反右派斗争运用了大鸣、大放、大字报、大辩论的方法,战场被认为既在党外,也在党内,而民主党派和知识分子集中的教育界、文艺界、新闻界、工商界、科技界被当作主战场。

本来,社会主义改造完成后,对中国要不要走社会主义道路和要不要共产党的领导,会存在怀疑甚至否定的思潮。党同这种思潮的斗争是不可避免的,对全国人民进行社会主义教育也是必要的。但是,敌视社会主义的人毕竟只是极少数,同这种思潮的斗争应当在问题发生的范围内进行。党对这一点本来有清醒估计和认识,然而在整风过程中出现复杂情况后却改变了原先的判断,对阶级斗争形势作出过分严重的估计,把本应在一定范围内进行并主要采用解决思想问题的方式来进行的斗争,扩展成"一场大规模的思想战争和政治战争",从而导致了反右派斗争的严重扩大化。

到1958年夏季反右派斗争结束,全国共划右派分子55万多人。虽然一开始还是把他们的问题放在人民内部的范围里,但是不久以后便明确宣布右派属于不可调和的你死我活的敌我矛盾。许多同党有长期合作历史的朋友,许多有才能的知识分子,许多政治上热情而不成熟的青年,还有党内许多忠贞的同志,由于被划为右派分子而经受了长期磨难,不能在社会主义建设中发挥作用。这不但是他们个人及家庭的悲剧,也给党和国家造成了巨大损失。

反右派斗争的严重扩大化,使党探索中国自己的建设社会主义道路的良好开端受到挫折。首先是通过八届三中全会和八大二次会议改变了八大一次会议关于我国社会主要矛盾的正确论断。毛泽东在八届三中全会提出:"无产阶级和资产阶级的矛盾,社会主义道路和资本主义道路的矛盾,毫无疑问，这是当前我国社会的主要矛盾。"[1]八大二次会议正式肯定了毛泽东的论断，并且断言我国社会有"两个剥削阶级和两个劳动阶级"[2]。后来党在阶级斗争问题上一次又一次犯扩大化甚至无中生有的错误，其理论来源就在于此。其次是在政治、思想生活方面，"百花齐放，百家争鸣""长期共存，互相监督"方针的贯彻执行受到很大损害，社会主义民主和法制建设遭到破坏。在经济生活方面，农业合作社中包产到户的探索在反右派斗争中受到严厉批判，重新放开一点私营经济的设想也被弃置，反冒进被视作右派或接近右派的语言随后遭到批判。

随着反右派斗争的全面展开以及此前社会主义改造的基本完成，党中央认为，经济战线上和政治思想战线上的社会主义革命都已经取得了伟大胜利，广大人民群众热情高涨，经济建设应当搞得更快一些。为此，党中央、毛泽东酝酿并发动了一场热火朝天的"大跃进"运动。"大跃进"的提出和推行，表明党力图在探索中国自己的建设社会主义道路中打开一个新的局面。

1957年九十月间，党召开八届三中全会。毛泽东在会上批评经济工作中的反冒进。他联系反右派斗争，认为反冒进给右派进攻提供了口实，整风反右把劲鼓起来了。会后，党中央公布了全会通过的1956年至1967年"全国农业发展纲要"，要求全民讨论，掀起一个生产高潮。1957年10月27日《人民日报》为此发表社论，要求农业和农村工作"实现一个巨大的跃进"，在党中央机关报上提出了"大跃进"的口号。各地区、各部门纷纷召开会议，批判"右倾保守"思想，制订跃进计划。11月，在莫斯科举行各国共产党和工人党代表会议，毛泽东率领中国代表团参加。在苏联提出在主要工业产品产量方面十五年赶超美国之后，毛泽东在会上提出了

---

[1] 毛泽东在中共八届三中全会闭幕会上的讲话记录，1957年10月9日。
[2] 刘少奇：《中国共产党第八届全国代表大会第二次会议关于中央委员会的工作报告的决议》，人民出版社1958年版。

十五年赶超英国的目标。12月,刘少奇代表党中央向中国工会八大致辞,公开宣布了这个目标。这年冬季,各地批判右倾保守思想,掀起以兴修水利、养猪积肥和改良土壤为中心的农业生产高潮,揭开了"大跃进"的序幕。

为了进一步发动大跃进,1958年1月和3月,毛泽东先后在杭州、南宁和成都召开中央会议,更加严厉地批判反冒进,说反冒进是泄了六亿人民的气,犯了政治方向的错误。周恩来、陈云等主张反冒进的中央领导人不得不作检讨。毛泽东还号召破除迷信,独立思考,反对教条主义,探索中国自己的建设路线。

毛泽东为打开建设新局面所作的上述思考和努力,虽然有积极的一面,即希望发扬党在长期革命斗争中形成的传统和作风,振奋精神,寻求更好的方法和更快的速度来建设社会主义,但是从实际效果来看其消极作用十分突出。对反冒进的批判,实际上否定了"一五"时期积累起来的建设经验,助长了脱离实际的臆想和冒进,同时也否定了中央集体领导的经验和智慧,破坏了集体领导原则和民主集中制,使党很难有效地防止和纠正因毛泽东个人失误而导致的党的决策的失误。因此,这个打开新局面的努力,一开始就偏离了正确方向,使建设道路的探索走入误区。

1958年5月,在北京召开党的八大二次会议。会议根据毛泽东的创议,通过了"鼓足干劲,力争上游,多快好省地建设社会主义"的总路线。这条总路线反映了广大人民群众要求改变我国经济文化落后状况的普遍愿望,但是它忽视了客观的经济发展规律,夸大了主观意志和主观努力的作用,而当时的宣传又片面强调总路线的中心环节是速度。于是,盲目求快就压倒了一切。会议通过的"二五"计划指标,比八大一次会议建议的指标,工业方面普遍提高一倍,农业方面提高20%~50%。

八大二次会议后,"大跃进"运动全面开展起来。运动的主要标志是片面追求工农业生产和建设的高速度,不断大幅度提高和修改计划指标。

农业提出"以粮为纲"的口号，要求五年、三年甚至一两年达到十二年农业发展纲要规定的粮食指标。工业提出"以钢为纲"的口号，要求七年、五年甚至三年内实现原定十五年钢产量赶上和超过英国的目标。高指标带来高估产。1958年夏收期间，各地兴起虚报产量、竞放高产"卫星"的浪潮。报刊舆论大加宣扬，亩产几千斤到十几万斤的消息层出不穷，"人有多大胆，地有多大产"的口号堂皇登报。文化、教育、体育、卫生、科技等各个方面也纷纷制定跃进计划，投入"大跃进"浪潮。

生产建设上的高指标和浮夸风，推动着生产关系急于向更高一级形式过渡，认为农业合作社的规模越大，公有化程度越高，就越能促进生产发展。1958年4月，党中央发出把小型农业社并为大社的意见，各地办了一些大社。七八月间，报刊公开宣传毛泽东关于把工、农、商、学、兵组成为一个大公社的思想。河南、山东等地闻风而动，开始在农村建立人民公社。

"大跃进"运动在这年夏季达到高潮。1958年8月，党中央政治局在北戴河召开扩大会议。会议对实际生活中出现的浮夸和混乱现象不仅没有加以纠正，反而加以支持，对超乎寻常的大幅度增产假象深信不疑，预计当年粮食产量可达6000亿～7000亿斤，正式决定当年钢产量比上年翻一番，达到1070万吨。会议还作出在农村建立人民公社的决议，认为"共产主义在我国的实现，已经不是什么遥远将来的事情了"，而人民公社是建成社会主义和逐步向共产主义过渡的最好的组织形式。会后，以高指标、瞎指挥、浮夸风、"共产风"为主要标志的"左"倾错误严重泛滥开来。

为了完成钢产量翻一番的任务，各地掀起大炼钢铁的群众运动，由当地各级党委第一书记挂帅，全国范围内动员了九千万人上山，砍树挖煤，找矿炼铁，建起上百万个小土高炉、小土焦炉，用土法炼铁炼钢。以大炼钢铁为中心，还兴起电力、交通、水利、教育等各行业的"全民大办"，被称作"以钢为纲，全面跃进""一马当先，万马奔腾"。全国农村一哄而起，大办人民公社，没有经过试验，只用一个多月时间全国就基本实现了公社化。到 1958 年年底，全国 74 万个农业合作社合并为 2.6 万个公社，全国总农户的 99% 加入了公社。人民公社的特点被概括成"一大二公"，所谓"大"，就是规模大，一般一乡一社，一个公社几千户甚至一两万户。所谓"公"，就是生产资料公有化程度高，将几十上百个经济条件、贫富水平不同的合作社合并，一切财产上交公社，在全社范围内统一核算、统一分配，实行部分供给制。同时，社员的自留地、家畜、果树等也收归社有。在各种"大办"中，公社经常无偿调用生产队的土地、物资和劳动力，甚至调用社员的房屋、家具。人民公社还大力推行"组织军事化、行动战斗化、生活集体化"的劳动组织方式和生活方式。

完全违反客观经济规律的"大跃进"运动，不但造成人力物力的巨大浪费，而且导致国民经济比例的严重失调。到 1958 年年底，钢产量虽然勉强达到 1108 万吨，但合格的只有 800 万吨。基本建设规模和职工队伍急剧膨胀，加重了国家财政支出和商品粮供应的负担，加剧了社会商品的供需矛盾。农业、轻工业被严重冲击和挤占，直接引起人民日常生活必需品的供应紧张。带有浓厚平均主义和军事共产主义色彩的人民公社化运动，造成对农民的剥夺，引起农民的惶恐和不满，使农村生产力受到灾难性破坏。

1958 年秋冬，"大跃进"和人民公社化运动的恶果已经凸显出来。党中央和毛泽东觉察到经济生活出了不少乱子，开始通过调查研究，努力加以解决。1958 年 11 月至 12 月，党中央先后在郑州、武昌召开工作会议、政治局扩大会议和八届六中全会。毛泽东强调需要让大家冷静下来，联系中国社会主义经济革命和经济建设，去读一些马克思主义的理论著作。六中全会通过的关于人民公社的决议强调指出，不能混淆集体所有制和全民所有制的界限，不能混淆社会主义和共产主义的界限，人民公社目前基本上仍然是集体所有制。决议还强调今后一个时期内，商品生产和商品交换必须有一个很大的发展。

　　八届六中全会后，各地普遍对人民公社进行整顿，刹住了急急忙忙向全民所有制过渡、向共产主义过渡的势头。1959年二三月间，党中央在郑州召开政治局扩大会议，根据此前整顿公社中出现的问题，从公社内部所有制分级的问题入手，进一步纠正"共产风"。会议根据毛泽东的提议，形成了十四句话作为整顿公社的方针："统一领导，队为基础；分级管理，权力下放；三级核算，各计盈亏；分配计划，由社决定；适当积累，合理调剂；物资劳动，等价交换；按劳分配，承认差别。"各省市区分别召开五级或六级干部会，落实会议精神。在贯彻会议精神的过程中，党中央又根据社员群众的要求，把以公社为基本核算单位改为以生产队为基本核算单位，把不算旧账的决定改为清算公社成立以来的账目，退赔平调的资金物资。这受到社员群众的极大欢迎。

　　在解决农村人民公社化运动中出现的问题的同时，党中央还注意解决工农业生产高指标的问题。到1959年第一季度，高指标引起的比例失调、原材料供应紧张的问题，更加严重地困扰着国民经济各行业。1959年4月，党中央在上海召开八届七中全会，将当年的基建投资再作压缩。此后，党中央、毛泽东决定进一步降低生产高指标，把当年钢产量指标降到1300万吨，大力抓农业生产，恢复社员自留地，允许社员饲养家畜家禽，同时大抓副食品和日用工业品的生产。为了落实上述一系列政策措施，党中央决定于同年7月在江西庐山召开政治局扩大会议，以很好地总结"大跃进"以来的经验教训，统一思想，提高认识。

　　从1958年秋冬开始，经过九个月的紧张努力，"共产风"、浮夸风、高指标、强迫命令、瞎指挥得到初步遏止，形势开始向好的方向转变。这一段的初步纠"左"，是全党"从自己的错误中学习"的过程，也是对建设社会主义道路进行一些新的探索的过程，这期间提出的一些正确的理论观点和政策主张具有长远意义。但是，由于毛泽东和党内许多人对错误的严重性缺乏足够清醒的认识,对总路线、"大跃进"、人民公社还是根本肯定的,所以纠"左"还是局限在坚持"大跃进"和人民公社的"左"倾指导思想的大框架内。因此,形势远没有根本好转。

1959年7月,党中央在庐山召开政治局扩大会议。会议初期是继续纠"左",但是政治局委员彭德怀在会议期间给毛泽东写了一封信之后,会议方向骤然改变。彭德怀的信在肯定1958年成绩的基础上,着重指出"大跃进"以来工作中的一些严重问题及其原因。信的基本内容是正确的,写信本身也完全符合组织原则,但是这件事引起毛泽东的强烈不满,他认为彭德怀以及赞同彭德怀意见的黄克诚、张闻天、周小舟等人,不是跟他一道去纠正工作中的缺点错误,实际上是对"大跃进"、人民公社表示怀疑和反对,是向他和党中央领导"下战书",是右倾的表现。会议由纠"左"转而反右,展开对彭德怀、黄克诚、张闻天、周小舟等人进行批判。根据毛泽东的建议,党又召开八届八中全会,在更大范围内批判彭、黄、张、周。批判的调子也越来越高,不仅批判彭德怀等人的"右倾",而且武断地认定彭德怀是"阴谋家""野心家",指责彭德怀"里通外国",组织"军事俱乐部"。全会决定把彭德怀等人调离国防部、外交部和省委第一书记的岗位,并决定把反右倾作为党当前的主要任务。

庐山会议后,全党展开反右倾斗争,一大批党员干部遭到错误批判,全国被重点批判和划为"右倾机会主义分子"的有360万人之多。反右倾斗争使反右派斗争以后阶级斗争扩大化的错误在理论上和实践上进一步升级,并且延伸到党内和党的领导层。反右倾斗争还打断了经济上的纠"左"进程,使"大跃进"和人民公社化一度有所遏止的错误又更加严重地泛滥起来。国民经济比例失调的严重局面继续加剧,农业生产遭到极大破坏,农副产品产量急剧下降。粮、油、蔬菜、副食品极度缺乏,人民群众健康和生命受到严重危害,城乡居民普遍发生浮肿病,许多地方的农村出现大量人口非正常死亡的现象。党和人民面临中华人民共和国成立以来最严重的困难。

　　"大跃进"和人民公社化运动，是党在探索中国自己的建设社会主义道路过程中的一次严重失误。党希望尽快改变中国"一穷二白"的落后面貌，但却忽视了经济建设必须遵循的客观规律。党试图避免走苏联走过的弯路，以为可以搬用战争年代群众运动和军事共产主义的经验搞建设，反倒强化了原有模式的弊端。对"大跃进"和人民公社化运动出现的偏差和混乱，当时许多同志不是完全没有认识，但是或者只是把它们看作支流，或者因为党内政治生活不正常、家长制和一言堂作风盛行而难以提出和坚持。这样才导致了这场凭主观愿望和意志办事、头脑发热、急于求成的"大跃进"运动和急于过渡到共产主义的人民公社化运动。

三 "调整、巩固、充实、提高"

在"大跃进"导致的严重挫折面前,全党和中央逐步清醒起来,决心认真调查研究,纠正错误,调整政策。1961年1月,党中央召开八届九中全会,正式决定从1961年起对国民经济实行"调整、巩固、充实、提高"的八字方针。这表明党的指导思想的重要转变,表明"大跃进"的方针实际已经停止,国民经济转入调整的轨道。

政策的调整首先从农村开始。还在八届九中全会前,1960年11月,党中央就发出了关于人民公社当前政策问题的紧急指示信,要求全党用最大努力来纠正"共产风",重申彻底清理"一平二调",坚决退赔,加强生产队的基本所有制,实行生产小队的小部分所有制,允许社员经营少量自留地和小规模家庭副业,恢复农村集市。八届九中全会上,毛泽东号召大兴调查研究之风,使1961年成为实事求是年、调查研究年。会后,毛泽东、刘少奇、周恩来、朱德、陈云、邓小平等中央领导人带头到地方搞调查研究。各地方和各部门的负责人也纷纷下去搞调查。针对调查中反映出来的最突出的平均主义问题,党中央先后于1961年3月和5月在广州和北京召开工作会议。毛泽东主持制定了《农村人民公社工作条例(草案)》,即"农业六十条"。这个文件规定,人民公社各级规模不宜过大,以避免在分配上将经济水平不同的社、队拉平。党中央将"农业六十条"发给全体农村社员讨论,得到广大基层干部和社员群众的热烈拥护。讨论中社员群众也提出公共食堂和部分供给制以及基本核算单位等问题,普遍要求取消食堂和供给制，并以生产队为基本核算单位。党中央在充分调查研究的基础上，根据群众要求取消了公共食堂和供给制，明确将生产队作为人民公社的基本核算单位。"农业六十条"虽然维护了人民公社的框架，但是纠正了公社化以来农村实际工作中的若干突出的错误，解决了当时群众意见最大最紧迫的问题，对于重新调动农民群众的积极性、恢复农业生产发挥了积极作用。

当时粮食供应紧张是城乡经济生活中最为突出的矛盾。党中央采取压缩城镇人口、减少城镇粮食销量的紧急措施，动员城镇人员到农村安家。广大干部、职工和城镇居民顾全大局，体谅国家困难，听从政府安排，纷纷返乡或下乡。到1961年年底，职工比年初减少820万，城镇人口减少1000万左右。

八届九中全会后，党中央还对工业进行了调整。起初，工业的调整成效不大。1961年八九月间，党中央在庐山召开工作会议，强调必须当机立断，该退的坚决退下来。国家计委根据这个精神，对1961年的计划指标作了较大的调整。工业调整不仅在计划指标方面进行，而且也在企业秩序方面展开。针对"大跃进"给企业管理带来的许多混乱现象，党中央制定了《国营工业企业工作条例（草案）》，即"工业七十条"。这个文件不仅恢复了在"大跃进"中被废弛和搞乱了的企业规章制度，而且建立健全了一些以前不曾建立的制度。"工业七十条"的贯彻执行，使企业出现了一些新气象。广大干部和职工反映，原先感到企业问题很多，脑子很乱，千头万绪，"工业七十条"理出头绪来了。

同经济工作相配合，文化工作的各个领域也开始进行调整。这方面的调整是从制定科学、教育、文艺等方面的工作条例着手的。1961年到1962年春，在党中央领导下，中央有关部门分别制定出"科学十四条""高教六十条""文艺八条"等条例。这些条例总结了中华人民共和国成立以来特别是"大跃进"以来的经验教训，肯定成绩之余，又着重指出近三年来工作中的缺点和失误。其中一个中心问题是调整党同知识分子的关系，指出对待知识和知识分子问题上的片面认识和粗暴现象必须引起高度关注，对反右派以后进行的批判要加以清理，批判错了的要进行甄别，分清是非，纠正错误。另一个重要问题是贯彻落实科学和文化工作中"百花齐放，百家争鸣"的方针，强调在科学研究、文艺创作上要允许自由探讨、自由竞赛，不能用政治斗争的方法，更不能用对敌斗争的方法去处理人民内部在学术、艺术上的不同观点。这些条例还针对科学、教育、文化部门生产劳动过多、社会活动过多和瞎指挥、浮夸风的问题，规定必须保证科研工作的稳定性，学校以教学为主，对文艺为政治服务不能理解得过于狭窄。这些条例的贯彻执行，使党同知识分子的紧张关系得到缓解，工作秩序得到恢复，大多数知识分子心情较为舒畅，工作热情重新焕发出来。

经过一年多的调整，三年"大跃进"造成的严重经济困难的局面开始有了转变，但是整个形势依然十分严峻。面对这种形势，党内外在思想认识上存在种种疑问和不同看法。1962年1月11日至2月7日，党中央在北京召开扩大的中央工作会议。参加这次工作会议的有七千余人，通常称"七千人大会"。召开这次会议，目的在于进一步总结1958年"大跃进"以来的经验教训，统一和提高全党的认识，增强团结，动员全党更坚决地执行调整方针，为战胜严重困难而奋斗。

刘少奇代表中央作了书面报告和讲话，比较系统地初步总结了"大跃进"以来经济建设工作的基本经验教训，分析了近几年产生缺点错误的原因。刘少奇特别指出，过去我们经常把缺点错误和成绩，比作一个指头和九个指头的关系，现在恐怕不能到处这样套。从全国讲，恐怕是三个指头和七个指头的关系。有些地区，缺点错误还不止是三个指头，也可能是七个指头。由于工作中的错误，有的地方是"三分天灾，七分人祸"。关于"三面红旗"，我们现在都不取消，继续保持，继续为"三面红旗"而奋斗。现在，有些问题还看得不那么清楚，但是经过五年、十年以后，再来总结经验，那时就可以进一步地作出结论。

中央几位主要领导人在会上讲了话。1月30日，毛泽东在大会上发表讲话，中心是讲民主集中制，强调不论党内党外都要有充分的民主生活，让群众讲话，并作了自我批评。他还强调，在社会主义建设上，我们还有很大的盲目性，社会主义经济对我们来说，还有许多未被认识的必然王国，今后要下苦功夫调查它、研究它，在实践中逐步地加深对它的认识，弄清楚它的规律。邓小平、周恩来也在大会上讲了话，分别代表中央书记处和国务院作了自我批评。

中央领导人带头认真总结几年来的经验教训，尤其是带头对几年来发生的问题作自我批评，使与会者解除了不少顾虑，勇于当面提出批评意见。一些省的分组讨论中，与会者面对面地向省委主要负责人提出了尖锐的批评，畅所欲言，直抒己见；而不少被批评者也坦诚接受，恳切道歉，真诚作自我批评，一时间洋溢着几年来少见的宽松气氛。

七千人大会取得了在当时的历史条件下所能取得的重要成果。会议发扬党内民主，实质上是党内关系的一次调整。大会所讨论的主要问题，实际上是从第一次郑州会议到庐山会议前期党所要努力解决的问题。会议对待缺点和错误比较实事求是的态度，给全党以鼓舞，使广大党员的心情比较舒畅，增强了全党团结奋斗、战胜困难的信心。

当然，那时还没有改变从原则上肯定"三面红旗"这个前提。在对形势的估计和困难原因的分析上，党内也还存在分歧。有人认为刘少奇报告草稿对形势估计过于严重，讲缺点过多，也不同意说工作中的错误是造成困难的主要原因。这样，提交给大会讨论的报告修改稿在一些问题上就不能不有所妥协。这也说明，当时不可能从指导思想上认真清理"大跃进"和"反右倾"的错误。林彪在大会上也作了发言，他别出心裁地说：三年以来，我们在物质生产方面减少了一些收入，可是在精神上却得到了很大的收入，这个方面将要发挥很大的作用。毛主席的思想总是正确的，这几年发生错误和困难，恰恰是由于我们有许多事情没有照着毛主席的指示去做，或者用"左"的思想或者用右的思想"干扰"了他的缘故。林彪抛开实事求是的原则，用个人崇拜的精神来总结经验教训，与大会的气氛很不协调。但会后毛泽东对林彪的讲话却表示赞赏。此类事情说明，在中央领导层内部也还没有完全恢复正常的民主空气，民主集中制仍然很难充分执行，思想上政策上还隐藏着和酝酿着一些深刻的分歧和矛盾。

七千人大会后，经济的调整和政治关系的调整都有新的进展，在某些方面还从上到下进行了大胆探索。

七千人大会估计，经济上最困难的时期已经过去。会后，党中央首先从财政赤字和通货膨胀方面发现，大家对困难仍然估计不足。1962年2月和5月，中央政治局常委两次召开扩大会议，认为当时已处于"非常时期"，如不采取果断措施，国民经济将进一步恶化。陈云讲了系统的意见，主张为国民经济安排一个恢复阶段，即从1960年算起大约要五年。他提出恢复阶段的任务是克服困难、恢复农业、恢复工业，争取财政经济状况的根本好转，还主张要大规模减少城市人口，争取一切办法制止通货膨胀。陈云的意见得到赞同。党中央正视国民经济的严重困难形势，制定了大幅度调整的措施：大力精简职工，减少城镇人口；压缩基本建设规模，停建缓建大批基本建设项目；缩短工业战线，实行必要的关、停、并、转；进一步从物力、财力、人力等方面支援农业；加强财政管理，稳定市场，回笼货币，抑制通货膨胀。

在实行调整的岁月里，虽然面临严重困难，但是领袖和人民、干部与群众休戚与共。毛泽东、刘少奇、周恩来等领导人以身作则，节衣缩食，党和政府的广大干部及广大党员与人民群众不畏困难，表现出高昂的精神状态。经过全国人民的艰苦奋斗，调整工作到1962年年底取得明显成效。首先是农业生产开始回升，粮食总产量和农业总产值均比上年增加，结束了连续三年下降的局面；其次是当年财政收支平衡，并有结余，结束了连续四年赤字的状况。市场商品供应方面有所缓和，城乡人民生活水平开始略有上升。

随着国民经济调整的深入，党对知识分子政策也作了进一步调整。1962年二三月间，在全国科技工作会议和全国话剧、歌剧、儿童剧创作座谈会上，周恩来毅然从实质上恢复了1956年知识分子会议上党对我国知识分子状况所作的基本估计，肯定知识分子中的大多数已经属于劳动人民的知识分子，而不是资产阶级的知识分子。陈毅也作了讲话，宣布给广大知识分子"脱帽加冕"（脱"资产阶级知识分子之帽"，加"劳动人民知识分子之冕"）。随后周恩来又在第二届全国人民代表大会第三次会议上作政府工作报告，重申了这一论断。政府工作报告是经党中央批准的。广大知识分子感到心情更加舒畅了。

在政治关系的调整方面，党中央还对近几年来在统一战线工作、侨务工作等方面存在的严重"左"倾错误进行了检查，对在政治运动当中受到伤害的党外人士进行了甄别平反，并接续1959年就已开始的摘掉右派帽子的工作，到1962年，大部分被划为右派分子的人都已摘去帽子。党中央还对党内的政治关系进行了调整。七千人大会后，党中央加快对几年来在"反右倾"运动中受过批判和处分的党员、干部的甄别平反工作，对全国县以下的干部来一个一揽子解决，对过去搞错了的干部统统平反，除个别有严重问题的外，都不留"尾巴"。到1962年8月，全国有600多万党员、干部和群众得到平反。

在调整经济、克服困难的过程中，人民群众自身也寻找多种途径渡过难关。其中最为突出的是农业生产责任制的出现和推行。1961年，安徽省委主张对这种责任制加以支持和引导，在保证土地等生产资料集体所有和生产计划等几个"统一"的条件下，实行"定产到田，责任到人"的制度。除了安徽，甘肃、浙江、四川、广西、福建、贵州、广东、湖南、河北、辽宁、吉林、黑龙江等省区也都实行了各种形式的生产责任制。凡是实行了包产到户的地方，效果大都较好，很受基层干部和群众拥护。中央农村工作部部长邓子恢经过调查研究，支持安徽的做法。刘少奇、陈云、邓小平等也都赞成和支持包产到户，并准备在中央领导层进行研究。

1961年和1962年的调整，实质上是纠正"大跃进"以来党的指导思想上的一些重大的"左"倾错误。这两年党对经济和社会调整的思想认识、政策主张及其实践，实际上接续了党的八大前后的探索和"大跃进"期间一系列纠"左"的探索，并且在理论和思想认识上有所前进，对探索中国自己的建设社会主义道路积累了新的可贵的经验。

站起来 富起来 强起来

四　向全国人民提出实现四个现代化的任务

经过七千人大会后半年多时间的进一步调整，国内形势逐步好转。但是党的指导思想的"左"倾错误并没有从根本上得到纠正，对形势和政策的许多看法在党内尤其是党的领导层中实际上还存在分歧。在严重的困难面前，这些矛盾和分歧暂时潜伏下来。形势逐步好转以后，随着国内政策调整的进一步深入，再加上当时中苏争论的进一步激化，以及与部分周边国家和地区的紧张关系加剧，党内对形势估量和工作指导上的分歧又逐渐显现出来。党对中国自己的建设社会主义道路探索的进程，又发生了新的波折。

1962年七八月间，党中央在北戴河召开工作会议。会议原定议题是讨论农业、粮食、商业和工业支援农业等问题。会议一开始，毛泽东就提出阶级、形势、矛盾等问题，于是会议的重点就转为讨论阶级斗争的问题。9月，党中央又召开八届十中全会。这两次会议上，毛泽东多次讲话，他把党内一些认识上的分歧，当作阶级斗争的反映，把他所不同意而实际上是符合客观实际情况的一些意见，看成是右倾机会主义即修正主义的表现，把当时对严重困难形势的冷静估计和把困难估计够的要求斥之为"黑暗风"，把当时各地出现的"包产到户"和党内邓子恢等人对"包产到户"的支持斥之为"单干风"，把彭德怀对批判他"里通外国"的申诉斥之为"翻案风"。毛泽东联系对苏联赫鲁晓夫观点的批评和对国内形势的观察，反复地提出阶级、矛盾和阶级斗争等问题，强调无产阶级和资产阶级之间的阶级斗争、社会主义和资本主义这两条道路的斗争，存在于由资本主义过渡到共产主义的整个历史时期，阶级斗争和资本主义复辟的危险性问题，我们从现在起，必须年年讲、月月讲。八届十中全会上，毛泽东把社会主义社会中一定范围内存在的阶级斗争扩大化和绝对化，发展了他在1957年反右派斗争以后提出的无产阶级同资产阶级的矛盾仍然是我国社会的主要矛盾的观点。这标志着在阶级斗争问题上的"左"的观点进一步系统化，为党在这个问题上"左"倾错误的再度发展做了理论准备。会议按照毛泽东对形势的估计和定下的基调，错误地开展了对所谓"黑暗风""单干风"和"翻案风"的批判。

全会结束的时候，刘少奇讲话表示赞成毛泽东的理论观点和对形势的分析，同时提出鉴于1959年庐山会议后全党批判"右倾机会主义"妨碍了在实际工作中本来应该继续进行的纠"左"的教训，这次全会批判彭德怀、邓子恢等人的情况，只传达到党的中上层干部，不向下传达。全会接受了这一提议。周恩来在全会的讲话，表达了与刘少奇相同的意见。毛泽东也提出不要因强调阶级斗争而放松经济工作，要把经济调整工作放在第一位，阶级斗争与之平行。这样，八届十中全会以后，全党全国的工作就出现这样一种复杂情况：一方面，政治上阶级斗争问题的"左"倾错误一步步严重发展；另一方面，维护了调整的若干具体部署，经济上的调整和恢复工作基本上还能够按原定计划继续进行。两个方面互相矛盾，虽然后者毕竟要不断地受到前者的牵制和干扰，但矛盾还是被暂时地控制在一定范围内。

八届十中全会后，1963年2月，党中央在北京召开工作会议，决定在全国城乡发动一次普遍的社会主义教育运动，开展大规模的阶级斗争。5月，毛泽东在杭州召开会议。会议根据毛泽东的意见，讨论和制定了《关于目前农村工作中若干问题的决定（草案）》。这个决定草案共十条，它与同年9月中央工作会议制定的《关于农村社会主义教育运动中一些具体政策的规定（草案）》（内容亦有十条），后来被分别简称为"前十条"和"后十条"。"前十条"对我国国内政治形势作了过分严重的估计，认为我国已经出现严重的尖锐的阶级斗争的情况；"后十条"在充分肯定"前十条"关于阶级斗争形势和社会主义教育运动性质的论断的基础上，进一步提出了运动要"以阶级斗争为纲"的方针。此后，社会主义教育运动经过试点，在全国较大范围内开展起来。

随着社会主义教育运动的全面铺开，党内从中央到地方，对国内政治形势的估计越来越严重。与此同时，国际共运阵营内部矛盾的日益尖锐，也使党中央把正在进行的社会主义教育运动，看作是与国际反修斗争相配合的国内反修防修的重大战略措施。防止"和平演变"、防止所谓赫鲁晓夫修正主义篡夺领导权，日益成为毛泽东和中央其他领导人关注的重点。1964年五六月间，毛泽东、刘少奇对整个国内政治形势作出了更为严重的估计，认为全国有三分之一左右的基层单位，领导权不在我们手里，而在敌人和它的同盟者手里，要求从反修防修和防止世界大战的总体战略来部署工作。9月中旬，"后十条"修正草案正式下发。"后十条"修正草案对形势作了更加不符合当时我国实际情况的严重估计，认为阶级敌人拉拢腐蚀干部，"建立反革命的两面政权"，是"敌人反对我们的主要形式"；认为"这次运动，是一次比土地改革运动更为广泛、更为复杂、更为深刻的大规模的群众运动"；规定"整个运动都由工作队领导"，这就把基层组织和基层干部撇在了一边。这是导致社会主义教育运动扩大打击面的一个严重步骤。"后十条"修正草案的下发，以及在此前后党中央采取的一系列重大措施，使1964年下半年社会主义教育运动的"左"倾错误得到迅速和严重的发展。到1964年下半年，城乡社会主义教育运动严重地混淆两类不同性质的矛盾，打击了许多干部和群众，在相当大的范围内造成了日益紧张的气氛。

1964年12月15日至1965年1月14日，中央政治局在北京召开工作会议，讨论社会主义教育运动中出现的问题，希望制定一个解决这些问题的文件。会议在讨论过程中，领导人之间发生意见分歧。刘少奇在会上说主要矛盾是"四清"与"四不清"的矛盾，运动的性质是人民内部矛盾跟敌我矛盾交织在一起。毛泽东则认为，不是什么"四清""四不清"的矛盾，也不是什么党内外矛盾或者敌我矛盾的交叉，其性质是反社会主义，运动的重点是整党内走资本主义道路的当权派。对刘少奇的不同意见，毛泽东十分生气，并不点名地进行多次尖锐批评。会议制定了《农村社会主义教育运动中目前提出的一些问题》，即"二十三条"。这个文件虽然肯定干部的大多数是好的或比较好的，要尽快解脱他们，但在指导思想上却更加发展了阶级斗争问题上"左"的错误理论。它不但片面强调社会主义教育运动的性质是解决社会主义和资本主义的矛盾，而且把解决无产阶级和资产阶级两个阶级的斗争、社会主义和资本主义两条道路的斗争，上升为十几年来党的一条基本理论和基本实践。特别是正式明确地规定运动的重点是"整党内那些走资本主义道路的当权派"。这就表明，此时毛泽东关于国内"反修防修"的斗争矛头，不但集中指向党内各级干部，甚至指向在中央工作的领导人。这为后来的"文化大革命"把斗争矛头集中指向所谓"党内走资派"提供了理论依据，埋下了发动"文化大革命"的根子。

随着社会主义教育运动"左"倾错误的日益发展和1963年中苏两党争论的日趋激烈，毛泽东认为中国党内也已经出现了修正主义。他把党中央一些部门负责人在调整过程中或更早一些时候提出的一些主张和建议，视作"修正主义的路线""修正主义的思想"，并在1963年、1964年同外国党领导人的谈话中，点名批评了党的一些部门的主要负责人。

1963年以后，在文化教育和意识形态领域中也开展了一系列错误的、日益加剧的批判。1963年12月12日，毛泽东在中宣部文艺处一个材料上批示，对文艺工作提出了更加严厉的批评，说："各种艺术形式——戏剧、曲艺、音乐、美术、舞蹈、电影、诗和文学等等，问题不少，人数很多，社会主义改造在许多部门中，至今收效甚微。""许多共产党人热心提倡封建主义和资本主义的艺术，却不热心提倡社会主义的艺术，岂非咄咄怪事。"[1]这一批示夸大了文艺界存在的问题，不符合文艺工作的实际情况。文艺界震动很大，形势骤然紧张。中宣部于1964年3月下旬连续召集文联各协会党组成员及党员干部开会，决定在文联和各协会全体干部中开展整风学习。1964年6月，毛泽东对文艺界整风报告又作了批示，说："这些协会和他们所掌握的刊物的大多数（据说有少数几个好的），十五年来，基本上（不是一切人）不执行党的政策，做官当老爷，不去接近工农兵，不去反映社会主义的革命和建设。最近几年，竟然跌到了修正主义的边缘。如不认真改造，势必在将来的某一天，要变成像匈牙利裴多菲俱乐部那样的团体。"[2]毛泽东对文艺的这个第二个批示，在文艺工作者中引起了更大震动。从1964年7月到1965年4月，文艺界开展了范围更大的整风，整风不但在文联及所属各协会进行，而且扩展至文化部及其直属单位。

在进行文艺界整风的同时，还发动了对一大批文艺作品及其作者的批判。这些在"左"倾思想指导下的批判，完全颠倒了文艺界的是非。当时受到批判的绝大多数作品，是调整以来文艺界创作的优秀的或比较优秀的成果。少数作品在思想内容和艺术手法上存在不足或缺点，本应通过正常的文艺批评和同志式的讨论加以解决。但是，当时却混淆了不同性质的矛盾，把一般工作上的缺点看作是文艺界两个阶级、两条道路尖锐斗争的表现；同时也混淆了文艺问题与政治问题的界线，把一些不合某种政治框子的作品，包括一些优秀作品，统统戴上"资产阶级的、修正主义的毒草"之类的政治帽子，其作者和演员也受到打击批判。对一些完全可以自由讨论的文艺理论观点，则当作资产阶级的和修正主义的文艺思想加以挞伐。

---

[1] 毛泽东给彭真、刘仁的批语，手稿，1963年12月12日。

[2] 毛泽东对中央宣传部关于全国文联和各协会整风情况报告的批示，手稿，1964年6月27日。

从文艺界开始的错误批判，很快扩展到哲学社会科学各个领域。被批判的那些观点，本来是在学术研究过程中提出来的，应当而且可以在正常的气氛中进行讨论，但在当时都被扣上"修正主义观点"或"反党反社会主义的政治问题"的帽子。这些被批判的代表人物，大都是文化、学术领域颇有影响的领导骨干或很有成就的专家、学者，他们遭到批判后，或被撤销职务，或不能继续进行正常的工作。这种错误的过火的批判，在广大知识分子中造成草木皆兵、人人自危的紧张气氛，伤害了他们的积极性，破坏了党的"百花齐放，百家争鸣"方针的贯彻执行，给文化、科学、教育事业的发展带来了极大的消极影响。

八届十中全会之后，政治上的"左"倾错误进一步发展，但总体上还没有对经济调整工作产生重大干扰。中央一线的领导人的主要精力，还是集中于抓经济调整。全党上下仍然在贯彻调整国民经济的八字方针，努力恢复和发展生产。1962年年底国民经济出现全面好转的形势后，一种忽视经济生活的严重问题依然存在，要求上基建、上速度的倾向再度抬头。1963年9月，党中央召开工作会议，在充分肯定国民经济出现全面好转的形势的同时，冷静地指出了仍然存在的问题，认为农业生产还没有全面恢复到1957年的水平，整个工业和交通运输业特别是基础工业还很薄弱，在提高质量、增加品种、填平补齐、技术改造、设备更新等方面，还需要进行大量工作，许多企业的经营管理，还要花大力进行整顿，外债还没有全部偿还。会议决定从1963年起，再用三年时间，继续进行调整工作，作为第二个五年计划（1958—1962）到第三个五年计划（1966—1970）之间的过渡阶段。

到1965年，调整任务全面完成。全党和全国人民比较圆满地实现了1963年9月中央工作会议所提出的继续调整的目标。工农业总产值超过1957年的水平，工农业生产中农轻重的比例关系实现了在新的基础上的协调发展，国民经济生活中积累与消费的比例关系已基本恢复正常，财政收支平衡，市场稳定。虽然1965年全国人均粮食、食油、棉布的消费量仍略低于1957年，但由于整体经济的恢复和国民收入的增长，人民生活水平仍有所改善。1965年，我国提前还清了全部外债。

1964年12月20日至1965年1月4日，在第三届全国人民代表大会第一次会议上，周恩来宣布：调整国民经济的任务已经基本完成，工农业生产已经全面高涨，整个国民经济已经全面好转。周恩来提出，从1966年开始执行第三个五年计划，全国人民要努力奋斗，把我国逐步建设成为一个具有现代农业、现代工业、现代国防和现代科学技术的社会主义强国。这是第一次在这样庄严的场合郑重地向全国人民提出实现四个现代化的任务。但是，这个宏伟目标由于"文化大革命"的发生而未能按计划付诸实施。

从党的八大一次会议到"文化大革命"前这十年（1956年9月至1966年5月），是党对我国建设社会主义的道路进行艰辛探索的十年。

我国的建设在这十年中尽管经历曲折，但仍然取得了很大的成就。从社会总产值和国民收入来看，按当年价格计算，1965年我国社会总产值达到2695亿元，国民收入达到1387亿元，比1956年分别增长了64.43%和57.26%。十年所取得的发展，为后来的社会主义建设奠定了初步的物质、技术基础。十年培养起来的一大批专门人才先后成为各级党委和政府部门以及经济、教育、科技、文艺、体育、医疗卫生等各方面的骨干力量。

十年建设取得了很大成就，但是由于党在指导思想上发生了重大失误，加上国际形势和自然灾害的影响，这十年的建设又遭到了严重挫折。同中华人民共和国成立头八年相比，我国这个时期的建设付出的代价十分巨大，发展的步履相当沉重。如果同世界发达国家相比，特别是同我国大陆周边一些国家和地区相比，我国在这十年里逐渐与它们拉开了差距，发展更显得缓慢和滞后。

这个十年，在对我国建设社会主义道路的探索中，党的指导思想有两个发展趋向，一个是正确的和比较正确的发展趋向，一个是错误的发展趋向。两个发展趋向在十年探索过程的不同时候，呈现出不同的态势，有些时候正确的趋向占上风，有些时候错误的趋向占上风。当然，这十年里，正确的发展趋向和错误的发展趋向并不是截然分开的，许多时候互相交织和渗透；有些时候两种趋向都在发展，只是在不同领域里各居主导地位。还要看到，两个发展趋向不但共存于全党集体探索的过程，而且往往共存于同一个领导人的认识发展过程。领导人的思想认识往往也有两个此消彼长的侧面，与两个发展趋向互相交织。因此，对这一时期我国社会主义建设前进道路上出现的许多曲折，要作深入的具体分析。

总的说来，错误是在探索中产生的，有些错误往往是由于越过了真理的界限而产生的。在社会主义经济建设的速度问题上，力争现实可能的、讲求效益的、持续健康发展的较快速度，这是必需的和正确的。但越过这个界限，追求主观臆想的、盲目冒进的高速度，那就是错误的，并且已经造成严重损失。在社会主义条件下的阶级斗争问题上，承认还有阶级斗争，警惕"和平演变"和政权被颠覆的危险，这也是必要的和正确的。完全否认阶级斗争的存在，看不到这种斗争和危险，也是错误的。但把一定范围内存在的阶级斗争扩大化、绝对化，甚至人为地制造所谓"阶级斗争"，对阶级斗争的形势作出不符合当时当地实际的夸大估计，把正确的思想观点、政策主张和做法以及艺术和学术上的不同流派、不同观点，当作资产阶级意识形态来反对，当作阶级斗争动向来批判，也是错误并且是极其有害的。

十年里"左"倾错误的积累和发展，到后来终于暂时压倒了正确的发展趋向，导致了"文化大革命"的发动。当然，"文化大革命"以前的错误，无论在规模、程度、性质上都不能同"文化大革命"的错误等量齐观。十年探索中正确的和比较正确的发展趋向也在积累，它的相当一部分为后来纠正"文化大革命"的错误、进行指导思想上的拨乱反正做了一定准备。

　　十年建设的成就和探索中积累的正确认识和经验，是在党和人民的集体奋斗中取得的。在党中央领导人中，毛泽东无疑起了最重要的作用，刘少奇、周恩来、朱德、陈云、邓小平都起了重要作用。许多正确的思想和决策是毛泽东提出的，得到党中央领导集体的支持；其他领导人提出的正确意见，有许多也是在得到毛泽东支持的情况下作出决定、付诸实施的。这十年期间受到错误压制和批判的理论观点、思想认识，如彭德怀、张闻天、邓子恢等领导人的许多意见和主张，同样是正确的发展趋向的一部分。

　　这十年中的错误，毛泽东无疑要承担主要责任。这不仅因为他是党中央主席，而且因为一些重大的错误思想和决策是由他提出和作出或由他支持的，有些甚至是由于他的个人判断，损害了党的民主集中制、压制了比较正确的意见的结果。但是，正如邓小平后来所说："讲错误，不应该只讲毛泽东同志，中央许多负责同志都有错误。'大跃进'，毛泽东同志头脑发热，我们不发热？刘少奇同志、周恩来同志和我都没有反对，陈云同志没有说话。在这些问题上要公正，不要造成一种印象，别的人都正确，只有一个人犯错误。这不符合事实。中央犯错误，不是一个人负责，是集体负责。"[1]

---

[1]《邓小平文选》第二卷，人民出版社1994年版，第296页。

第五章
经受"文化大革命"的严峻考验

从1966年5月到1976年10月,我国发生了"文化大革命"。它是党在探索中国建设社会主义道路的过程中走入歧途的结果,是在错误理论指导下的错误实践。这场"大革命"给党、国家和全国各族人民造成了中华人民共和国成立以来最严重的挫折和损失。1971年"九一三"事件的发生,在客观上宣告了"文化大革命"理论和实践的失败。1976年10月,中央政治局果断采取措施,一举粉碎"四人帮",从危难中挽救了中国的社会主义事业,为党的历史进入新的发展时期创造了前提。

一 "文化大革命"的发动

从1966年5月到1976年10月,我国发生了历时十年之久的"文化大革命",使党、国家和人民遭到了中华人民共和国成立以来最严重的挫折和损失。"文化大革命"是毛泽东赋予的称呼。之所以冠以"文化"二字,因为它是由文化领域的"批判"开始的,随后又被进一步称为"政治大革命"。

进入20世纪60年代后,国际形势发生着剧烈而复杂的变化。一方面,世界经济出现快速发展的势头。在发达国家,以科技进步为先导的发展新潮流正在兴起。各国以经济、科技为基础的综合国力的较量更加激烈。另一方面,世界政治呈现大动荡的局面。美国对越南的侵略战争规模日益扩大,严重威胁着我国安全。苏联领导人挑起中苏公开论战,中苏关系由于意识形态的争执和国家利益的冲突日益恶化。与此同时,亚非拉民族独立运动风起云涌,一些西方发达国家内部的反战运动日益高涨,左翼激进思潮在不少国家得到发展。这些情况左右着世界形势的发展,而后一方面的情况对中国领导人产生了深刻影响。处于美苏两个超级大国夹击的国际环境下,党的领导人产生了危机感,日益担心堡垒可能从内部被攻破,同时过高估计了发生世界革命的可能性,一度把推进"世界革命"当作中国国际活动的基本方针。

"文化大革命"的发生,既与对国际形势的判断有关,也与对社会主义的认识相联系,更是与对党和国家政治状况的错误估计紧密关联的。毛泽东之所以采取"文化大革命"这种极端形式,打乱党和国家的正常秩序,是因为此时他对社会主义社会阶级斗争的错误认识,对党和国家政治状况的错误估计,已经发展到非常严重的程度。按照他的话说:"文化大革命"的问题"是积累了多年的产物,牛鬼蛇神放了多年的毒,主要是在1959年至1962年这四年。"[1]

20世纪60年代的前几年,随着经济调整的深入,在党的领导层中,对国内形势、调整政策产生了许多不同认识。毛泽东把与他不同的意见分歧视为两条路线的斗争。他越来越不能容忍中央一线领导人对"大跃进"等错误的一定程度的否定和纠正。他认为,世界上绝大多数共产党、工人党变成修正主义了,中国党内也出了修正主义,中国面临着党变修、国变色的现实危险。而过去几年的农村"四清"、城市"五反"和意识形态领域的批判,都不能解决问题,只有采取断然措施,公开地、全面地、由下而上地发动广大群众,才能揭露党和国家生活中的阴暗面,把所谓被"走资派"篡夺了的权力夺回来。

"文化大革命"实际上根本不是任何意义上的革命或社会进步,而只是一场由领导者错误发动,被反革命集团利用,给党、国家和各族人民带来严重灾难的内乱。

"文化大革命"是从批判《海瑞罢官》开始点燃导火索的。1965年11月10日,上海《文汇报》发表了姚文元的文章《评新编历史剧〈海瑞罢官〉》。这篇文章由江青出面组织,整个写作活动是在秘密状态下进行的,除毛泽东外,其他政治局委员都不知道。由于这篇文章点名批判北京市副市长、明史专家吴晗,毫无根据地攻击他于1960年为响应毛泽东提倡海瑞精神而写的《海瑞罢官》一剧是20世纪60年代初期阶级斗争的反映。在北京主持中央工作的领导人采取慎重态度,北京各报刊在十多天内没有

---

[1] 毛泽东同胡志明谈话记录,1966年6月10日。

转载。这引起了毛泽东的不满，由此更加深了他对北京市委以至中央一些同志的怀疑，认为北京市委是一个"针插不进，水泼不进"的"独立王国"。1965年12月21日，毛泽东在杭州同陈伯达等谈话时说，《海瑞罢官》的"要害问题是'罢官'"。此后，批判涉及的范围迅速扩大。

1966年2月3日，中央政治局委员、书记处书记兼任北京市委第一书记的彭真召集"文化革命五人小组"开会，起草了《文化革命五人小组关于当前学术讨论的汇报提纲》（后被称为"二月提纲"），试图对已经出现的"左"的倾向加以适当约束，不赞成把它变为严重的政治批判。提纲指出，讨论"要坚持实事求是、在真理面前人人平等的原则，要以理服人，不要像学阀一样武断和以势压人"。提纲反映了党内外相当多数同志对思想文化领域的批判运动所持的慎重态度。

就在"二月提纲"拟定的同时，2月2日至20日，江青在中央军委副主席、国防部部长林彪的完全支持下，到上海召开部队文艺工作座谈会。会后整理了《林彪同志委托江青同志召开的部队文艺工作座谈会纪要》，经毛泽东修改后，于4月10日以中央文件的名义批发全党。该纪要全盘否定20世纪30年代党所领导的进步文艺的积极作用，极力抹杀中华人民共和国成立以来文艺工作的成绩，认定文艺界"被一条与毛主席思想相对立的反党反社会主义的黑线专了我们的政"，号召要"坚决进行一场文化战线上的社会主义大革命"。"黑线专政论"的提出，为全盘否定中华人民共和国成立后十七年文艺工作的成绩进而否定中央一线领导提供了理论依据。

在此期间，毛泽东主持召开了一系列会议，对彭真和中央书记处书记、国务院副总理、解放军总参谋长罗瑞卿，中宣部部长陆定一，中央办公厅主任杨尚昆进行批判。这些接连发生的事件在全党引起了巨大震动，似乎修正主义不只是出在文化领域，也出在党政部门、军事机关。党内弥漫着极度紧张的气氛。

第五章
经受"文化大革命"的严峻考验

1966年5月4日至26日召开的中央政治局扩大会议，是"文化大革命"正式发动的标志。这次会议以"反党集团"的罪名对彭真、罗瑞卿、陆定一、杨尚昆进行"揭发批判"，并正式解除他们的领导职务。会议通过的《中国共产党中央委员会通知》（即"五一六通知"）对"二月提纲"进行了全面批判，提出："混进党里、政府里、军队里和各种文化界的资产阶级代表人物，是一批反革命的修正主义分子，一旦时机成熟，他们就会要夺取政权，由无产阶级专政变为资产阶级专政。"要求全党"高举无产阶级文化革命的大旗，彻底揭露那批反党反社会主义的所谓'学术权威'的资产阶级反动立场，彻底批判学术界、教育界、新闻界、文艺界、出版界的资产阶级反动思想，夺取在这些文化领域中的领导权"，"同时批判混进党里、政府里、军队里和文化领域的各界里的资产阶级代表人物，清洗这些人"。会议重新设立了实际上不受中央政治局约束的、"文化大革命"的指挥机构"中央文革小组"。

会议期间，江青、康生等人已将会议的某些内容散布到社会上去了。1966年5月25日，北京大学聂元梓等人公开贴出大字报，把矛头指向北京大学党委和北京市委。5月31日，陈伯达带领工作组接管《人民日报》，次日发表《横扫一切牛鬼蛇神》的社论。不几日，北京市委被改组，北京大学被由北京市委派驻的工作组"代行党委的职权"。

这些非常措施在全国引起强烈反响。大中学校的学生纷纷成立"红卫兵"组织，起来"造修正主义的反"。基层党委首当其冲，普遍成为"造反"的目标。主持党中央工作的刘少奇、邓小平，为防止混乱局面扩大，决定派工作组到大、中学校领导"文化大革命"。各单位群众由于对"文化大革命"的理解和所持的态度不同，很快分成了"造反派"和"保守派"，并展开了激烈的斗争。各地工作组在领导运动的过程中，得到了多数群众的支持，却加剧了同造反派的对立。在如何领导运动的问题上，刘少奇、邓小平等中央领导人同中央文革小组之间的分歧也日趋尖锐。党内在工作组问题上发生的争论，实际上是对进行"文化大革命"的目的和方法的争论。毛泽东先是同意派工作组的，但"后来不赞成了"。根据毛泽东的意见，中央于7月28日决定撤销工作组。接着，工作组被指责为犯了方向、路线错误，派出工作组被认为是"站在资产阶级立场上，反对无产阶级革命"。

为了正式制定"文化大革命"的方针和措施，排除在党内遇到的"运动的阻力"，1966年8月1日至12日，毛泽东主持召开八届十一中全会。会议印发了毛泽东给清华附中红卫兵写的一封信，热烈支持他们"说明对反动派造反有理的大字报"。会议期间，毛泽东写了《炮打司令部——我的一张大字报》，矛头直指刘少奇，点明了发动这次"大革命"的主要矛头所向。全会通过的《中国共产党中央委员会关于无产阶级文化大革命的决定》（"十六条"），对于运动的对象、依靠力量、方法等问题作出了错误的规定。参加会议的绝大多数同志缺乏必要的思想准备，会议的不正常气氛也使各项议程很难展开正常的讨论，从而正式确认了发动"文化大革命"的"左"倾错误方针。

八届十一中全会后，红卫兵组织迅速发展，形成席卷全国的红卫兵运动。红卫兵运动最初是破"四旧"（指所谓"剥削阶级的"旧思想、旧文化、旧风俗、旧习惯），随后发展为"炮打"当地党政领导机关的暴烈行为。在林彪和中央文革小组的肯定和赞扬下，打人、砸物、抄家之风愈演愈烈，各级领导机关普遍陷于瘫痪、半瘫痪状态，社会一片混乱。9月初，根据毛泽东倡议，红卫兵开始"大串联"。红卫兵的"大串联"，不仅使工农业生产受到直接影响，更使"怀疑一切""炮打一切"的极左思潮急剧扩散开来。

"文化大革命"表面上轰轰烈烈地发动起来了，但是，这场"大革命"在多数干部和工农群众中并没有得到支持。为了克服这种"阻力"，"批判资产阶级反动路线"的问题被提了出来。10月9日至28日，以批判

"资产阶级反动路线"为主题的中央工作会议在北京召开。这次会议是继5月中央政治局扩大会议和8月八届十一中全会之后,对"文化大革命"进行的又一次发动。会上,陈伯达作了《无产阶级文化大革命中的两条路线》的报告。会后,全国掀起了批判"资产阶级反动路线"的浪潮,各级领导机关和负责人普遍受到"炮打"、批判。"文化大革命"前由于缺乏有效社会机制未能解决而积累下来的各种社会矛盾以畸形的状态表现出来,五花八门的群众"造反"组织扩展到社会的各个方面。由于林彪和中央文革小组的煽动,中央多次发布的关于工厂、农村开展"文化大革命"的限制性规定被打破,造反浪潮全面扩展到工农业领域。

在冲击各级领导干部的过程中,各地还出现了"抓叛徒"的活动。在康生等人的诬陷下,各地先后制造出"六十一人叛徒集团"案、"内蒙古人民革命党"案、"冀东叛徒集团"案、"'东北帮'叛党投敌反革命集团"案、"上海地下党"案、"广东地下党"案、"新疆叛徒集团"案等,大批久经考验的领导干部为此蒙垢受屈,以致身陷囹圄。

1967年元旦,《人民日报》《红旗》杂志社论提出,"一九六七年,将是全国全面展开阶级斗争的一年",号召"向党内一小撮走资本主义道路的当权派和社会上的牛鬼蛇神,展开总攻击"。在张春桥、姚文元直接策划下,1月6日,上海市"工总司"等造反派组织召开"打倒市委大会",批斗了全市各单位、各部门几百名领导干部并在会后夺了上海市的党政领导大权。毛泽东大力支持夺权行动。山西、青岛、贵州、黑龙江等省市的造反派也先后"夺权"。全国掀起了全面夺权的风暴,这就是所谓的"一月革命"。

"文化大革命"及其夺权斗争名义上是直接依靠群众,但是,在大批党政领导干部被揪斗迫害,党的领导机关和各级组织普遍陷于瘫痪、半瘫痪状态,广大党员和积极分子无法发挥作用的情况下,在党纪国法被弃置不顾、国家的司法公安机关无法行使职权的情况下,实际上只是为一些野心分子、冒险分子、投机分子、蜕化变质分子以及各种社会渣滓,提供了不受任何约束、纠合在一起施展破坏力的条件。这一股打着最"革命"的旗帜的反社会势力,成为林彪、江青一伙野心家制造动乱所依靠的社会基础。全面夺权使派性斗争激化,社会动乱加剧,大批党政军领导干部遭到批斗、打倒,武斗以至流血事件不断发生,生产建设事业受到损害。

这种局面不能不引起老一辈革命家的严重关注。1967年2月前后,谭震林、陈毅、叶剑英、李富春、李先念、徐向前、聂荣臻等老同志,在不同的会议上对"文化大革命"的错误做法和林彪、江青一伙的倒行逆施提出了强烈的批评。这些批评围绕着三个原则性问题:第一,搞"文化大革命"要不要党的领导;第二,搞"文化大革命"应不应该把老干部都打倒;第三,搞"文化大革命"要不要保持军队的稳定。老同志们的这些行为,当时被认为是"大闹京西宾馆""大闹怀仁堂",被诬为"二月逆流",受到了压制和打击,实际上这是老同志为维护党和国家的原则而进行的"二月抗争"。此后,林彪、江青一伙在全国掀起"反击自上而下的复辟逆流"的浪潮,更大规模地打击对"文化大革命"不满的各级领导干部。

为保证"夺权"活动顺利进行,1967年1月,中央发布了《关于人民解放军坚决支持革命左派群众的决定》,要求军队积极支持左派的夺权斗争。不久,军队任务扩大为"三支两军"。在当时的情况下,军队做了大量工作,维护了必要的社会稳定,保护了一批干部,减少了工农业生产和人民生命财产的损失,减轻了"文化大革命"造成的破坏。但是,在"文化大革命"全局性的错误中,执行"三支两军"的部队和人员既缺乏思想准备,更不具备地方工作经验,加上林彪、江青两个集团的插手,使这项工作不能不发生许多错误,给部队建设以及军地关系带来很多消极影响。

尽管党中央为稳定局势发出了一系列文件,甚至派军队介入,但仍达不到预期成效。在"夺权"的旗帜下,各地普遍形成相互对立的两大派或更多的派别组织。它们虽然在政治倾向上有这样那样的差别，但都是在极左思潮支配下进行着造反、夺权活动，对"权"这个根本问题互不相让，争夺激烈，甚至酿成大规模武斗。林彪、江青集团火上浇油，提出"文攻武卫"的口号煽动武斗；提出"彻底砸烂公、检、法"的主张，组织数万人包围中南海，冲击国务院。在这种形势下，发生了武汉数十万军民抗议中央代表团代表谢富治、王力支持一派、压制另一派的"七二〇"事件。在此期间，还发生了火烧英国代办处的严重涉外事件等。毛泽东后来把这种局面称为"全面内战"。

1967年夏秋出现"天下大乱"后，毛泽东视察了华北、中南和华东地区，发表了一系列谈话。他号召各地群众组织实现大联合，正确对待干部，告诫造反派头头和红卫兵"现在正是他们有可能犯错误的时候"。毛泽东还于8月底批准对中央文革小组成员王力、关锋隔离审查。他还批准发布了多项命令、通知、布告、通令，以维护社会秩序，保护国家财产，保障交通运输，制止武斗蔓延。

"全面夺权""天下大乱"的局面，激起人民群众的强烈不满。1967年底至1968年初，上海市某些群众组织相继贴出怀疑和批判江青、张春桥，反对造反派极端行径的大字报。1968年2月，外交部91名司局级干部联合贴出大字报，揭露煽动打倒陈毅的极左人物，要求陈毅回部工作。2月底，国防科委党委常委会明确提出"拥护以聂荣臻同志为核心的国防科委党委的正确领导"。这类情况的不断发生，引起中央文革小组的恐慌和仇视。3月中旬，江青等人在多处宣称，在全国"有一股右倾翻案风"，"为二月逆流翻案"。3月下旬，发生了所谓"杨（成武）、余（立金）、傅（崇碧）事件"，这是林彪、江青一伙联合制造的又一起迫害军队领导人的事件。反击"右倾翻案风"使群众组织派性复发，一些省、市脆弱的"大联合"顷刻瓦解，内斗再起。许多地区的派性争斗发展到有预谋地制造大规模破坏活动。一些大专院校学生组织的派性争斗愈来愈激烈，并酿成流血冲突。1968年8月,中央发出《关于派工人宣传队进学校的通知》。全国大、中、小学都进驻了工宣队和军宣队,一些"老大难"单位和军事院校也派驻了工人和解放军宣传队。

从1967年"一月夺权"到1968年下半年,在"全面夺权"的20个月里,中央到地方的大批领导干部或被革职审查,或被下放管制,或被关进监狱。仅在中央文件和报刊上点名为"敌我矛盾"的28个省、市、自治区的主要负责人,就达60余人。遍及全国的"全面内战"使人民群众的生命财产遭受巨大损失,国民经济急剧恶化。经过持续20个月"全面夺权"的动乱,到1968年9月,全国(台湾省除外)29个省、市、自治区相继成立了革命委员会,标志着"文化大革命"取得"决定性胜利"。

按照毛泽东的指示,革命委员会内部实行有革命干部代表、军队代表、群众代表参加的"三结合",实行党政合一、高度集中的领导体制。革命委员会的建立是以全盘否定中华人民共和国成立以来我国的党政领导体制为前提的。它以抓阶级斗争作为基本职能,被认为是"领导广大革命群众对阶级敌人进攻的战斗指挥部"。革命委员会体制是我国政治体制在职能、结构上的一个倒退。但就当时的情况说,革命委员会的成立毕竟在一定程度上结束了"文化大革命"前期的大动乱局面,填补了国家和地方权力的真空、半真空状态,使各项工作有可能逐步恢复和展开。

二 "九一三"事件的发生

1968年10月13日至31日,党的八届扩大的十二中全会在北京召开。这次会议是为召开党的九大做准备,主要是"解决刘少奇问题"。会议在党内生活极不正常的状况之下,批准了关于刘少奇问题的"审查报告",给刘少奇加上"叛徒、内奸、工贼"的罪名,作出完全错误的政治结论和"永远开除出党,撤销其党内外一切职务"的决议。这是"文化大革命"制造的一起最大冤案。

1969年4月1日至24日,党的九大在北京举行。林彪代表党中央作政治报告。这个报告旨在为"文化大革命"作理论的和历史的论证。为了说明"文化大革命""是完全必要的,是非常及时的"。一方面,林彪的政治报告将中华人民共和国成立以来特别是1957年反右派以来党在指导思想上和实践上的许多"左"的错误作为正确的方面加以肯定;另一方面,把党在八大以后探索适合中国情况的建设社会主义道路(包括纠"左"过程)中提出的许多正确的和比较正确的思想、政策和积极成果,作为"修正主义"的东西加以批判。

林彪所作政治报告的核心内容是阐述"无产阶级专政下继续革命的理论"。这个理论是对毛泽东自1957年反右派严重扩大化以来在社会主义社会阶级斗争问题上的"左"倾错误论点的总概括,也是"文化大革命"的根本指导思想。这个理论的主要内容是认为党内有一个"资产阶级司令部",它有一条修正主义的政治路线和组织路线,在各省、市、自治区和中央各部门都有代理人,因而要"公开地、全面地、自下而上地发动广大群众"向走资本主义道路的当权派夺权,这个夺权斗争实质上是"一个阶级推翻一个阶级的政治大革命"。林彪的政治报告以"无产阶级专政下继续革命的理论"为核心,论述了"文化大革命的准备""文化大革命的过程",在肯定"文化大革命"的所谓成绩和经验的基础上,提出了"搞好斗、批、改,把上层建筑领域中的社会主义革命进行到底"等任务。这份政治报告第一次把在社会主义阶段的任何时候、任何情况下都要以阶级斗争为中心的指导思想,正式规定为"我党在整个社会主义历史阶段的基本路线"。这份政治报告无视社会主义阶段的最根本任务是发展生产力这一客观规律,不顾当时中国经济发展缓慢、社会动荡不安的状况,把"认真搞好斗、批、改"确定为全党的中心任务,并要求"把活学活用毛泽东思想,放在各项工作的首位"。"无产阶级专政下继续革命的理论"对党和国家政治形势的判断、提出的斗争任务、采用的斗争方法等都是错误的。这个理论的基本错误是,认为在社会主义制度建立以后,还存在着整个社会范围内的阶级对抗,无产阶级同资产阶级的矛盾、社会主义同资本主义的矛盾仍然是我国社会的主要矛盾,因而还要进行一个阶级推翻一个阶级的革命。在我国,随着社会主义改造的基本完成,完整的剥削阶级已不复存在。党在社会主义阶段的根本任务是发展生产力。我国人民民主专政的基本任务和职能,是组织和发展社会主义经济,发展科学技术,繁荣社会文化,建设高度民主和高度文明的国家。在这样的历史条件下,完全没有理由把全党全国工作的重点继续放在进行群众性的大规模的阶级斗争方面,更没有理由要去不断地进行"一个阶级推翻一个阶级的政治大革命"。

会议通过的党章把"无产阶级专政下继续革命的理论"写进总纲,只字不提发展生产力和社会主义现代化建设,取消了有关党员权利的规定,还明文写入"林彪同志是毛泽东同志的亲密战友和接班人"。大会选举的中央委员会,把许多功勋卓著、久经考验的革命家排斥在外,纳入了一批林彪、江青帮派体系的骨干。

党的九大的召开使"文化大革命"的理论和实践合法化，加强了林彪、江青这两个集团在中央领导核心中的地位。党的九大在政治上、组织上的指导方针都是错误的。

党的九大以后，"斗、批、改"运动在全国展开。所谓"斗、批、改"，包括开展"革命大批判""清理阶级队伍""建立三结合的革命委员会""整党建党""改革不合理的规章制度""精简机构，下放科室人员"等。"斗、批、改"运动反映了毛泽东试图在巩固"文化大革命"既成格局的基础上结束"文化大革命"的意向。但是，各项"斗、批、改"任务的提出，本身就是"文化大革命""左"倾方针的表现，实际上是把"左"倾错误在各个领域具体化，结果是党内矛盾和社会矛盾继续紧张，伤害了大批干部群众。随着"斗、批、改"运动的发展，"文化大革命"所造成的动乱不仅没有停止，矛盾反而越来越多，引起和助长动乱的因素更加深化。

通过党的九大和九届一中全会，林彪集团的势力进一步扩张，他们的野心也恶性膨胀。他们意识到江青集团的势力有可能超过自己，林彪的接班人地位会发生变化，因而妄图提前"接班"，为此进行了许多阴谋活动。1970年3月，毛泽东提出召开四届人大和修改宪法的问题，同时提出不设国家主席的建议。毛泽东坚持不设国家主席，主要出于在党的九大后逐步产生的对林彪的不满和怀疑，也与希望建立党政不分的一元化领导体制有关。林彪却坚持主张设国家主席，并表面上拥护毛泽东担任主席，实际上是他自己想当国家主席。而这种局面正是毛泽东不愿看到的。

1970年8月23日至9月6日，党的九届二中全会在庐山举行。会议一开始，林彪就抢先发言，仍然坚持设国家主席的主张。他反复称颂毛泽东的功绩，批驳并不存在的认为毛泽东对马列主义没有发展的观点，提出毛主席是"天才"的论断。林彪讲话的矛头是指向江青集团的。在讨论林彪讲话的分组会上，林彪集团的成员陈伯达、叶群、吴法宪、李作鹏、邱会作等按照事先密谋，分别在各组抓住设国家主席和称"天才"两个问题，不指名地攻击张春桥，亦即攻击江青集团。华北组当晚发出会议简报，立即在各组引起强烈反响。参加会议的绝大多数人都表示了极大的愤慨，要求把"不赞成毛主席当国家主席"的人"揪出来"。毛泽东立即采取措施，制止了混乱，并写了《我的一点意见》，点名批评陈伯达，而对林彪则采取保护过关的态度。从表面上看，九届二中全会的斗争是围绕着设不设国家主席的问题展开的，实际上是林彪、江青两个集团长期以来特别是党的九大以来不断积累的矛盾的总爆发。以毛泽东《我的一点意见》的发表为标志，这场斗争实际上已转化为毛泽东领导的反对林彪集团的斗争。

九届二中全会后，党内开展了"批陈整风"运动。毛泽东采取一系列措施，逐渐削弱林彪集团的势力。随着"批陈整风"的开展，林彪的儿子林立果等人加快了进行反革命政变的步伐。1971年3月21日至24日，林立果在上海秘密据点召集"联合舰队"主要成员密谋，起草了《"571工程"纪要》。8月中旬至9月12日，毛泽东去南方巡视。他在同沿途党政军负责人谈话中说，庐山会议上的那场斗争还没有完，并指出：这次庐山会议，又是两个司令部的斗争。林彪当然要负一些责任。

叶群得知情况后，一面向林彪报告，一面与林立果加紧密谋。林立果向"联合舰队"下达了"一级战备"的命令。接着，策划了谋害毛泽东、另立中央或叛逃国外的准备。由于毛泽东的高度政治警惕性和采取的机智措施，使林彪等人的谋害计划破产。林彪等遂于9月13日外逃叛国，机毁人亡，葬身异域。

林彪反革命集团阴谋夺取最高权力、策动武装政变的事件，是"文化大革命"毁弃党的一系列基本原则造成的恶果。在进行了五年的"文化大革命"中，党的领导作用被严重削弱，民主集中制和集体领导原则受到破坏，大批老干部被打倒或排斥，党的各级组织涣散，国家的民主和法制被践踏，拉帮结派、争权夺利公开化，整个国家陷于严重动乱。这就造成了林彪反革命集团能够横行无忌，敢于铤而走险的条件。人们从这一事件中看到，鼓吹个人崇拜最卖力的林彪竟然阴谋杀害党的主席；由党章法定的接班人竟然叛逃出国；新提升的六名政治局委员竟然从事罪恶活动。这一具有极大震撼性的事件，一方面引起广大党员、干部、群众对林彪反革命集团分裂党和国家罪行的痛恨，另一方面也促使更多的干部和群众从个人崇拜的狂热中觉醒，希望以此为契机对"左"倾错误进行遏止和纠正。"九一三"事件的发生，在客观上宣告了"文化大革命"理论和实践的失败。

三 "文化大革命"的结束

林彪事件发生后,随着林彪集团的罪行材料陆续发出并逐步传达到基层,全国开展了"批林整风"运动。毛泽东在周恩来协助下,采取一系列措施解决与这一事件有关的各种问题。中央对那些卷入林彪集团活动的人和单位进行清查,并对一些单位的领导班子进行了适当调整。

"九一三"事件的突发使毛泽东在精神上受到巨大的刺激。他觉察到"文化大革命"所造成的一些严重问题,在一定程度上改变了对一批老干部的看法,亲自抓了对一些重要干部落实政策的工作。他的这些举动,为加快落实干部政策创造了条件。但是,毛泽东没有认识到"文化大革命"的全局性错误,也没有在这个转折关头毅然宣告结束这场"大革命"。毛泽东仍然用"无产阶级专政下继续革命的理论"宣称林彪事件是激烈阶级斗争的表现,是第十次路线斗争。他仍然让江青一伙在党和国家的政治生活中起十分重要的作用,这就延长和加深了"文化大革命"对国家和人民所造成的灾难。

在"批林整风"运动中,周恩来把批判林彪反革命集团的罪行和批判极左思潮结合起来,多次提出批判极左思潮的问题。这是1967年2月前后许多中央领导同志要求纠正"文化大革命"的错误这一正确主张的继续。周恩来指出:极左思潮"就是空洞,极端,形式主义,空喊无产阶级政治挂帅"[1]。在毛泽东的支持下,周恩来加快了落实干部政策和知

---

[1] 周恩来接见回国述职大使和外事单位负责同志谈话纪要,1972年8月1、2日。

识分子政策的进程，使一大批被打倒的党政军领导干部重新走上重要领导岗位。针对极左思潮对经济工作的破坏，周恩来指示国务院采取果断措施，对国民经济的若干比例关系进行调整，强调加强统一计划，解决"三个突破"的问题。在工业上，整顿企业管理，反对无政府主义，把产品质量问题放到第一位等，对恢复和发展生产起了推动作用。在周恩来的努力下，1970年至1973年，我国进出口总额由45.9亿美元上升到109.8亿美元，回升之快，为中华人民共和国成立后少见。在农村，党中央发出关于农村人民公社分配问题的指示，开始纠正一些"左"的经济政策，重申必须兼顾国家、集体和个人三者利益，坚持按劳分配原则，要求各地不要照搬照抄大寨大队的劳动管理办法和分配办法，而要从实际出发，注意农业的全面发展，不能把政策允许的多种经营和家庭副业当成资本主义的东西加以否定等。周恩来还抓了落实党的科教、民族、统战等政策的工作，强调认真清理教学和科研工作中的极左思潮，提高基础理论水平，办好综合大学的理科；提倡为革命刻苦钻研业务技术；提高质量，勇敢攻关。在此期间，一度受到严重破坏的民族关系得到初步改善。周恩来的纠"左"努力，使各方面工作在不长的时间里有了转机，经济形势明显好转。对此，江青一伙百般阻挠，极力反对。由于毛泽东错误地认为当时的主要任务仍然是反对"极右"，致使周恩来批判极左思潮的努力被中断。

林彪事件后产生了一些重大的组织问题，其中最迫切的是修改载有林彪为接班人的党章和选举新的中央委员会，成立新的中央领导机构，于是党中央决定提前召开党的十大。1973年8月24日至28日，党的十大在京召开。党的十大继续肯定了九大路线，肯定"文化大革命"，肯定无产阶级专政下继续革命的学说，坚持"党在整个社会主义历史阶段的基本路线和政策"。党的十大还把"天下大乱，达到天下大治，过七八年又来一次"认定为"客观规律"，宣称反对林彪反党集团这样的斗争，还会出现十次、二十次、三十次。大会报告中关于国内任务的提法是:"坚持无产阶级专政下的继续革命,团结一切可以团结的力量,努力把我国建设成一个强大的社会主义国家""要继续搞好批林整风""要重视上层建筑包括各个文化领域的阶级斗争"。王洪文作关于修改党章的报告,强调要"坚持无产阶级专政下的继续革命",增写了"文化大革命今后还要进行多次"这样的内容。大会产生了第十届中央委员会。邓小平等一批在"文化大革命"中受到打击和排斥的老干部被选进中央委员会。党的十大以后,江青、王洪文、张春桥、姚文元在中央政治局内结成"四人帮",江青集团的势力得到加强。

党的十大以后,"四人帮"凭借他们膨胀了的势力,加紧篡党夺权的阴谋活动。主持中央日常工作的周恩来成了他们蓄意打倒的主要目标。他们借毛泽东批评周恩来主管的外交部和批评周恩来在11月间一次外事活动中的所谓错误为由头,提出这是"第十一次路线斗争",在一些基层单位发动"反右倾回潮"运动。在毛泽东作了林彪是"尊孔反法"的谈话后,他们又利用"批孔"大做文章,在全国发起"批林批孔"运动。他们以批判孔子的"克己复礼""兴灭国,继绝世,举逸民"为名,影射攻击周恩来是"现代的儒",鼓吹"修正主义仍然是当前的主要危险",对周恩来在1972年前后恢复"文化大革命"以前某些正确的政策措施、落实政策、安排一批老干部重新工作等进行攻击。江青等人鼓吹"大乱是大好事"。他们的帮派分子到处揪斗老干部,社会上又出现了联络站、上访团、汇报团一类的组织,派性斗争再起高潮。"批林批孔"运动使周恩来等老一辈革命家在林彪事件后经过艰苦努力实现的刚刚趋向稳定的局势又混乱起来,国民经济重新遭到破坏,工业生产再次下降。

毛泽东对江青等人利用"批林批孔",另搞一套的图谋有所觉察,对他们进行了多次批评。他还批评江青、张春桥、姚文元、王洪文搞帮派活动,在党的最高领导层内提出了"四人帮"问题。1974年10月,中共中央发出通知，决定在最近期间召开第四届全国人民代表大会。"四人帮"意识到这是他们篡夺更多权力的机会，加紧了阴谋活动。此前，毛泽东已提议由在1973年恢复副总理职务、担任中央政治局委员和中央军委委员的邓小平出任国务院第一副总理。江青一伙极为不满。在一次政治局会议上，他们制造事端，攻击邓小平。邓小平愤然离开会场。"四人帮"当晚密谋，派王洪文到长沙向毛泽东作诬陷周恩来、邓小平的汇报，想阻挠邓小平出任第一副总理，并把周恩来撇在一边，由"四人帮"出来组阁。毛泽东当即告诫王洪文：有意见当面谈，这么搞不好。此后，毛泽东几次批评"四人帮"，重申总理还是总理，并提议任命邓小平为第一副总理、军委副主席兼解放军总参谋长。这对于挫败江青的"组阁"阴谋、保证四届人大召开起了重要作用。

1975年1月13日至17日，四届全国人大一次会议在北京举行。周恩来在《政府工作报告》中，重新提出在本世纪内全面实现农业、工业、国防和科学技术四个现代化的宏伟目标，把全国各族人民的注意力再次引到发展经济、振兴国家的事业上来。大会确定以周恩来、邓小平为核心的国务院领导人选，为邓小平主持工作奠定了组织基础。但是，这次大会是在"批林批孔"运动中召开的，会议所作的报告、通过的决议和宪法，都受到"左"倾错误的严重影响。

四届人大一次会议闭幕后，病重的周恩来继续住院治疗。邓小平在毛泽东、周恩来的支持下，实际上开始主持中央工作。邓小平提出四化建设是大局的思想和要全面整顿的任务，与"四人帮"批判"唯生产力论"和反对所谓"经验主义"的活动进行了坚决斗争，果断地对被搞乱了的各条战线进行整顿。在经济方面，邓小平首先抓了铁路整顿。经过整顿，到1975年4月底，堵塞严重的几条铁路线全部疏通，全国20个铁路局中有19个超额完成计划。接着，钢铁工业开始了整顿。邓小平强调：把钢铁生产搞上去，最重要的是建立一个坚强的领导班子，坚决同派性作斗争，认真落实政策，建立必要的规章制度。工业交通部门经过几个月的整顿，形势明显好转。科技工作也开始了整顿。文艺领域进行了政策调整。教育战线的整顿也在积极着手。军队整顿，作为各方面整顿中至关重要的一环，继2月取消军委办公会议，成立由叶剑英主持的中央军委常务委员会后，于6月至7月召开中央军委扩大会议。会后，对军队各大单位的领导班子进行了调整，这对于抵制"四人帮"夺取军队领导权的阴谋起了重要作用。在整顿的过程中，邓小平领导起草了《关于加快工业发展的若干问题》（简称《工业二十条》）、《关于科技工作的几个问题（汇报提纲）》（后来修改为《科学院工作汇报提纲》）等重要的文件和文章。这些文件和文章针对整个工业和科技领域存在的问题，以实现四个现代化为目标，提出了加快工业和科技发展的一系列措施。这些工作实际上是系统地纠正"文化大革命"的错误，恢复党的正确的和比较正确的方针、政策，开始了当时条件下所能进行的拨乱反正。整顿在短时间内收到显著成效，得到了广大干部和群众的支持。1975年邓小平主持的全面整顿，是"文化大革命"期间代表正确和比较正确的发展趋向的党内力量与"四人帮"的一场重大斗争。经过整顿，一些地区的武斗逐步减少，大部分地区社会秩序趋于稳定，国民经济由停滞、下降迅速转向回升。

毛泽东虽然支持邓小平主持党和国家的工作，但他仍然认为"文化大革命"是正确的，他希望邓小平在肯定"文化大革命"的前提下，实现安定团结，把国民经济搞上去。但是，各条战线整顿的展开，势必触及"文化大革命"的"左"倾错误思想和政策，逐渐发展到对这些错误进行系统的纠正，这就有从根本上否定"文化大革命"的可能。这种发展趋势，既遭到"四人帮"的猖狂反对，也为毛泽东所不能容忍。毛泽东自1971年冬身患重病以后，病情时轻时重。但是，无论在他患病期间或是休养期间，仍然掌握着决定党和国家大事的大权。1975年下半年以后，他的病情逐渐加重，行动、说话都很困难。根据他的意见，由毛远新担任他和政治局之间的联络员。处于这种完全脱离实际、脱离群众，也同中央绝大多数领导人隔绝的状况，他更加不能准确地了解情况，作出的决定也更容易犯错误。这期间，"四人帮"、毛远新等别有用心的情况反映，对毛泽东作出错误决策起了极其恶劣的作用。11月下旬，毛泽东错误地发动了"批邓、反击右倾翻案风"运动。

1976年1月8日，党和国家的重要领导人周恩来逝世。他的逝世引起全党全军和全国人民的无限悲痛。2月2日，经毛泽东提议，由华国锋任国务院代总理，同时主持党中央的日常工作。

在悼念周恩来的日子里，"四人帮"一伙作出种种规定，压制人民群众的悼念活动，加紧开展"批邓、反击右倾翻案风"运动。"批邓、反击右倾翻案风"违背党心民心，破坏了各条战线刚刚出现的比较稳定的局势，受到了广泛的抵制。尽管华国锋主持召开一系列"打招呼会"，"四人帮"又施加各种压力，广大干部和群众更加看清了"四人帮"祸国殃民的面目。在人民群众对"四人帮"一伙的愤恨越来越强烈时，《文汇报》在3月制造的两起影射攻击周恩来和邓小平的事件，激起了群众更大的愤怒。人们心中长期积聚又迅速发展起来的对"文化大革命"的怀疑、对邓小平主持中央工作的拥护以及对"四人帮"的憎恶，于1976年三四月间，通过以天安门事件为代表的全国范围的群众悼念周恩来、反对"四人帮"的强大抗议运动集中地迸发出来。这个全国性的群众抗议运动鲜明地表现了人心的向背。当时，它虽然被定为反革命事件，遭到残酷镇压，但是为后来粉碎江青反革命集团奠定了强大的群众基础。

1976年9月9日，党和国家的主要领导人毛泽东逝世。"四人帮"加紧了夺取党和国家最高领导权的阴谋活动。这使叶剑英、李先念、陈云等许多老一辈革命家深感忧虑。身为党中央第一副主席、主持中央日常工作的华国锋，在"四人帮"咄咄逼人的进攻下，也认识到必须消除党和国家身上的这个痈疽。经过他同叶剑英、李先念和汪东兴反复研究，决定对"四人帮"进行断然处置。10月6日晚,中央政治局果断采取措施,一举粉碎"四人帮"。这一举动的胜利,从危难中挽救了中国的社会主义事业,为党的历史进入新的发展时期创造了前提。

四 "文化大革命"时期的负重前行

"文化大革命"是党在探索中国建设社会主义道路的过程中走入歧途的结果,是在错误理论指导下的错误实践。这场"大革命"给党、国家和全国各族人民造成了中华人民共和国成立以来最严重的挫折和损失。

在政治上,"文化大革命"使中华人民共和国成立以来党和国家的工作遭到空前严重的破坏。党和国家的大批领导干部被打倒,遭迫害;党和政府的各级机构长期陷于瘫痪和不正常状态,全国人民代表大会停止活动达九年之久,全国人民政治协商会议十年内根本没有召开。作为政权支柱的人民解放军被搞乱了,公安、检察、司法等专政机关和维护社会正常秩序的机关也被"彻底砸烂";本来就很薄弱的民主和法制基础荡然无存,蛮横批斗、随意逮捕、违法关押、任意抄家的现象极为普遍。各种投机分子、野心分子、阴谋分子打砸抢成风,派仗不停,整个政治生活和社会生活陷入连绵不已的动荡。仅据对林彪、江青两个反革命集团的起诉书中所列举的名单统计,党和国家领导人受诬陷的有38人,其他中央党政军领导干部、民主党派负责人、各界知名人士受诬陷的有382人,受到迫害的干部和群众有70多万人,被迫害致死的达3.4万多人。因大量冤假错案受到诬陷、迫害和牵连的总计达1亿人以上。

在经济上,造成国民经济发展缓慢,拉大了中国与世界发达国家原来就存在的差距。"文化大革命"期间,党在社会主义建设中积累的许多正确原则和政策,一概被当作修正主义和资本主义加以批判。错误的经济政策造成了严重的后果。国民经济的主要比例关系长期失调，经济管理体制更加僵化，经济效益全面下降。从积累效果上看，每百元积累增加的国民收入，第一个五年计划（1953年至1957年）时期为32元，第三个五年计划（1966年至1970年）、第四个五年计划（1971年至1975年）时期分别降低到26元、16元。在工业上，每百元资金实现的利润税金，由1966年的34.5元降低到1976年的19.3元。在商业上，每百元资金实现的利润，由1957年的20元降低到1976年的9.7元。由于国民经济发展缓慢，加上因计划生育工作中断而导致的人口剧增，这十年间，人民生活水平基本上没有提高，有些方面甚至有所下降。粮食人均消费量1976年为380.56斤，比1966年的379.14斤仅高1.42斤（比最高的1956年的408.58斤低28.02斤）；食用植物油人均消费量1976年为3.19斤，低于1966年的3.52斤（比最高的1956年的5.13斤低1.94斤）；棉布人均消费量1976年为23.55尺，比1966年的19.89尺略高一点（比最高的1959年的29.17尺却低5.62尺），其中，在1968年平均每人只发了15.52尺布票。居民住宅紧张，城市交通拥挤成为普遍的状况。在农村，农业劳动生产率和农民收入长期增长缓慢，1965年至1977年间，农民纯收入年平均仅增加1元多。不少地区农民辛劳一年连温饱也维持不了。中华人民共和国成立近三十年后，仍有2.5亿农民的生活十分贫困。

这个时期正是国际局势趋向缓和、许多国家经济起飞或持续发展的时期，中国却未能赶上这个发展浪潮。这十年中，中国不仅没能缩小与世界大国已有的相当大的差距，反而进一步拉大了差距。1965年至1978年的13年间，中国的国民收入同美国国内生产总值的差距由10.1倍扩大到16.2倍，同日本国内生产总值的差距由0.4倍扩大到6.9倍，同联邦德国国内生产总值的差距由0.7倍扩大到4.2倍。1965年中国的国民收入为巴西国内生产总值的3.36倍，而到1978年却只为巴西国内生产总值的64%。从人均水平比较看，这种差距扩大得更厉害。邓小平后来说："我们从一九五七年以后，耽误了二十年，而这二十年又是世界蓬勃发展的时期，这是非常可惜的。"[1]"农民和工人的收入增加很少，生活水平很低，生产力没有多大发展。"[2]这是振聋发聩的深刻总结。

在科学文化上，"文化大革命"造成了一场影响深远的浩劫。"文化大革命"对教育、科学、文化进行所谓的"批判"和"大破"，使很大一部分教授、作家、教员、医生、演员和运动员被打成"牛鬼蛇神"，无数优秀的祖国文化典籍被付之一炬，许多有造诣的专家受到人身污辱，被关进"牛棚"或下放"改造"。学校停课，文化园地荒芜，科研机构被大量撤销。十年间，高等教育和中专学校少培养几百万专业人才，科学技术水平同世界先进国家的差距拉得更大。据1982年人口普查统计，全国文盲和半文盲达2.3亿多，这个数字占当时全国总人口数的近四分之一。这种状况严重影响到中华民族科学文化素质的提高和社会主义现代化事业的发展。

在思想上，"文化大革命"造成全民族空前的思想混乱，使党的建设和社会风气受到严重破坏。"文化大革命"期间，许多错误的甚至是荒谬的理论宣传泛滥成灾，造成民族思想上的空前混乱、精神上的空虚压抑和心理上的巨大创伤，并导致了人们对马克思主义信仰的严重削弱。经过十年内乱，不仅没有破旧立新、移风易俗、提高思想境界、出现新的社会风尚，反而使我们的党风和优良的革命传统遭到严重破坏，政治觉悟和道德水准大大下降。林彪、江青两个集团拉帮结派、抢权夺利。一些投机分子、野心分子、阴谋分子和打砸抢分子乘机混到党内。无政府主义、极端个人主义、封建迷信以及各种邪恶的思想行为泛滥开来。这些不良因素甚至破坏性因素的恶性发展，对"文化大革命"后中国社会的发展产生了极

---

[1]《邓小平文选》第三卷，人民出版社1993年版，第266页。
[2]《邓小平文选》第三卷，人民出版社1993年版，第115页。

大的负面影响。

在这十年中，从"文化大革命"的理论和实践的整体及全局上看，我国经历了一场内乱，国家建设受到了巨大的损失。但是，从一些局部看，从一些阶段和一些领域看，由于党和政府还在社会主义建设方面进行了许多活动，由于工人、农民、知识分子、爱国民主人士、爱国华侨以及各民族各阶层的群众，绝大多数都没有动摇热爱祖国和拥护社会主义的立场，在各自的岗位上坚持工作和生产，以不同的方式对"文化大革命"进行了抵制和抗争，因而，"文化大革命"的破坏受到了一定程度的限制，我国在经济、科技、外交诸方面又取得了一定进展。

在这期间，我国国民经济取得的主要进展是：

农业生产条件有了一定改善，粮食生产有了一定增长。这十年间，国家对农业的资金、物质投入不断增加。1976年与1965年相比，国家财政支农资金和农业贷款增长50.8%；农业机械总动力增长6.9倍，其中，大中型拖拉机增长4.5倍；排灌动力机械的拥有量增长4.97倍；化肥施用总量增长2倍；农药生产量和进口量增长90.6%；农村用电量增长4.5倍。如果不讲投入与效益的比率，单从生产总量上看，1976年，全国农业总产值达1258亿元，按可比价格计算，比1965年增长35.3%，平均每年递增2.8%；全国粮食总产量28631万吨，比1965年增长47.2%，平均每年递增3.6%。

大型工业企业有较大发展。石油工业发展较快，大庆油田形成年产原油5000万吨的大型企业，山东胜利油田、天津大港油田也初具规模。1976年我国原油产量达8716万吨，相当于1965年的7.7倍。随着原油产量的增加，石油化学工业也得到发展。冶金工业新建了四川攀枝花铁厂、甘肃酒泉钢铁厂、成都无缝钢管厂、贵州铝厂等重要企业。机械工业建设了湖北第二汽车制造厂、四川德阳第二重型机器厂、陕西富平压延厂、四川大足汽车厂等。煤炭工业建设了贵州六盘水，四川宝鼎山、芙蓉山、山东兖州等大型煤矿。电力工业建设了甘肃刘家峡，湖北丹江口、葛洲坝，贵州乌江等大中型水电站。

一批交通运输线、输油管线和邮电通信设施相继建成。1959年动工的南京长江大桥于1968年建成，这是我国自行设计建造的第一座具有世界先进水平的铁路、公路两用桥，全长6700多米。全长1091公里的成昆铁路于1970年全线通车。全长820公里的湘黔铁路和焦枝铁路、贵昆铁路、京原铁路、汉丹铁路等也先后建成。我国第一条电气化铁路——宝成铁路——于1975年建成。公路建设也有所进展。1976年，我国又建成一条纵贯八省市的全长1700多公里的中同轴1800路载波通信干线和连通全国20多个省市的微波通信干线。北京、上海还各建成一座卫星地面站。

科学技术方面也取得了若干重要成就。1966年我国第一次成功地进行了发射导弹核武器的试验，1967年成功地爆炸了第一颗氢弹，1969年又首次成功地进行了地下核试验，1971年第一艘核潜艇建成并试航成功。1970年，我国成功发射了第一颗人造地球卫星；翌年，又发射一颗科学试验人造地球卫星。1975年11月，我国成功发射了返回式人造地球卫星。生物技术方面，1972年，育成一代籼型杂交水稻。电子技术也有进步，半导体、集成电路的研制和生产也取得了进展。

在这十年间，我国外交工作取得了重大突破。"文化大革命"发动后一年多的时间里，由于极左思潮的影响，我国发生了一系列重大涉外事件，严重损害了我国的声誉，中国同一些国家的外交关系甚至恶化到降级或断交的严重地步。我国对外的政治、经济、文化交流和合作基本中断。1967年8月后，在毛泽东支持下，周恩来采取一系列严厉措施，制止极左行动，外交上极不正常的状态逐渐被消除。

20世纪60年代末70年代初，世界格局发生的重大变化，促使毛泽东等党和国家领导人重新思考中国的外交战略。1970年1月至2月，中美两国代表在华沙举行大使级会谈，取得了重要进展。1971年10月25日，第二十六届联合国大会以压倒多数的投票结果通过决议,恢复中华人民共和国在联合国的一切合法权利。1972年2月,美国总统尼克松应周恩来邀请前来中国访问。2月28日,中美双方在上海签订了《联合公报》。中美两国在对抗二十多年之后,走上了实现关系正常化的进程。1972年9月,日本政府新任首相田中角荣访问中国,于29日发表《中日联合声明》,结束了两国的长期敌对,开始了睦邻友好的新篇章。中美关系的转变给国际社会带来巨大冲击,世界出现了与中国建交的高潮。20世纪70年代初,中国同美国以外的资本主义发达国家的关系获得全面发展,先后同加拿大、意大利、奥地利、比利时、德意志联邦共和国(联邦德国)、澳大利亚和新西兰等一批国家建交。

外交上的重大成就和国际关系的改善,为我国开展对外经济技术交流、发展对外贸易创造了有利的条件。1973年初,经毛泽东、周恩来批准,我国从日本、美国、联邦德国、法国、意大利、荷兰、瑞士等国进口了一批技术先进的成套设备和单机。这批项目投产后,不仅提高了我国工业生产的能力,而且有利于提高我国的现代化生产技术水平。

随着国际形势和中国对外关系的迅速发展,1974年2月,毛泽东提出了关于"三个世界"划分的思想,为我国开创外交新格局指出了方向。

这个时期经济建设和外交工作所取得的成就和进展,为"文化大革命"结束后我国的改革开放打下了基础。但是,这些成就和进展是广大工人、农民、知识分子克服频繁的政治运动的干扰而实现的,并不足以抵消"文化大革命"对经济和社会造成的严重破坏,更绝对不是"文化大革命"的果实。如果没有"文化大革命"的内乱和破坏,我们的事业会取得更大更多的成就。

第二篇

富起来

第六章
伟大的历史性转折

"文化大革命"结束后,党面临着拨乱反正、使党和国家在动乱后重新走向振兴的艰巨任务。1978年真理标准问题大讨论带来的思想解放,加快了历史转折的进程。党的十一届三中全会彻底否定了"两个凡是"的方针,恢复和重新确立了解放思想、实事求是的思想路线;停止使用"以阶级斗争为纲"的口号,作出把党的工作中心转移到社会主义现代化建设上来、实行改革开放的历史性决策。从此,我国进入了改革开放和社会主义现代化建设的新时期。

站起来 富起来 强起来

一　真理标准大讨论

经过长达十年的"文化大革命",中国积累下许多严重的政治问题和社会问题,整个局面可以说是百废待兴。党面临着拨乱反正、使党和国家在动乱后重新走向振兴的艰巨任务。完成这一任务,首先必须在指导思想上纠正过去的"左"倾错误,重新确立正确的指导思想。然而,由于这时的党中央主要领导人继续维护和坚持"左"倾指导方针,未能顺应历史发展要求,致使党和国家在前进的道路上出现了两年徘徊。实现历史转折,不能不经历一番曲折和艰难。

粉碎"四人帮"后,党中央立即着手清查他们的帮派体系,部署开展揭发批判"四人帮"的运动,恢复党和国家的正常秩序,得到了人民拥护,取得了一定成绩。但是,面对广大干部群众反映强烈的让邓小平重新出来工作和为天安门事件平反等正当要求,作为党中央主要领导人的华国锋却背离了大多数人的愿望。由于这两项要求都涉及毛泽东晚年的错误,华国锋不允许人们这样做,因而采取了压制态度。经他批准,1977年2月7日发表的《人民日报》《红旗》杂志和《解放军报》两报一刊社论,提出了"两个凡是"方针,即:"凡是毛主席作出的决策,我们都坚决维护,凡是毛主席的指示,我们都始终不渝地遵循。""两个凡是"的提出,不仅压制了广大干部群众的正当要求,也为纠正"左"倾错误和拨乱反正设置了禁区。为冲破这个禁区,以邓小平为代表的党内一批老一辈革命家带领广大人民群众进行了艰巨而富有成效的努力。

"两个凡是"提出不久，1977年4月10日，邓小平就在致党中央的信中有针对性地提出了"用准确的完整的毛泽东思想来指导我们全党、全军和全国人民"的观点，并很快得到党内干部的热烈拥护。此后，邓小平又多次在不同场合明确批评"两个凡是"，陈云、叶剑英、聂荣臻、徐向前等一批老同志也先后通过宣传党的实事求是优良传统等方式，抵制"两个凡是"的推行。

在党内外的强烈呼吁声中，1977年7月，党的十届三中全会终于全部恢复了"反击右倾翻案风"时邓小平被撤销的全部职务，同时也追认了关于华国锋任中共中央主席、中央军委主席的决定。1977年8月12日至18日，中国共产党第十一次全国代表大会在北京召开。出席大会的代表有1510人（全国这时有党员3500多万）。大会宣告了"文化大革命"的结束，并提出了建设社会主义现代化强国的任务，但对"文化大革命"的错误理论和实践仍然作了充分肯定。在随之召开的十一届一中全会上，华国锋被选为中共中央主席，叶剑英、邓小平、李先念、汪东兴为副主席，并由以上五人组成中央政治局常务委员会。尽管大会没有放弃"两个凡是"方针，但邓小平重新回到中央领导岗位，对拨乱反正的进程和历史转折的实现产生了具有决定意义的影响。

邓小平复出后，首先从抓教育和科技入手，通过否定曾得到毛泽东批准的"两个估计"（"文化大革命"前的十七年教育战线是资产阶级专了无产阶级的政，是"黑线专政"；知识分子的大多数世界观基本上是资产阶级的，是资产阶级知识分子），开始了在教育和科技领域的拨乱反正，突破"两个凡是"的禁区，进而又影响到平反冤假错案和在经济、文艺等领域的拨乱反正。

但是，这些拨乱反正的开展得都十分艰难，几乎每前进一步，都会遇到"两个凡是"思想的阻碍，都有人搬出毛泽东的批示或"语录"进行诘难。推翻"两个估计"，曾因是"毛主席批了的"而使人们顾虑重重；平反冤假错案，一遇到毛泽东批了的、定了的案子，便不准触动；经济领域恢复按劳分配的某些做法后，有人就依据毛泽东对"资产阶级法权"的批判进行反对；文艺界批判"黑线专政论"，也有人拿出毛泽东批过的文件进行阻挠；理论界批判林彪、"四人帮"散布的谬论，也受到了"两个凡是"方针的种种限制。这种状况使人们越来越深刻地感到，要彻底澄清林彪、"四人帮"造成的思想混乱，纠正"文化大革命"中的错误，不能不首先解决这样的问题，即：究竟应当如何正确对待毛泽东的指示和决策？判定历史是非的标准到底是什么？真理的标准究竟是什么？围绕这些问题，邓小平等一批老革命家反复强调实事求是的指导思想，极大地启发和鼓舞了力图挣脱"两个凡是"枷锁、坚持拨乱反正的许多干部和理论工作者。根据拨乱反正斗争形势发展的需要，一批干部和理论工作者自然而然、不约而同地开始思考、讨论关于真理的标准问题，并酝酿就这个问题撰写文章。

1978年5月11日，《光明日报》发表了经过多人参与并经胡耀邦审定的《实践是检验真理的唯一标准》一文。《人民日报》《解放军报》等报刊于次日转载。文章鲜明地提出：社会实践不仅是检验真理的标准，而且是唯一的标准。马克思主义的理论宝库并不是一堆僵死不变的教条，对"四人帮"设置的禁锢人们思想的禁区，我们要敢于去触及，敢于去弄清是非。

尽管文章只是对马克思主义的基本常识作正面阐述，但实际却批判了"两个凡是"，并触及到盛行多年的属于现代迷信的个人崇拜。因此，立即引起"两个凡是"同实事求是两种思想主张的激烈争论，由此引发了关于真理标准问题的讨论。由于"两个凡是"的影响还相当普遍、顽固，因而文章的观点也受到强烈指责。当时主管宣传的中央领导人指责文章是"针对着毛主席来的"，企图压制对真理标准问题的讨论，使这场讨论刚一展开即面临着巨大压力。

在这样的关键时刻,邓小平给予了及时的强有力的支持。1978年6月2日,他在全军政治工作会议上讲话时,着重阐述了毛泽东关于实事求是的观点,批评了在对待毛泽东和毛泽东思想问题上的"两个凡是"态度,指出:我们一些同志天天讲毛泽东思想,却往往忘记、抛弃甚至反对毛泽东同志的实事求是、一切从实际出发、理论与实践相结合这样一个马克思主义的根本观点、根本方法。实事求是,是毛泽东思想的出发点、根本点。他号召"一定要肃清林彪、'四人帮'的流毒,拨乱反正,打破精神枷锁,使我们的思想来个大解放"[1]。

邓小平的讲话使坚持实事求是、主张讨论真理标准问题的同志受到鼓舞。《人民日报》《解放军报》《光明日报》等有影响的大报继续发表讨论真理标准问题的文章;中央、地方和军队的理论工作者、新闻工作者先后举办了多次关于真理标准问题的讨论会,甚至科技界也积极参与这一理论问题大讨论;罗瑞卿、谭震林等一批老同志也以不同方式支持并参与这场讨论;从1978年7月底开始,各省、市、自治区及各大军区、各军兵种、军委各直属单位的主要负责人相继发表讲话或文章,公开表明支持关于真理标准问题讨论的立场和主张。在许多同志的共同努力下,这场讨论迅速冲破重重阻力,蓬蓬勃勃地在全国开展起来。

这场大讨论极大地促进了人们的思想解放,通过确立实践标准,人们开始摆脱"两个凡是"的束缚,实事求是地认识和处理拨乱反正中遇到的问题。组织工作部门开始提出以事实为根据、大胆地平反冤假错案的要求,而不管是什么人定的、批的;经济领域开始从实际出发,坚决贯彻按劳分配原则,恢复了一些过去曾遭批判的行之有效的做法;特别是在农村工作中,一些地方的领导从本地的实际情况出发,大胆地对农村政策进行调整、探索,而不顾多年来某些"本本"、教条或"禁令"的束缚。这些

---

[1]《邓小平文选》第二卷,人民出版社1994年版,第119页。

举措，不仅在思想上而且在实践中，不仅使思想理论界而且使党内许多干部，都冲破了"两个凡是"设置的禁区，为重新确立实事求是的指导思想、纠正长期以来的"左"倾错误、实现历史性转折奠定了思想基础。

二 党和国家工作中心的转移

真理标准问题大讨论带来的思想解放,加快了历史转折实现的进程。

首先是在平反冤假错案问题上,"两个凡是"的禁区开始被打破。1978年下半年,在邓小平、叶剑英、陈云以及胡耀邦等人的推动下,党中央终于同意由中央组织部对在"文化大革命"中造成过重大影响的薄一波等六十一人所谓的"叛徒集团"案进行重新复查;批准在对尚未摘帽的"右派分子"全部摘帽的同时,对错划右派予以改正。由此,既加快了整个平反冤假错案、落实干部政策工作的步伐,也更加激起了党内外对于彻底否定"两个凡是"、确立实事求是指导思想的强烈要求。到1978年年底,中央和国家机关6000多名待分配的干部已有5000多名得到了安置,一大批老干部重新走上了领导工作岗位。与此同时,广大群众要求为天安门事件平反的呼声也愈加高涨。这些为党进行指导思想上的拨乱反正既准备了干部力量,也准备了群众基础。

其次是这一时期,党内不少同志在树立实践标准、破除"两个凡是"的过程中,对我国二十多年来的社会主义建设进行了反思,开始改变了以往对于社会主义的传统认识。很多同志通过对国外情况特别是对主要资本主义国家经济发展情况的考察了解,普遍感到了我国在经济技术上的巨大差距和管理体制上的僵化落后,由此产生了加快我国实现四个现代化步伐和改革经济管理体制的要求。1978年7月6日至9月9日,国务院召开了为期两个多月的务虚会,研究如何加快我国现代化建设速度问题。与会同志在认真总结中华人民共和国成立以来经验教训的基础上,纷纷提出了改革经济管理体制、积极引进国外先进技术和资金的建议。李先念在会议的总结讲话中提出:实现四个现代化,这是一场根本改变我国经济和技术落后面貌的伟大革命,这场革命既要大幅度地改变目前落后的生产力,也就必然要多方面地改变生产关系,改变上层建筑。目前的国际形势对我国十分有利,我们应该有魄力、有能力利用国外的先进技术、设备、资金和组织经验来加快我们的建设,决不能错过这个非常难得的时机。

其后不久,国务院召开的全国计划会议又提出,经济工作必须实行三个转变:一是从上到下都要把注意力转到生产斗争和技术革命上来,二是把管理制度和管理方法转到按照经济规律办事的科学管理的轨道上来,三是从闭关自守或半闭关自守状态转到积极引进国外先进技术、利用国外资金、大胆进入国际市场的开放政策上来。

这些思想的酝酿,又从方针政策上为实现历史转折做了准备。

这一期间,邓小平也在不少场合多次讲到,社会主义就是要加快发展生产力,要认真学习、积极引进国外的先进技术和管理经验,大胆改革我们的经济管理体制。1978年9月,他在东北三省视察时,再次强调要解放思想、实事求是,批评"两个凡是"的观点,指出:"我们现在要实现四个现代化,有好多条件,毛泽东同志在世的时候没有,现在有了。中央如果不根据现在的条件思考问题、下决心,很多问题就提不出来、解决不了。"[1] 他还提出,揭批"四人帮"的群众运动要适时地结束,把工作重点转到建设上来。这一建议,很快得到了中央政治局常委的赞同。

在上述思想基础上,经过一系列准备,中共中央工作会议于1978年11月10日在北京召开。华国锋在开幕会上宣布了这次会议的议题:一是讨论《关于加快农业发展速度的决定》和《农村人民公社工作条例(试行

---

[1]《邓小平文选》第二卷,人民出版社1994年版,第127页。

草案）》；二是商定 1979 年、1980 年两年国民经济计划安排；三是讨论李先念在国务院务虚会上的讲话。在讨论这些议题之前，中央政治局决定，先讨论一下结束全国范围的揭批"四人帮"的群众运动，从明年起把全党工作着重点转移到社会主义现代化建设上来的问题。不过，华国锋只是把工作重点转移当成一般性的工作转变，而未看到已经十分迫切的进行指导思想拨乱反正的任务。因此，他在讲话中没有提真理标准讨论和指导思想的转变问题，也没有提党内外普遍关心的一系列冤假错案的平反问题，而这是那些希望首先解决思想路线是非和重大历史是非的与会同志不能接受的。

11 月 12 日，陈云在东北组发言，首先提出了解决历史遗留问题的意见，引起了与会同志热烈响应，改变了会议议程。11 月 25 日，在与会同志强烈要求下，中央政治局终于作出了为天安门事件平反、为"薄一波等六十一人叛徒集团"案平反等项决定，解决了一批重大的历史遗留问题。接着，会议又对在真理标准讨论问题上出现的意见分歧进行了热烈讨论，经过尖锐的思想交锋，大家普遍认识到进行这场讨论的重要意义，要求端正思想路线的呼声也更为强烈。在实事求是方针的指导下，与会同志又先后讨论了工作重点转移的指导思想、农业长期落后的根本原因、经济工作面临的任务以及党和国家的民主建设等问题。很多同志在讨论经济问题时，都提出了改革经济管理体制、引进国外先进技术设备的建议。

根据大家的讨论情况，12 月 13 日，邓小平在闭幕会上作了题为《解放思想，实事求是，团结一致向前看》的重要讲话。这篇讲话对半年来热烈开展的真理标准大讨论作了总结，批评了"两个凡是"和个人崇拜，提出了解放思想和打破僵化的迫切任务。他说：首先是解放思想，只有思想解放了，我们才能正确地以马列主义、毛泽东思想为指导，解决过去遗留的问题，解决新出现的一系列问题。一个党，一个国家，一个民族，如果一切从本本出发，思想僵化，迷信盛行，那它就不能前进，它的生机就停止了，就要亡党亡国。解放思想，一个十分重要的条件就是要真正实行民主集中制。必须使民主制度化、法律化。他还提出了改革经济体制的任务，指出如果"再不实行改革，我们的现代化事业和社会主义事业就会被葬送"[1]。这篇讲话受到大家热烈拥护，成为随后召开的十一届三中全会的主题报告，同时也是在"文化大革命"结束以后，中国面临向何处去的重大历史关头，冲破"两个凡是"的禁锢，开辟新时期新道路、开创建设有中国特色社会主义新理论的宣言书。

经过中央工作会议的充分准备，1978年12月18日至22日，党的十一届三中全会在北京召开。会议的主要任务是：讨论通过中央政治局关于实行工作重点转移的建议；审议农业问题的文件和1979年、1980年两年的经济计划；讨论人事问题和选举成立中央纪律检查委员会。全会认真讨论了邓小平的有关讲话，一致同意从1979年起把党和国家的工作重点转移到社会主义现代化建设上来，确认了中央工作会议的各项重大决定，顺利完成了各项议程。全会增选陈云为中央政治局委员、中央政治局常委、中央委员会副主席；增选邓颖超、胡耀邦、王震为中央政治局委员；增补黄克诚等九人为中央委员；选举了以陈云为第一书记的中央纪律检查委员会。虽然华国锋仍担任党中央主席，但就体现党的正确指导思想和决定现代化建设的重大方针政策来说，邓小平实际上已成为中央领导集体的核心。

这次全会取得了一系列具有历史意义的伟大成果：彻底否定了"两个凡是"方针，恢复和重新确立了解放思想、实事求是的指导思想，实现了思想路线的拨乱反正，这是一切拨乱反正的先导；停止使用"以阶级斗争为纲"的口号，作出工作重点转移的决策，实现了政治路线的拨乱反正；形成了以邓小平为核心的中央领导集体，取得了组织路线拨乱反正的最重

---

[1]《邓小平文选》第二卷，人民出版社1994年版，第150页。

要成果；恢复了党的民主集中制的优良传统，提出了使民主制度化、法律化的重要任务；审查和解决了历史上遗留的一批重大问题和一些重要领导人的功过是非问题，开始了系统清理重大历史是非的拨乱反正；提出了正确对待毛泽东的历史地位和毛泽东思想的科学体系的方针，从而为既纠正毛泽东晚年的错误又能正确坚持和发展毛泽东思想指明了方向；根据我国的历史经验和现实需要以及世界发展的趋势，作出了实行改革开放的新决策，开始了中国从阶级斗争为纲到以经济建设为中心、从僵化到改革、从封闭到开放的历史性转变；在作出一系列加强农业的措施的同时，强调必须关心农民的物质利益，保障农民的民主权利，从而为启动农村改革提供了支持和保证。

  这些具有决定意义的重要成果，不但结束了粉碎"四人帮"后两年来党在徘徊中前进的局面，而且实现了党和国家历史性的伟大转折，开辟了中国发展的新道路。从此，我国进入了改革开放和社会主义现代化建设的新时期。

三 全面拨乱反正，清理重大历史是非

十一届三中全会结束后，全党立即在各个领域进行全面拨乱反正，其中主要是在思想、政治、经济和清理重大历史是非四个方面。

第一，坚持四项基本原则，澄清思想混乱。

十一届三中全会开过不久，按照党中央的部署，1979年1月18日至4月3日在北京召开了理论工作务虚会。会议先由中央宣传部和中国社会科学院联合召开，主要由在京的理论宣传单位的同志参加，然后再以中共中央名义召开，请各省、市、自治区的同志参加。胡耀邦在会议开始时宣布召开这次会议的目的：其一，要总结理论宣传战线的基本经验教训，把思想理论上的重大原则问题讨论清楚，统一到马克思列宁主义、毛泽东思想的基础上来；其二，要研究全党工作重心转移之后理论宣传工作的根本任务，把马克思列宁主义、毛泽东思想同新的实践密切结合起来。与会同志进一步批评了"两个凡是"的错误和思想僵化现象，认清了讨论真理标准问题的必要性；同时还针对一些长期以来被视为禁区而又认识混乱的重大理论问题，如"无产阶级专政下继续革命"、社会主义时期的主要矛盾和阶级斗争等展开了认真讨论。鉴于"无产阶级专政下继续革命"的口号含义不清，又同"文化大革命"中"夺走资派的权"的实践联系在一起，而"以阶级斗争为纲"已经造成了阶级斗争的人为的扩大化，因此，中央宣传部根据讨论中提出的意见，决定停止使用"无产阶级专政下继续革命"和"以阶级斗争为纲"等口号。

这时，社会上有极少数人利用党纠正"左"倾错误的机会，打着"民主自由""解放思想"的旗号，散布怀疑和否定共产党的领导、反对社会主义制度和毛泽东思想、主张资产阶级自由化的言论。一些人上街张贴大字报、大标语，耸人听闻地提出"反饥饿""要人权"的口号，矛头指向党的领导。一些地方出现了少数人闹事的现象，破坏了刚刚出现的安定团结和社会稳定。

邓小平及时洞察到这股资产阶级自由化思潮的严重危害性，1979年3月30日，他在理论务虚会上代表中共中央作了题为《坚持四项基本原则》的讲话，明确提出：我们要在中国实现四个现代化，必须在思想上政治上坚持四项基本原则：第一，必须坚持社会主义道路；第二，必须坚持人民民主专政；第三，必须坚持共产党的领导；第四，必须坚持马列主义、毛泽东思想。邓小平指出，这四项基本原则，是同十一届三中全会以来党中央实行的方针政策一致的。这篇讲话既是对资产阶级自由化思潮的有力批判，又是对党的十一届三中全会路线的进一步阐述。从此，四项基本原则同改革开放和现代化建设一起，构成了十一届三中全会路线的基本内容。

根据邓小平的这篇讲话，各地迅速进行了坚持四项基本原则的教育，很快击退了主张资产阶级自由化的思潮。

对十一届三中全会路线的干扰，既来自右的方面，也来自"左"的方面，而且更多是来自"左"的方面。为此，在击退了资产阶级自由化思潮后，1979年5月，首先从部队开始，全国各地陆续进行了关于真理标准讨论的补课，使这场讨论得到继续深入。在补课中，各地广大干部群众认真领会十一届三中全会精神，解放思想，破除僵化，进一步端正了思想路线。邓小平及时肯定了这一做法，并且指出这是基本建设，"不解决思想路线问题，不解放思想，正确的政治路线就制定不出来，制定了也贯彻不下去"。这次补课不但巩固了思想路线拨乱反正的成果，而且推动了解放思想和拨乱反正的深入，保证了十一届三中全会路线的正确贯彻。

第二，全面复查平反冤假错案，解决历史遗留问题。

十一届三中全会刚一结束，党中央就为彭德怀、陶铸公开平反，隆重举行了追悼大会。此后，中央又陆续为在"文化大革命"中遭受迫害的贺龙、乌兰夫、彭真、谭震林、罗瑞卿、陆定一、杨尚昆，还有在"文化大革命"前受到错误批判的习仲勋、黄克诚、邓子恢等一批老革命家进行了平反。1980年2月，党的十一届五中全会作出决定，为刘少奇平反昭雪，撤销八届十二中全会强加给刘少奇的一切罪名和所作出的错误决议，恢复刘少奇作为伟大的马克思主义者和无产阶级革命家、党和国家主要领导人之一的名誉，纠正了这一"文化大革命"中最大的冤案。在此前后，一大批曾惨遭迫害的党政军负责同志，一些蒙冤多年的党的早期领导人，如瞿秋白、李立三、张闻天等，先后得到平反昭雪；一批久经考验的老干部重新回到领导岗位；一些在"文化大革命"中被错误批判或遭受诬陷的党政军领导部门，如中宣部、文化部、解放军总政治部等也被恢复了名誉；一批曾在"文化大革命"中乃至"文化大革命"前产生过全国性重大影响的冤假错案，如"三家村""胡风反革命集团"案等，也先后得到平反昭雪。

1980年9月19日，中共中央专门发出通知，宣布对"文化大革命"中在中央、地方以及军队的报刊、文电上被错误点名批判的同志，一律平反，强加给他们的诬蔑不实之词统统予以推倒。

在中央的要求和督促下，各地和各部门也加快了对冤假错案的复查和平反。1979年1月，中央纪律检查委员会第一次全体会议曾特别提出：要坚持实事求是，有错必纠。冤案、错案、假案一经发现，就要坚决纠正。一切不实之词，一切不正确的结论，一切错误的处理，不论是什么时候、什么情况下做出的，不论是哪一级组织、哪个领导人批准的，都要纠正过来。有错必纠是一条原则，有错不纠是没有党性的表现。会议要求各级纪律检查委员会要抓紧处理积压的案件，首先抓紧做好冤假错案的平反和错划右派的改正工作。按照中纪委的要求，各地和各部门的党组织排除干扰，努力工作。到1980年6月，全国共有54万多名错划右派得到了改正，被落实政策，得到妥善安置，其中包括一批著名的党外民主人士、一大批长期受打击的知识分子。一些在"文化大革命"中曾因同林彪、"四人帮"进行英勇斗争而惨遭杀害的普通共产党员如张志新、史云峰等人，也得到平反昭雪。到1982年年底，大规模的平反工作基本结束。据不完全统计，全国共平反纠正了约300万名干部的冤假错案，数以千万计的受牵连的干部和群众得到了解脱。

在大规模平反冤假错案的同时，党中央对一些历史遗留问题也进行了实事求是的处理。1979年1月11日，中共中央作出《中共中央关于地主、富农分子摘帽问题和地、富子女成分问题的决定》，宣布对多年来遵纪守法的地主富农分子以及反革命分子、坏分子，一律摘掉帽子，给予农村人民公社社员待遇。地主、富农家庭出身的子女，他们本人的成分和家庭出身，一律为公社社员，不得歧视。这一决定使至少2000万人结束了政治上被歧视的处境，开始了新的生活。同年11月12日，中共中央批转了中央统战部等六部门《关于把原工商业者中的劳动者区别出来问题的请示报告》。根据这一文件，全国共有70多万名小商、小贩、小手工业者及其他劳动者被从原资产阶级工商业者中区别出来，恢复了劳动者成分。此外，党中央还认真检查和纠正了民族、宗教等工作中的"左"的错误，落实了党的各项政策。

根据广大人民的意志，1980年11月20日至翌年1月25日，最高人民法院特别法庭对林彪、江青两个反革命集团的十名主犯进行了公开审判，伸张了正义，恢复了社会主义法制的尊严。各地方的人民法院也陆续对江青反革命集团的其他余党进行了审判。

经过上述工作，党的实事求是的传统和党在人民中的威信得到了恢复，从而为全党和全国人民同心同德地投身于社会主义现代化建设创造了条件。

第三，实行"调整、改革、整顿、提高"的八字方针。

鉴于国民经济中一些重大比例关系严重失调的状况，十一届三中全会结束后，党中央和国务院立即着手对国民经济进行调整。与20世纪60年代的经济调整不同，这次调整除纠正严重失调的国民经济比例关系外，更着重于纠正经济建设指导思想上的"左"的错误，树立实事求是的指导方针。实际是在经济领域进行拨乱反正。

1979年3月，在讨论经济调整问题的中央政治局会议上，陈云首先讲到，我们搞四个现代化，建设社会主义强国，要"讲实事求是，先要把'实事'搞清楚。这个问题不搞清楚，什么事情也搞不好"[1]。邓小平也讲到，过去提"以粮为纲""以钢为纲"，是到该总结的时候了。4月，中共中央召开工作会议，正式通过了对国民经济实行"调整、改革、整顿、提高"的八字方针，即：坚决地、逐步地把各方面严重失调的比例关系基本上调整过来；积极而又稳妥地改革工业管理和经济管理体制；整顿好现有企业，建立健全良好的生产秩序和工作秩序；大大提高管理水平和技术水平，更好地按客观经济规律办事。李先念在会上讲话时阐明了这次调整的指导思想，指出：经济调整工作，要考虑到我们是一个有九亿多人口的大国，其中80%以上是农民。这是我们规划建设蓝图时必须考虑的基本出发点。从自己国家的实际出发，走出一条在社会主义制度下实现现代化的中国式的道路，这就是我们这次调整的指导思想。

会后，调整工作全面开始。首先是加强农业，理顺农业与工业的关系。根据党中央的建议，国务院陆续颁布了一系列加快恢复和发展农业生产的政策措施，包括绝对不许征购过头粮、缩小工农业产品的差价、提高主要农副产品的收购价格等。1979年9月，党的十一届四中全会正式通过《中共中央关于加快农业发展若干问题的决定》，其中的25项政策规定充

---

[1]《陈云文选》第三卷，人民出版社1995年版，第250页。

分体现了从实际出发、按照群众利益办事、尊重和保护农民民主权利的精神。这些政策措施极大地调动了广大农民的积极性，促进了农业生产的恢复和发展，也为人们进一步解放思想、进行农村改革创造了条件。

在其他方面的调整中，党中央针对"左"的思想阻力和急于求成的习惯心理，做了大量艰苦细致的工作。1980年12月，中共中央召开工作会议，对中华人民共和国成立以来经济建设的经验教训和比例失调的根本原因进行了深刻分析，陈云明确指出："开国以来经济建设方面的主要错误是'左'的错误。一九五七年以前一般情况比较好些，一九五八年以后'左'的错误就严重起来了。这是主体方面的错误。""错误的主要来源是'左'的指导思想。"[1] 邓小平也指出：由于第一个五年计划以后长期急于求成，我们的经济一直存在着比例严重失调的问题，加上"文化大革命"十年破坏，以及粉碎"四人帮"后头两年对情况没有摸清，造成了经济发展各方面的不平衡局面。改变这种局面，是同十一届三中全会纠正"左"倾错误、一切从实际出发的总方针完全一致的。这次会议比较彻底地清理了经济工作中的"左"的错误，进一步统一了全党的思想认识。会后，调整方针得到了切实贯彻。到1981年年底，各项主要经济比例关系趋于协调，国民经济一度面临的困难局面有了根本改变。更为重要的是，通过经济调整，全党对"左"的指导思想和经济体制中的弊端有了更加清醒的认识。在此基础上，国务院提出了新的经济发展指导方针，这就是：切实改变长期以来在"左"的思想指导下的一套老的做法，真正从我国实际情况出发，走出一条速度比较实在、经济效益比较好、人民可以得到更多实惠的新路子。这是经济领域拨乱反正的最重要的成果。

第四，解决中华人民共和国成立以来的重大历史是非。

完成这个任务的关键，在于必须彻底打破属于现代迷信的个人崇拜的

---

[1]《陈云文选》第三卷，人民出版社1995年版，第281—282页。

束缚，既要如实地指出并纠正毛泽东晚年的错误，又要正确维护毛泽东的历史地位，坚持毛泽东思想。只有解决好这个问题，才能对中华人民共和国成立后的历史作出科学总结。1979年9月，党的十一届四中全会通过的叶剑英代表中共中央在庆祝中华人民共和国成立三十周年大会上的讲话，对党在中华人民共和国成立后三十年的历史作了初步总结，为解决好这个问题做了准备。

此后不久，党中央便开始起草《关于建国以来党的若干历史问题的决议》。邓小平主持和指导了这项工作。1980年3月，他就《关于建国以来党的若干历史问题决议》的起草提出了三条指导原则：（1）确立毛泽东同志的历史地位，坚持和发展毛泽东思想，这是最核心的一条；（2）对中华人民共和国成立三十年来历史上的大事，要进行实事求是的分析，包括一些负责同志的功过是非，要做出公正的评价；（3）这个总结宜粗不宜细，总结过去是为了引导大家团结一致向前看。在决议起草过程中，邓小平还针对在对待毛泽东和毛泽东思想问题上的错误认识多次强调：对毛泽东的功过的评价要实事求是、恰如其分。毛泽东思想这个旗帜丢不得，丢掉了这个旗帜，实际上就否定了我们党的光辉历史。在邓小平的指导下，《关于建国以来党的若干历史问题的决议》草稿经过反复修改和讨论，充分吸收大家意见，集思广益，终于使多数人的意见逐步统一起来，实现了起草《关于建国以来党的若干历史问题的决议》的目的。

在讨论《关于建国以来党的若干历史问题的决议》时，很多同志还对华国锋所犯的"两个凡是"错误及其他错误提出了批评，并认为他不再适合担任中共中央主席、中央军委主席的职务。华国锋本人也提出了辞去领导职务的请求。

在此基础上，1981年6月，党的十一届六中全会审议通过了《关于建国以来党的若干历史问题的决议》。这个决议对中华人民共和国成立32年来的重大历史问题做出了正确的结论，清理和纠正了"左"的错误；对

"文化大革命"做出了彻底否定的结论,指出它是"一场由领导者错误发动,被反革命集团利用,给党、国家和各族人民带来严重灾难的内乱";对毛泽东的功过作出了实事求是、恰如其分的评价;对毛泽东思想作了充分阐述,庄严宣告:毛泽东思想是我们党的宝贵的精神财富,它将长期指导我们的行动。《关于建国以来党的若干历史问题的决议》还指出,1978年12月召开的党的十一届三中全会是中华人民共和国成立以来我党历史上具有深远意义的伟大转折,并对十一届三中全会以来党重新探索的适合中国情况的社会主义建设道路作了初步总结。全会同意了华国锋辞去中共中央主席和中央军委主席职务的请求,并对中央主要领导成员进行了改选和增选:胡耀邦当选为中央委员会主席,邓小平为中央军事委员会主席。中央政治局常务委员会由胡耀邦、叶剑英、邓小平、赵紫阳、李先念、陈云、华国锋组成。

《关于建国以来党的若干历史问题的决议》的通过,标志着党在指导思想上拨乱反正的任务已经胜利完成。此后,全党又继续努力,胜利完成了各个领域拨乱反正的历史任务。

在认真清理和纠正"左"倾错误的同时,党的自身建设也得到加强。十一届三中全会后不久,各省、市、自治区和各部门的党委很快成立了纪律检查委员会。根据中央纪律检查委员会的要求,各级纪委都把维护党规党法、切实搞好党风作为根本任务。1980年2月,党的十一届五中全会通过了《关于党内政治生活的若干准则》,为加强党的建设提供了重要法规。全会还决定重新设立中共中央书记处,选举胡耀邦为中央书记处总书记,加强了党的集体领导。1980年11月,陈云提出了"执政党的党风问题是有关党的生死存亡的问题"的著名论断,进一步引起了全党对党的建设的重视。

经过几年来在党的历史上前所未有的全面拨乱反正,十年"文化大革命"和长期"左"倾错误造成的灾难性后果,终于得到基本消除,党和国家又重新呈现出生机勃勃、充满活力的面貌：在思想上摆脱了长期存在的教条主义和个人崇拜的严重束缚，重新确立了实事求是的思想路线；结束了长时期的社会动乱，实现了安定团结的政治局面；党和国家的各级领导根据广大人民的意愿和利益进行了调整、整顿，得到了巩固和加强；国民经济经过贯彻"调整、改革、整顿、提高"的八字方针，已经渡过了最困难的时期，走上了稳步发展的健康轨道；教育科学文化工作也都扭转了混乱局面，走上正轨并得到一定发展，呈现出初步的繁荣景象；党同知识分子的关系，工人、农民和知识分子的团结，都得到了很大改善；党在领导拨乱反正中逐步恢复了优良传统，经受了考验和锻炼，更加成熟和坚强；人民军队也在新的历史条件下加强了现代化、正规化建设，提高了军政素质。所有这一切，都使党和国家实现了历史性的伟大转变，具备了在历史新时期开辟中国社会主义建设新道路、进行现代化建设新长征的坚实基础。

四　改革开放起步

在全面开展拨乱反正的同时，改革开放也在十一届三中全会后开始起步，并先后在农村改革、搞活企业和城市经济、对外开放、党和国家的领导制度四个方面打破了旧的体制，取得明显效果。

农村改革首先获得成功。走在农村改革前列的，是率先在农村政策上进行拨乱反正的安徽和四川两省。

早在 1978 年秋，面对百年不遇的特大旱灾，中共安徽省委就作出了把土地借给农民耕种、不向农民征统购粮的大胆决策。这一决策不但有效调动了全省农民的生产积极性，战胜了特大旱灾，而且还直接诱发了一些地区的农民索性干起了包产到户。安徽省委对农民的尝试没有阻止，而是鼓励干部群众坚持以实践为标准，大胆探索。这年冬天，安徽凤阳县梨园公社小岗村的 18 户农民又采取了更为大胆的举动，他们冒着坐牢的风险，订了秘密协定，把土地分到各户，规定在完成国家和集体的上缴任务后，剩余多少全归个人。小岗人没有意识到，他们的这种包干到户的尝试，不仅将使他们自己彻底告别贫困，而且还开启了全国农村改革大潮的闸门，成为日后风靡全国的家庭联产承包制的开端。他们所担心的种种风险，也随着十一届三中全会的召开和党的解放思想、实事求是指导方针的确立而一一化解。包产到户，不可能再像过去那样被扼杀了。

就在安徽酝酿实行包产到户、包干到户的同时，四川省的农民也在省委领导的支持下向"一大二公"的人民公社体制发起挑战。从 1978 年春开始，全省不少地方就搞起了包产到组的农业生产责任制。十一届三中全会以后，随着广大干部群众的思想不断解放，包产到组或包产到户的范围迅速扩大，并立即收到明显效果，原有的人民公社领导体制显得越来越不适应。在这种形势下，四川广汉县向阳公社于1980年率先对人民公社的政社合一体制进行改革，撤销人民公社，恢复建立乡政府，成立了乡农工商联合总公司。中共四川省委立即对这一有利于促进生产发展的改革给予支持，并逐步进行推广。

在安徽和四川两省的影响下，贵州、云南、甘肃、广东、内蒙古、湖北等省区的一些地方也先后实行了不同形式的农业生产责任制，并都在十一届三中全会后得到迅速发展。尤其是包产到户的做法，最受农民欢迎，要求推广的呼声也最强烈。但是，这种改革势头遇到了"左"的思想和传统心理的极大阻碍，一些人对包产到户议论纷纷或心有余悸。在这个关键时刻，又是邓小平给予了及时而有力的支持。1980年4月和5月，他就农村政策问题两次同中央负责同志谈话，提出对农村政策要继续放宽，土地承包给个人不会影响我们制度的社会主义性质，并肯定了安徽肥西县和凤阳县的包产到户和包干到户的做法，指出这样做不会影响集体经济，"关键是发展生产力"。邓小平的谈话传达后，一些人的僵化观念、疑惧心理逐渐被扫除，包产到户和包干到户的试验得到有力推动。

与此同时，党中央也积极鼓励广大农民对各种形式的生产责任制进行探索，不设禁区，也不匆忙做定论，而是让广大农民大胆实践，让实践来回答人们的疑问。1980年9月，中共中央在《关于进一步加强和完善农业生产责任制的几个问题》的文件中，明确肯定了十一届三中全会以来各地建立的各种形式的农业生产责任制，要求在不同的地方、不同的社队，要根据实际情况，采取各种不同形式，不可拘泥于一种模式。同时第一次打破了多年来把包产到户等同于分田单干、等同于资本主义的观念，特别指出：根据群众的要求，可以包产到户，也可以包干到户。在生产队领导下实行的包产到户是依存于社会主义制度的，不会脱离社会主义轨道，没有什么复辟资本主义的危险，因而并不可怕。这是党在农村政策上的重要突破，使广大农民受到了鼓舞。

实践的结果很快就为农民的改革探索作出了结论。由于包产到户和包干到户这种家庭联产承包的形式实行起来最简便，增产效果最明显，因而最受群众欢迎。据此，1982年1月1日，中共中央在当年发布的一号文件（《全国农村工作会议纪要》）中明确指出：目前实行的各种责任制，包括小的包工定额计酬，专业承包联产计酬，联产到劳，包产到户、到组，包干到户、到组，等等，都是社会主义集体经济的生产责任制。这是党中央对包产到户和包干到户的性质第一次作出明确肯定。从此，全国农村的广大干部群众彻底甩掉了"包产到户不是社会主义"的"紧箍咒"。"双包"责任制迅速在全国农村推广开来，并且都取得了出乎意料的好效果。到1982年6月，全国农村实行"双包"责任制的生产队已经达到71.9%，其中实行包干到户的占总数的67%，包干到户已经成为农业生产责任制的主要形式。

1982年，我国农业取得大丰收，其中粮食的产量比上年增加2948万吨，这是多年来少有的。"双包"责任制的威力已经毋庸置疑了。1983年1月，中共中央在当年下发的一号文件《当前农村经济政策的若干问题》中，把"双包"责任制统称为家庭联产承包责任制，并给予了高度评价，指出这是"在党的领导下我国农民的伟大创造，是马克思主义农业合作化理论在我国实践中的新发展"。文件还为进一步推动和引导农村改革规定了一系列政策，其中明确提出：要改革人民公社体制，实行联产承包责任制，实行政社分设。此后，家庭联产承包制很快在全国普及，撤销人民公社、实行政社分设的改革也逐步展开，长久被压抑的农村生产力得到迅速解放。我国沿用了二十多年的计划经济的传统模式，首先被农村改革成功地突破了。

城市经济体制改革也开始试点。首先是扩大企业自主权。早在1978年10月，中共四川省委就在该省选择了宁江机床厂、重庆钢铁公司、成都无缝钢管厂、四川化工厂、新都县氮肥厂、南充丝绸厂六个企业，开始进行扩大自主权的试点。同年底，党的十一届三中全会提出："现在我国经济管理体制的一个严重缺点是权力过于集中，应该有领导地大胆下放，让地方和工农业企业在国家统一计划的指导下有更多的经营管理自主权。"[1]根据这一精神，1979年2月，四川省委决定把扩权试点的范围进一步扩大到100家企业，同时根据六个企业的试点情况制定了十四条具体办法。其中规定：试点企业在完成国家计划的前提下，可以生产市场需要的产品，或承接来料加工；可以在全面完成国家计划的情况下，实行利润留成和提取企业基金；可以根据企业需要提拔中层干部，不需经上级批准；可以销售商业部门不收购的产品和试销新产品；等等。这些办法使企业拥有了一定的经营自主权。经过几个月的实践，这项改革很快有了成效。到1979年8月，参加试点的企业的产值和实现利润分别比上年同期增长了14.1%和21.8%，企业和职工的积极性也比过去明显提高。

继四川的扩权试点之后，1979年4月，国家经济委员会又决定在北京、天津、上海选择首都钢铁公司、天津自行车厂、上海柴油机厂等八个企业进行扩权试点，允许他们在完成国家计划的前提下，可以根据市场需要安排生产，并在人、财、物方面拥有相应的自主权。在这些单位的带动下，许多地方和部门也纷纷效仿，进行改革试点。为了加强领导，1979年7月，国务院发出了《关于扩大国营工业企业经营管理自主权的若干规定》等五个文件，对扩权企业进行指导。到1980年6月，全国进行试点的企业已发展到6600个。通过试点，初步改变了企业只按国家指令性计划生产、不了解市场需要、不关心产品销路、不关心赢利亏损的状况，增强了企业的经营观念和市场观念，促进了生产发展。

---

[1]《中国共产党第十一届中央委员会第三次全体会议公报》，《人民日报》1978年12月24日第1版。

随着企业扩权试点的发展和农村广泛实行生产责任制的影响，一些企业也开始采用经济责任制的办法，围绕国家与企业、企业与职工之间的责、权、利关系，贯彻联产承包、按劳分配的原则，克服企业之间和企业内部吃"大锅饭"的现象。1981年10月，国务院颁布了《关于实行工业企业生产责任制若干问题的意见》，要求各工业企业研究执行。文件下达后，经济责任制很快在工业企业中推广，并涌现出一批先进企业，取得了初步经验。如第一批进行扩权试点的首都钢铁公司，从1981年起，在国务院和北京市政府的支持下，改变国家与企业之间利润分成的办法，实行利润定额包干，全年上缴利润2.7亿元，超过部分全部留给企业。1982年，又确定以2.7亿元为基数，每年上缴利润递增6%，包死基数，确保上缴，超包全留，歉收自补，国家不再投资；企业内部则实行全员承包，责、权、利到人。到1983年，全国绝大多数国有工业企业和商业企业都实行了经济责任制。与此相适应，一些企业还开始试行厂长负责制。

根据十一届三中全会确定的改革、开放、搞活的方针，党中央和国务院还对我国的所有制结构进行了调整，改变了单一的经济形式。1980年8月，为解决多年来积压的大批待业青年的就业问题，中共中央专门召开全国劳动就业工作会议，制定了"解放思想，放宽政策，发展生产，广开就业门路"的方针。根据这一方针，各级政府和部门对发展城镇集体和个体经济放宽了政策，鼓励和扶持待业人员组织起来就业或自谋职业。结果，不但逐步解决了待业青年的就业问题，而且还使我国的所有制结构开始得到改善。

对外开放迈出步伐。在新出现的所有制形式中，引人注目的是一批首次在中国出现的中外合资、中外合作企业。而更引人注目的，则是以吸引外资为主、外商直接投资办企业为主的经济特区的创办。这是十一届三中全会作出的对外开放决策的结果，也是邓小平最先提议、积极支持的结果。

1979年4月，在中共中央召开工作会议期间，邓小平听取了广东省委负责人关于在毗邻港澳的深圳、珠海和侨乡汕头开办出口加工区的建议，他当即表示：还是办特区好，过去陕甘宁就是特区嘛，中央没有钱，你们自己去搞，杀出一条血路来！中央工作会议讨论了这一重大问题，并提出在广东的深圳、珠海、汕头和福建的厦门划出一定的地区单独进行管理，作为华侨和港澳商人的投资场所。会后，中央和国务院立即组织有关部门前往广东、福建进行考察。7月15日，中央和国务院批转了广东和福建省委关于在对外经济活动中实行特殊政策和灵活措施的报告，决定对广东、福建两省的对外经济活动给以更多的自主权，充分发挥两省的优势，扩大对外贸易，把经济尽快搞上去。同时决定，先在深圳、珠海划出部分地区试办出口特区，待取得经验后，再考虑在汕头、厦门设置特区。这一重大决策使两省的对外经济活动很快呈现出蓬勃发展势头，特区也进入筹建阶段。1980年5月，中共中央正式决定将"出口特区"改名为"经济特区"，并要求在坚持四项基本原则和不损害主权的条件下，经济特区的管理可以采取与内地不同的体制和政策。特区主要实行市场调节。8月，全国人大常委会批准了在广东、福建的深圳、珠海、汕头、厦门设置经济特区的决定和《广东省经济特区条例》。经过一系列充分准备，从1980年下半年到1981年下半年，四个特区的建设先后全面启动。来自全国各地的建设大军陆续开赴这些僻静的边陲小镇、荒滩渔村，顿时引起祖国大陆和港澳同胞、海外侨胞的极大关注。

在特区建设者的艰苦努力下，经济特区的面貌迅速发生变化，尤其是先行一步的深圳，更是成就惊人。到1983年，深圳的工农业总产值比1978年增长了11倍，和外商签订了2500多个经济合作协议，成交额达18亿美元，引进设备2500多台。不过四年工夫，这个昔日只有十几家手工业作坊的荒凉小镇，就变成了高楼大厦矗立、基础设施完备的初具规模的现代化城市。这些新奇的变化，强烈吸引着外资的流入和外商的到来。同时，作为中国的一种新事物，设立经济特区也引起了一些人的疑虑和担忧，有人联想起旧中国的租界，对特区的性质产生了疑问或动摇。特别是

1982年发生了沿海走私和经济犯罪活动的干扰后，经济特区遇到了种种责难和攻击。在这个关键时刻，又是邓小平给予了及时而有力的支持。1984年1月24日至2月15日，邓小平先后视察了深圳、珠海、厦门和上海宝山钢铁总厂，并相继为深圳、珠海、厦门特区写下了热情肯定的题词。回到北京后，他专门就办好特区和增加开放沿海城市等问题同中央几位负责同志谈话，指出："我们建立经济特区，实行开放政策，有个指导思想要明确，就是不是收，而是放……特区是个窗口，是技术的窗口，管理的窗口，知识的窗口，也是对外政策的窗口……除现在的特区之外，可以考虑再开放几个港口城市，如大连、青岛。"[1] 根据邓小平的意见，中央书记处和国务院于1984年3月召开了沿海部分城市工作座谈会，5月，中央正式决定，再开放沿海十四个港口城市，即大连、秦皇岛、天津、烟台、青岛、连云港、南通、上海、宁波、温州、福州、广州、湛江、北海。

在种种阻力面前，党的对外开放方针没有动摇，特区建设没有停步，新的对外开放的格局正开始形成。

在经济体制改革逐步展开的同时，政治体制改革也提上日程。对这个问题，阐述的最早、最全面的是邓小平。在1980年8月的中央政治局扩大会议上，邓小平发表了《党和国家领导制度的改革》的重要讲话，深刻分析了党和国家领导制度中的主要弊端，充分论证了政治体制改革的必要性，明确了改革方向。他指出：从党和国家的领导制度、干部制度方面来说，主要的弊端就是官僚主义现象、权力过分集中的现象、家长制现象、干部领导职务终身制现象和形形色色的特权现象。我们过去发生的各种错误，固然与某些领导人的思想、作风有关，但组织制度、工作制度方面的问题更重要，更带有根本性、全局性、稳定性和长期性，关系到党和国家是否改变颜色，必须引起全党的高度重视。只有对这些弊端进行有计

---

[1]《邓小平文选》第三卷，人民出版社1993年版，第51—52页。

划、有步骤而又坚决彻底的改革，人民才会信任我们的领导，才会信任党和社会主义，我们的事业才有无限的希望。这些弊端多少都带有封建主义色彩，因此现在应该明确提出继续肃清思想政治方面的封建主义残余影响的任务，并在制度上做一系列切实的改革。改革的目的，是为了适应社会主义现代化建设的需要，为了适应党和国家政治生活民主化的需要，为了充分发挥社会主义制度的优越性，加速现代化建设事业的发展。为此，应努力实现三个方面的要求：一、经济上迅速发展社会生产力；二、政治上充分发扬人民民主，保证全体人民真正享有通过各种有效形式管理国家，特别是管理基层地方政权和各项企业事业的权力；三、为了实现以上两方面的要求，组织上要大量培养、发现、提拔、使用坚持四项基本原则的、比较年轻的、有专业知识的社会主义现代化建设人才。同时，邓小平还为党的干部队伍建设提出了革命化、年轻化、知识化、专业化的要求，这个"四化"要求后来成为全党培养和选拔接班人的标准。

8月31日，中央政治局高度评价了这篇讲话。它实际上成为我国政治体制改革的纲领。按照中央部署，我国的政治体制改革逐步展开，并首先在克服权力过分集中、废除实际存在的领导职务终身制、实现干部队伍年轻化等方面取得了明显进展。在解决这些问题和发现、培养接班人方面，邓小平、陈云等老一辈革命家不仅高度重视、反复呼吁，而且身体力行，为全党作出了表率。

1980年，在五届全国人大三次会议上，邓小平、陈云、李先念、徐向前、聂荣臻、刘伯承等一批老同志主动辞去了自己所兼任的国务院副总理或全国人大常委会副委员长的职务。1981年，在党的十一届六中全会上，邓小平主动表示自己将不再担任中共中央主席，而是推荐比自己年轻的同志来担任。1982年2月，党中央作出《中共中央关于建立老干部退休制度的决定》，7月，党中央决定设立顾问委员会，作为废除领导职务终身制的过渡办法。同时，一批年富力强的同志相继走上党中央和国务院的领导岗位。

第七章
"建设有中国特色的社会主义"

经过全面拨乱反正和改革开放的初步探索，党不仅正确总结了新中国成立以来的历史经验，而且也初步取得了对社会主义道路进行重新探索的新鲜经验。1982年9月，邓小平在党的十二大上致开幕词时，第一次提出"建设有中国特色的社会主义"的重大命题，强调"走自己的道路，建设有中国特色的社会主义"。从此，建设有中国特色的社会主义成为我国改革开放和社会主义现代化建设的伟大旗帜。

站起来 富起来 强起来

一 改革开放全面展开

经过全面拨乱反正和改革开放的初步探索,党不仅正确地总结了中华人民共和国成立以来的历史经验,而且也初步地取得了对社会主义道路进行重新探索的新鲜经验,开始找到适合中国情况的社会主义建设道路。这时的党已经可以在新的基础上,总结新经验、提出新任务、开创社会主义现代化建设的新局面了。

在这一形势下,1982年9月1日到11日,中国共产党第十二次全国代表大会在北京召开。出席大会的正式代表1545人,候补代表145人,代表着中国共产党3900多万党员。邓小平在大会上致开幕词时,第一次提出了"建设有中国特色的社会主义"的崭新命题。他说:"我们的现代化建设,必须从中国的实际出发。无论是革命还是建设,都要注意学习和借鉴外国经验。但是,照抄照搬别国经验、别国模式,从来不能得到成功。这方面我们有过不少教训。把马克思主义的普遍真理同我国的具体实际结合起来,走自己的道路,建设有中国特色的社会主义,这就是我们总结长期历史经验得出的基本结论。"[1] 这是邓小平对党在十一届三中全会以来开辟的新道路、创建的新理论的准确概括。从此,建设有中国特色社会主义,就成为我国改革开放和社会主义现代化建设的根本指导思想。

胡耀邦代表中央在大会上作了《全面开创社会主义现代化建设的新

---

[1]《邓小平文选》第三卷,人民出版社1993年版,第2—3页。

局面》的报告。大会通过的这个报告总结了十一届三中全会以来的历史性伟大转变,提出了党在新时期的总任务:团结全国各族人民,自力更生,艰苦奋斗,逐步实现工业、农业、国防和科学技术的现代化,把我国建设成为高度文明、高度民主的社会主义国家。根据总任务的要求,从这次代表大会到下次代表大会的五年间,我们要大力推进社会主义物质文明和精神文明建设,继续健全社会主义民主和法制,认真整顿党的作风和组织,争取实现国家财政经济状况的根本好转,实现社会风气的根本好转,实现党风的根本好转。同时,要努力促进祖国统一的大业,继续为反对帝国主义、霸权主义和维护世界和平而斗争。在开创新局面的各项任务中,首要的是经济建设。报告提出,到20世纪末,我国经济建设的总的奋斗目标是:在不断提高经济效益的前提下,力争使全国工农业的年总产值翻两番,即由1980年的7100亿元增加到2000年的28000亿元左右,使人民的物质文化生活达到小康水平。在到20世纪末的二十年内,一定要牢牢抓住农业、能源和交通、教育和科学这几个根本环节,把它们作为经济发展的重点。为此,在部署上要分两步走:前十年主要是打好基础、积蓄力量、创造条件,后十年要进入一个新的经济振兴时期。这是党中央全面分析了我国经济情况和发展趋势之后作出的重要决策。

大会通过了新的《中国共产党章程》。根据新党章规定,大会选出了第十二届中央委员会和中央顾问委员会、中央纪律检查委员会。9月12日至13日,中共十二届一中全会选举胡耀邦、叶剑英、邓小平、赵紫阳、李先念、陈云为中央政治局常委;胡耀邦为中央委员会总书记;万里等十一人为中央书记处书记和候补书记。全会决定,邓小平为中央军事委员会主席,叶剑英等四人为副主席。9月13日,中共中央顾问委员会第一次全体会议选举邓小平为中央顾问委员会主任;同日,中央纪律检查委员会全体会议选举陈云为第一书记。

党的十二大完成了预定任务,制定了开创社会主义现代化建设新局面的奋斗纲领，从而把改革开放和社会主义现代化建设的进程推向了新的发展阶段。

党的十二大以后，改革开放进入全面展开阶段。根据改革和建设事业迅速发展的需要，党主要在以下几方面开展了大量工作：召开十二届三中全会，制定关于经济体制改革的决定；开展以城市为重点的经济体制全面改革；把农村改革继续引向深入；同时加强社会主义精神文明建设；适应改革开放的新形势，推进各项建设事业，召开党的十三大。

在农村改革的推动下，我国城市经济体制改革的试点也逐步扩大领域和范围：一是继续推行和完善企业内部的经济责任制，探索充分发挥职工积极性的具体制度和办法；二是从1983年开始，在国营企业逐步推行利改税的改革，将国营企业应当上交的收入，按国家设置的税种以向国家交税的方式上交，由"利税并存"逐步过渡到"以税代利"，税后利润归企业自己安排使用，把国家和企业的分配关系用税的形式固定下来，以解决企业吃国家"大锅饭"的问题；三是国务院先后选择了沙市、常州、重庆、武汉、沈阳、南京、大连等城市进行经济体制综合改革试点，要求这些城市加快步伐探索新的管理体制，并允许一些中心城市实行计划单列。这些改革措施较好地调动了企业和广大职工的积极性，但是也遇到不少困难和问题，其中最主要的是同传统的计划经济体制发生的矛盾和冲突。形势要求党必须进一步解放思想，摆脱传统观念束缚，为加快改革步伐提供新的理论指导和政策支持。

这一时期，国际形势也出现了日益明显的新的发展趋向。一个趋向是世界上要求和平反对战争力量的增长正在超过战争力量的增长。面对这种趋势，党在十一届三中全会以后逐渐作出了在较长时间内世界战争有可能避免、世界和平有希望维护的判断。1985年3月，邓小平提出了和平与发展是当代世界的两大问题的新论断。与此相应，党对外交政策也逐步进行了调整，改善和发展了中国的对外关系，为我国的改革开放和现代化建设创造了有利的国际环境。另一个引起人们关注的趋向就是世界新技术革命的蓬勃发展，经济、科技在世界竞争中的作用日益突出。国际形势的发展既给我们提供了发展的机遇，同时也提出了新的挑战。这种挑战也要求我们必须加快改革步伐，以迎头赶上世界发展的大潮流。

面对改革开放需要加快的新形势，1984年10月20日，中共中央在北京举行十二届三中全会，讨论通过了《中共中央关于经济体制改革的决定》。这个决定突破了把计划经济同商品经济对立起来的传统观点，明确提出我国社会主义经济是"公有制基础上的有计划的商品经济"，强调"商品经济的充分发展，是社会经济发展的不可逾越的阶段，是实现我国经济现代化的必要条件"。这一社会主义经济理论上的重大突破为我国经济体制的全面改革指明了发展方向，提供了新的理论指导。根据这个理论，《中共中央关于经济体制改革的决定》指出：改革的基本任务，是建立起具有中国特色的、充满生机的社会主义有计划商品经济体制。首先要把增强企业活力作为经济体制全面改革的中心环节，使企业真正成为相对独立的经济实体，成为自主经营、自负盈亏的社会主义商品生产者和经营者。《中共中央关于经济体制改革的决定》还规定了改革的各项基本方针政策，成为指导经济体制全面改革的纲领性文件。邓小平对这个文件给予了很高评价，他认为这"是马克思主义基本原理和中国社会主义实践相结合的政治经济学……解释了什么是社会主义，有些是我们老祖宗没有说过的话，有些新话""我们用自己的实践回答了新情况下出现的一些新问题"[1]。

这个文件的公布和实施，标志着我国原来的计划经济体制开始向有计划商品经济体制转变，实际也是向社会主义市场经济转变迈出的重要一步。

---

[1]《邓小平文选》第三卷，人民出版社1993年版，第83、91页。

一是在搞活企业方面，充分借鉴农村改革的成功经验，广泛推行承包经营责任制。即：企业向国家承包、上缴利润，超额完成承包任务后，企业可以留下部分利润，用以调动企业经营者和职工的生产积极性。到1987年，全国已有9270家国有大中型工业企业实行了多种形式的承包经营责任制，这些企业的生产经营面貌都发生了较大变化，提高了经济效益。如上海第二纺织机械厂1987年实行全员承包后，当年便实现利润24919万元，比1986年增长19.49%，全员劳动生产率增长18.83%，创机械行业同类指标的最高纪录。从1984年到1988年，承包经营责任制大幅度地促进了生产的发展，为搞活企业作出了阶段性的贡献。在这同时，小型企业则广泛采取了租赁制的改革措施，实行所有权与经营权的高度分离。到1986年12月，全国已有6万余家国有商店实行了租赁制。不过，这些承包制也逐渐暴露出一些缺陷，主要是由于产权不明和责权利关系不确定，容易引起企业的"短期行为"。为此，一些企业在扩大自主权、实行承包经营的基础上，又开始试行股份制，进行产权改革的尝试。1984年，新中国第一个股份公司——北京天桥百货股份有限公司——成立。几个月后，上海飞乐音响公司、上海豫园商场也试行股份制，向社会公开发行股票。其中飞乐音响的股票被美国纽约证券交易所作为中国第一张比较规范的股票样品摆进了陈列室。股份制的试行，不仅开辟了民间融资和吸引外资的渠道，而且也规范了投资各方的权利、义务，有效地转变了企业经营机制，对搞活国有大中型企业的积极作用已初见端倪。围绕搞活企业，在用工制度方面，国有企业招收新工人全部实行合同制；在分配制度方面，实行了多种形式的工资、奖金分配制度；在企业管理体制上，逐步推行厂长负责制和职工代表大会制，由厂长独立指挥生产，改变政企不分、以政代企的状况，对搞活企业的生产和经营起了积极作用。

二是适应发展有计划商品经济的要求，改变过去比较单一的所有制结构，积极培育社会主义市场体系。十二届三中全会后，集体经济、个体经济，以及中外合资、中外合作和外商独资的"三资"企业得到迅速发展。到 1987 年，全国城镇个体工商户已由 1978 年的 10 多万户发展到 500 多万户；已批准建立的"三资"企业有 8516 家，协议合同外资金额达 171.76 亿美元；在全国工业总产值中，1987 年同 1978 年相比，全民所有制企业产值所占比重由 77.6% 下降到 59.7%，集体所有制经济由 22.4% 上升到 34.6%，个体经济、私营经济、"三资"企业则由几乎为零上升到 5.6%。这种变化改善了我国的所有制结构，对于发展经济、方便人民生活起了积极的作用。

在培育社会主义市场体系方面，国家逐步进行了商业体制改革，梳理流通渠道。从 1984 年到 1987 年，国务院陆续改革了从中央到地方的商品批发体制，把供销社由官办的全民所有制改成民办的集体合作商业；积极发展多功能的贸易中心和批发交易市场；大量增设农贸市场、零售商店、服务网点，拓宽了流通渠道，活跃了城乡经济。1985 年，国务院对价格体系进行改革：对粮食棉花实行合同定购，其余农副产品价格逐步放开，实行市场调节；对重要生产资料，计划分配部分价格基本不动，企业自销部分则实行市场调节。由此出现了"双轨制"价格体系，即国家行政定价的平价商品和市场调节价格的议价商品两种价格形式，在有些情况下还有国家指导价作为补充形式。这是由计划经济向市场经济转轨中的过渡性价格形态，是我国改革中的一种特有现象。这种"双轨制"在一段时期对我国的市场发育和经济发展起了促进作用，但由于管理工作跟不上等原因也出现了一些弊病。

除此之外，国务院还进一步打破条块分割、地区封锁，推动不同形式、不同内容的横向经济联合。1986 年，先后建立了上海经济区和环渤海经济区，促进了商品流通和统一市场的形成。在培育市场体系的同时，国家逐步建立起以间接调控为主的宏观调节体系，相继对财税体制、金融体制、计划管理体制等开始进行改革，为整个经济体制的改革和完善做了有益探索。

三是进一步扩大对外开放。继 1984 年开放了 14 个沿海城市后，1985 年 1 月，中共中央和国务院决定再把长江三角洲、珠江三角洲和闽南厦（门）漳（州）泉（州）三角地区开辟为沿海经济开放区，继而再将辽东半岛、胶东半岛开辟为经济开放区，以加速沿海经济的发展，从而带动内地经济开发。至此，我国从南到北形成了由四个经济特区、十四个沿海开放城市、三个开放的三角洲和三角地区、两个开放的半岛构成的辽阔的开放地带，一个更加开放的格局展现出来。1987 年年底，国务院根据我国对外开放的新形势和世界产业结构调整提供的机遇，提出了实施沿海地区发展外向型经济的战略，即充分利用沿海地区劳动力资源丰富而且素质较好的优势，引进外资、先进技术和必要的原材料，大力发展劳动密集型产业以及劳动密集与知识密集型相结合的产业，为我国现代化建设积累资金，加快经济发展步伐。这一战略设想立即得到沿海各省的积极响应，促进了我国外向型经济的发展。1988 年年底，我国进出口贸易额占国内生产总值的比重，由 1978 年的 10.3% 提高到 27.3%，我国出口总额在世界上的位次，也由 1978 年的第 32 位上升到第 16 位。

在 1983 年全国已经普遍实行家庭联产承包制的基础上，1984 年 1 月 1 日，中共中央又发出第三个关于农村改革的"一号文件"（1984 年中央一号文件），要求将土地承包期一般延长到十五年以上，以鼓励农民增加投资、培养地力、实行集约经营。在稳定和完善生产责任制的基础上，提高生产水平、梳理流通渠道、发展商品生产。由于家庭联产承包制的普及和劳动效率的提高，使广大农民可以利用剩余劳力和资金去发展多种经营，从事商品生产。各种专业人才有了发挥专长的可能，一批有文化、有技术、有经营能力的专业户、重点户很快涌现出来。我国农村长期以来的自然经济状态开始向专业化、商品化和社会化的生产转变。面对这一形势，中共中央和国务院抓住时机，于 1985 年和 1986 年又发布两个关于农村改革的"一号文件",推动了农村改革的深入。其中1985年1月1日发出的《关于进一步活跃农村经济的十项政策》,提出了改革农产品统购派购制度,在国家计划指导下扩大市场调节、促进农村产业结构合理化的任务。以此为标志,我国农村开始了以改革农产品统购派购制度、调整产业结构为主要内容的第二步改革。从此,国家不再向农民下达农产品统购派购任务,而是按照不同情况,分别实行合同定购和市场收购,同时指导农村调整产业结构,继续贯彻决不放松粮食生产、积极发展多种经营的方针。1986年1月1日,中共中央和国务院在关于农村工作的部署中肯定了农村第二步改革的方针政策,要求继续深入改革,改善农业生产条件,推动农村经济持续稳定协调发展。

到1987年,农村经济新体制的框架初步显现出来,农村面貌又发生了新的变化。其中最引人注目的变化是乡镇企业异军突起。家庭联产承包制的推行和农村产业结构的调整,为大批劳动力从农业中解放出来并转向第二、第三产业提供了条件,于是,以集体经营为主并有个体、私人经营的乡镇企业迅速发展起来。1984年到1988年,乡镇企业平均每年增长50%以上,年平均吸纳农村剩余劳动力100万人以上。1987年,乡镇企业的产值达到4764亿元,已占农村社会总产值的50.4%。这是中国农村经济的一个历史性大变化,是中国农民的又一个伟大创造。乡镇企业的迅速崛起,极大地改变了农村的社会面貌,不但出现了许多"离土不离乡"的新型农民,而且还涌现出一批各具特色的乡镇企业模式和具有相当规模的新型城市,为农村剩余劳动力从土地上转移出来,为农村致富和逐步实现现代化、促进整个国民经济的改革和发展,开辟了一条新路。

在全面推进改革开放和经济建设的同时,社会主义精神文明建设也不断得到加强。建设社会主义国家,不但要有高度的物质文明,而且要有高度的精神文明。所谓精神文明,不但是指教育、科学、文化(这是完全必要的),而且是指共产主义的思想、理想、信念、道德、纪律、革命的立场和原则、人与人的同志式关系，等等。改革开放进入全面展开阶段后，邓小平多次及时地提出"两手抓"的方针，即：一手抓建设，一手抓法制；一手抓物质文明建设，一手抓精神文明建设。党的十二大提出了建设高度文明、高度民主的社会主义国家的奋斗目标。为此，党中央向各级党委和政府陆续提出了一系列加强思想政治工作的要求，并且在全社会开展了"五讲四美三热爱"（讲文明、讲礼貌、讲卫生、讲秩序、讲道德，心灵美、语言美、行为美、环境美，以及热爱祖国、热爱社会主义、热爱中国共产党）活动，进行了做"有理想、有道德、有文化、有纪律"的"四有"新人的教育。通过这些活动，曾在"文化大革命"中被严重败坏的社会风气得到极大改善，20世纪60年代的雷锋精神重新得到弘扬，一大批具有时代特点的英雄模范人物涌现出来，在全国产生了积极影响。

与此同时，在社会主义民主和法制建设方面，以1982年五届全国人大五次会议通过的新的《中华人民共和国宪法》为依据，逐步制定和完善了各项基本法律，普遍成立了村民委员会这一群众自治组织，扩大了人民民主，开展了依法严厉打击经济犯罪和刑事犯罪的斗争，在全社会广泛开展了普法教育，保障了改革开放和现代化建设的顺利进行。此外，党还克服了资产阶级自由化思潮的干扰，维护了安定团结的政治局面。

在领导改革开放和现代化建设的同时，党十分注意加强自身建设。根据1983年党的十二届二中全会的决定，从1983年10月到1987年春，全党分三期进行了整党，对文艺、新闻、理论、宣传等方面存在的错误倾向进行了初步整顿，对一些属于"精神污染"的问题进行了清理。经过这次整党和对错误倾向的批判，全党在思想、作风、纪律、组织四个方面有了进步，同时积累了一些在新形势下正确处理党内矛盾、加强党的建设的重要经验。

根据改革开放新形势和新任务的要求，1986年9月28日，中共十二届六中全会回顾和讨论了几年来精神文明建设的成就和面临的问题，通过了《中共中央关于社会主义精神文明建设指导方针的决议》。该决议从社会主义现代化建设总体布局的高度，明确了我国现阶段精神文明建设的战略地位、基本指导方针和根本任务，即：以经济建设为中心，坚定不移地进行经济体制改革，坚定不移地进行政治体制改革，坚定不移地加强精神文明建设，并且使这几方面互相配合、互相促进。这就是我国社会主义现代化建设的总体布局。我们的社会主义精神文明建设必须是推动社会主义现代化建设的精神文明建设，必须是促进全面改革和实行对外开放的精神文明建设，必须是坚持四项基本原则的精神文明建设，这就是我们的基本指导方针。社会主义精神文明建设的根本任务，是适应社会主义现代化建设的需要，培育有理想、有道德、有文化、有纪律的社会主义公民，提高整个中华民族的思想道德素质和科学文化素质。为了引起人们对资产阶级自由化思潮的警惕，该决议特别写上了反对资产阶级自由化的内容。邓小平在会上指出：自由化实际上是要把我们引导到资本主义道路。"搞自由化，就会破坏我们安定团结的政治局面。没有一个安定团结的政治局面，就不可能搞建设。"[1]

十二届六中全会使精神文明建设的方针、任务和各个重点得到进一步明确，但由于全党此时对这个重大问题还缺乏一致认识，精神文明建设相对滞后于物质文明建设的状况没有根本改观，这对以后产生了消极影响。

在经济体制改革全面开展的同时，其他领域的改革也相继迈出步伐。1985年3月，《中共中央关于科学技术体制改革的决定》公布实施。根据该决定要求，从同年4月开始，我国陆续开放了科技市场，允许流通环节中多种所有制共存，同时改革科技管理体制，促进科研与生产紧密结合。5月，中共中央、国务院批准实施促进科技振兴农业的"星火计划"，推动科学技术与农村经济紧密结合。1986年3月3日，王大珩、王淦昌

---

[1]《邓小平文选》第三卷，人民出版社1993年版，第182页。

等四位科学家上书中共中央，提出发展高技术的建议。邓小平很快在建议上批示：此事宜速作决断，不可推延。这一建议后来被称为"八六三计划"，该计划于11月得到中共中央、国务院的正式批准，开始启动实施。1985年5月，《中共中央关于教育体制改革的决定》颁布实施。通过改革，调动和发挥了地方和社会各界办教育的积极性，初步调整了中等教育结构，扩大了高等学校办学自主权，发展了成人教育，为教育事业的发展注入了活力。

随着国际形势的发展变化和我国外交工作新局面的出现，国防建设的重点也根据国家建设的大局进行了调整，实现了国防建设指导思想的战略性转变，即军队建设服从国家建设的大局，积极支援和参加国家的现代化建设。1985年6月，我国政府宣布减少军队员额100万。与此相应，军队改革也实施了一系列重大措施，使人民军队的建设进一步现代化、正规化。

与此同时，祖国的统一大业也有了实质性进展。自1981年9月叶剑英就台湾回归祖国、实现和平统一问题发表了九条方针后，1982年1月，邓小平将此概括为"一国两制"的构想。其后，中国政府首先将此构想应用于指导解决香港问题，即：中国政府必须于1997年收回香港；香港回归后，保留现有政治、经济制度不变，继续实行资本主义。经过多轮谈判，1984年12月19日，中英两国政府终于正式签署了关于香港问题的联合声明，宣布中国政府将于1997年7月1日对香港恢复行使主权。"一国两制"的构想得到了成功实践。

从1984年到1988年的五年间，在改革开放全面开展的推动下，我国的经济建设经历了一个加速发展的飞跃时期，展现出农业和工业、农村和城市、改革和发展相互促进的生动局面，国民经济和综合国力都上了一个台阶，从而为改革的深化和战胜可能遇到的困难奠定了必要的物质基础。

二　加快和深化改革开放

在改革开放取得全面进展、国家面貌发生深刻变化的形势下，1987年10月25日至11月1日，中国共产党第十三次全国代表大会在北京召开。出席大会的代表1936人，代表着全国4600多万党员。邓小平主持大会开幕式，赵紫阳代表第十二届中央委员会作题为《沿着有中国特色的社会主义道路前进》的报告。这次大会的中心任务是加快和深化改革，突出贡献是系统地阐述了社会主义初级阶段的理论，完整地概括了党在社会主义初级阶段的基本路线，对我国社会主义现代化建设作出战略安排，提出"三步走"战略目标。

正确认识我国社会当时所处的历史阶段，是建设有中国特色的社会主义的首要问题，是制定和执行正确路线和政策的根本依据。报告中第一次对社会主义初级阶段的科学内涵作了系统阐述，指出我国正处在社会主义的初级阶段。这个论断包括两层含义：第一，我国社会已经是社会主义社会，我们必须坚持而不能离开社会主义；第二，我国的社会主义社会还处在初级阶段，我们必须从这个实际出发，而不能超越这个阶段。我国社会主义的初级阶段，不是泛指任何国家进入社会主义都会经历的起始阶段，而是特指我国在生产力落后、商品经济不发达条件下建设社会主义必然要经历的特定阶段。我国从20世纪50年代生产资料私有制的社会主义改造基本完成，到社会主义现代化的基本实现，至少需要上百年时间，都属于社会主义初级阶段。在社会主义初级阶段，我们党的建设有中国特色的社会主义的基本路线是：领导和团结全国各族人民，以经济建设为中心，坚持四项基本原则，坚持改革开放，自力更生，艰苦创业，为把我国建设成为富强、民主、文明的社会主义现代化国家而奋斗。这条基本路线被简称为"一个中心、两个基本点"，即以经济建设为中心，坚持四项基本原则，坚持改革开放。坚持四项基本原则和坚持改革开放这两个基本点，相互贯通，相互依存，统一于建设有中国特色的社会主义的实践。从我国社会主义初级阶段的国情出发，并根据邓小平提出的设想，报告提出我国经济建设的战略部署大体分三步走：第一步，实现国民生产总值比1980年翻一番，解决人民的温饱问题；第二步，到20世纪末，使国民生产总值再增长一倍，人民生活达到小康水平；第三步，到21世纪中叶，人均国民生产总值达到中等发达国家水平，人民生活比较富裕，基本实现现代化。报告高度评价了十一届三中全会以来党在总结正反两方面经验和研究国际经验及世界形势的基础上，开始找到的建设有中国特色社会主义的道路，认为它是在党的历史上把马克思主义与我国实践相结合的两次历史性飞跃中的第二个历史性飞跃，由此开辟了中国社会主义建设的崭新阶段。报告还从指导思想、历史阶段、根本任务、发展动力、必要条件、总体布局、国际环境等方面勾画了建设有中国特色社会主义理论的轮廓。大会通过并批准了这个报告，从而进一步确立了十一届三中全会以来党开辟的建设有中国特色社会主义的新道路和新理论。

大会还对《中国共产党章程》的部分条文作了修正，选举产生了新的中央委员会、中央顾问委员会和中央纪律检查委员会。1987年11月2日，中共十三届一中全会选举产生了新一届中央政治局，赵紫阳、李鹏、乔石、胡启立、姚依林被选为中央政治局常委，赵紫阳为中央委员会总书记。全会决定邓小平为中央军事委员会主席，赵紫阳为第一副主席，杨尚昆为常务副主席。全会批准陈云为中央顾问委员会主任，乔石为中央纪律检查委员会书记。

第七章
"建设有中国特色的社会主义"

党的十三大以后，我国的改革开放步伐加快，开始向深层次发展。1988年2月，国务院批准了国家体改委制定的《关于一九八八年深化经济体制改革的总体方案》。这个方案提出了以落实和完善企业承包经营责任制、深化企业经营机制改革为重点的改革任务。[1]同月，国务院发布《全民所有制工业企业承包经营责任制暂行条例》，开始按照所有权和经营权分离的原则，以承包经营合同形式，确定国家与企业的责权利关系。同年4月召开的七届全国人大一次会议通过《中华人民共和国全民所有制工业企业法》，对"两权分离"的改革原则作了更为明确的规定，将企业的责、权、利用法律的形式确定下来，为企业承包经营责任制的改革提供了法律上的保障。这次人大会议通过的《宪法》修正案规定："国家允许私营经济在法律规定的范围内存在和发展，私营经济是社会主义公有制经济的补充。"私营经济的法律地位得到确认。

随着改革的推进，对外开放的步伐进一步加大。当时国内外形势都比较好，沿海地区抓住国际产业转移的有利时机，发挥劳务费用低、加工技术较高、对外交通便利的优势，开展加工出口贸易，积极走向国际市场，并按照国民经济发展需要，积极有效地举办外商投资企业，利用外商的资金、技术、信息和销售网络，加快经济发展。同年3月，国务院发出《关于沿海地区发展外向型经济的若干补充规定》，将沿海234个市县列入沿海经济开放区。至此，沿海开放地区扩大到293个市县、42.6万平方公里面积、2.2亿人口的范围。

1988年4月13日，七届全国人大一次会议通过了设立海南省和建立海南经济特区的决定。5月4日，国务院颁发了26号文件《国务院关于鼓励投资开发建设海南岛的规定》，对海南经济特区实行更加灵活的经济政

---

[1] 中共中央文献研究室编：《十三大以来重要文献选编》（上），人民出版社1991年版，第75页。

策，授予海南省人民政府更大的自主权。海南设省及把海南全岛设立为经济特区，体现了党中央加快改革开放的巨大魄力和坚定决心。

1988年，改革开放进入第十一个年头。这十一年，不仅"六五"计划（1981—1985年）全面和超额完成，"七五"计划（1986—1990年）也已顺利实施了三年。尤其是1984年到1988年的五年间，在全面改革的推动下，加上经济发展周期处于上升阶段，我国经济经历了一个快速发展的飞跃阶段，国家的经济实力和综合国力迈上了一个新台阶。五年间国民生产总值年均增长11.5%，创造的工业总产值达6万多亿元。居民货币收入由1983年的2639.1亿元增加到1988年的8898.7亿元，居民消费水平由289元增长到643元。城乡储蓄存款由892.5亿元增加到3801.5亿元。[1]

---

[1]《中国统计摘要（1989）》，中国统计出版社1989年版，第92、102页。

三　治理整顿与应对国内外政治风波的考验

党的十三大后，随着经济的迅速发展和经济体制改革的深化，一些深层次的矛盾和问题也逐步暴露出来，我国的改革开放和现代化建设事业先后遇到了来自国内和国外的一系列困难。面对这些困难的考验，党及时作出了治理整顿的决策，坚决平息了国内的政治风波，打破了西方国家的制裁，成功地实现了党中央领导集体向新一代的过渡，胜利地完成了治理整顿任务。

在1984年到1988年国民经济加速发展的同时，也出现了一些问题，暴露出一些矛盾。其中主要是：第一，社会总需求超过总供给的矛盾进一步扩大，形成投资需求和消费需求双膨胀的局面，由此导致了严重的通货膨胀，物价上涨过猛。1987年成为改革开放以来第二个物价上涨高峰年。第二，国民经济中结构性矛盾再度突出，农业重新成为国民经济中的薄弱环节。1986年和1987年，在工业继续保持高速增长的同时，农业增长速度放缓，粮食再次由净出口转为净进口。第三，经济秩序紊乱，国家管理和调控宏观经济的能力减弱。从20世纪80年代中期以后，生产、建设、流通领域均发生了不同程度的混乱现象。特别是在流通领域，混乱现象已非常严重。一些官商不分的公司利用价格双轨制，从流通中转手倒卖重要生产资料，牟取暴利，严重扰乱了经济秩序，引起人民群众强烈不满。

面对这些矛盾和问题，党的十三大后召开的中央工作会议，确定了稳定经济、深化改革的方针。进入1988年，一系列重大改革措施相继出台，其中影响最大的就是价格改革。这年8月，中共中央政治局召开第十次全体会议，讨论并通过了《关于价格、工资改革的初步方案》。会议决定将这个方案在党外人士和有关专家中继续征求意见。但始料未及的是，方案通过的消息一经传开，立即引起一场几乎波及各大中城市的凶猛的抢购风潮。这种情况充分反映了人民群众普遍存在的对物价上涨的恐惧心理和价格改革的艰巨性，同时也使上面提到的几个方面的矛盾更为尖锐。

为此，从8月底开始，党中央和国务院采取一系列措施治理经济环境，整顿经济秩序。9月26日至30日，中共中央召开十三届三中全会，批准了中央政治局提出的治理整顿的指导方针和政策措施。全会确定，在坚持改革开放总方向的前提下，把1989年和1990年两年改革和建设的重点突出地放到治理经济环境和整顿经济秩序上来，以扭转物价上涨幅度过大的态势，创造理顺价格的条件，使经济建设持续、稳步、健康地发展。赵紫阳代表中央政治局在会上阐述了中央关于治理整顿的方针和措施，提出治理整顿必须同加强和改善新旧体制转换时期的宏观调控结合起来，综合运用经济的、行政的、法律的和思想政治工作的手段进行宏观调控。会后，治理整顿工作逐步展开。

第一步的重点是压缩投资需求和消费需求，为过热的经济降温。为此，国务院采取了一系列措施，加强了对物价的调控和管理，适当调整银行储蓄利率，压缩社会集团购买力，压缩基本建设规模，清理整顿各类公司，制定国家产业政策作为调整产业结构的依据，等等。经过一年左右的治理整顿，取得了明显效果，一度过旺的社会需求得到有效控制，过高的工业生产速度明显回落，市场开始降温。1989年物价上涨的幅度明显低于1988年。不过，以压缩社会需求为重点的治理整顿，由于刹车过猛，也带来一些负面效应，主要是市场疲软、企业效益下滑。根据这一情况，中央对于治理整顿的侧重点和压缩力度及时作了调整，治理整顿也开始进入新的阶段。

正当治理整顿工作进入新阶段时,改革开放和经济建设受到了严重干扰,治理整顿工作也被迫中断。1989年春夏,在国际反华势力和国内主张全盘"西化"的代表人物煽动下,由于党在领导工作中的某些失误,资产阶级自由化思潮再度泛滥起来,自由化分子利用胡耀邦逝世的时机,在北京制造了一场反党反社会主义的政治动乱,直至发展成反革命暴乱。中央政治局根据邓小平关于旗帜鲜明地反对动乱的重要意见,及时果断地作出决策,坚决制止动乱,并一举粉碎了反革命暴乱,捍卫了中国共产党的领导和社会主义制度。

这场风波平息过后,邓小平及时地分析了风波的成因及其实质,并要求人们认真地总结经验教训。1989年6月9日,他在接见首都戒严部队军以上干部时指出:这场风波"是国际的大气候和中国自己的小气候所决定了的,是一定要来的,是不以人们的意志为转移的,只不过是迟早的问题,大小的问题""这次事件的性质,就是资产阶级自由化和四个坚持的对立"[1]。他提出了两个需要认真思索的问题:第一,党的十一届三中全会制定路线、方针、政策,包括我们的发展战略的"三步曲",正确不正确?是不是因为发生了这次动乱,我们制定的路线方针政策的正确性就发生了问题?邓小平认为,不能因为这次事件的发生,就说我们的战略目标错了。第二,党的十三大概括的"一个中心、两个基本点"对不对?四个坚持和改革开放,是不是错了?邓小平坚定地说,我们没有错。四个坚持本身没有错,如果说有错误的话,就是坚持四项基本原则还不够一贯,没有把它作为基本思想来教育人民,教育学生,教育全体干部和共产党员。改革开放这个基本点也没有错。没有改革开放,怎么会有今天?我们要按原来制定的基本路线、方针、政策,照样干下去,坚定不移地干下去。对的要继续坚持,失误的要纠正,不足的要加把劲。总之,要总结现在,看

---

[1]《邓小平文选》第三卷,人民出版社1993年版,第302、305页。

到未来。

根据邓小平这次讲话的精神，全党对这场风波的发生进行了认真反思，对十年来改革开放的经验教训进行了认真总结，检查了失误，纠正了不足，进一步明确了继续前进的方向，迅速消除了这场政治风波所造成的严重后果。通过反思和总结，全党对于坚持"一个中心、两个基本点"的路线更加坚定，中国的社会稳定和社会主义制度更加巩固。

这一切，引起了以美国为首的西方国家的强烈不满。为此，这些国家纷纷宣布了一系列所谓"制裁"中国的措施，对我国施加压力，如中止高层政治接触，延缓世界银行的贷款，暂停某些重要商品的贸易，等等。这时，苏联和东欧的社会主义国家先后出现严重动荡的局面，并很快导致了共产党政权垮台、社会主义制度瓦解和苏联解体的结局。国际共产主义运动陷入低潮。

面对复杂、严峻的国际形势，邓小平及时作了冷静、透彻的分析，提出了冷静观察、稳住阵脚、沉着应付的方针。他指出："整个帝国主义西方世界企图使社会主义各国都放弃社会主义道路，最终纳入国际垄断资本的统治，纳入资本主义的轨道。现在我们要顶住这股逆流，旗帜要鲜明。因为如果我们不坚持社会主义，最终发展起来也不过成为一个附庸国，而且就连想要发展起来也不容易……现在国际舆论压我们，我们泰然处之，不受他们挑动。"[1]要维护我们独立自主、不信邪、不怕鬼的形象。

根据邓小平阐述的方针政策，我国政府对以美国为首的西方国家所施加的种种压力，进行了坚决的和有理、有利、有节的斗争，在复杂变幻的国际政治风云中站稳了脚跟，并开辟了对外工作的新局面。西方国家对中国的所谓"制裁"，虽然给中国的改革开放和经济建设造了成严重困难，但是也严重损害了西方国家包括美国自己的切身利益。因此，在中国的政

---

[1]《邓小平文选》第三卷，人民出版社1993年版，第311—312页。

第七章
"建设有中国特色的社会主义"

局稳定下来之后，以美国为首的西方国家不得不主动寻求打破僵局的机会，所谓的"制裁"也很快被打破。1989年到1991年的三年，我国的对外开放工作不仅没有停滞或萎缩，反而获得了空前的进展。1991年共批准外商投资项目12968个（不包括海上石油合作开发项目），协议外商投资额达118.9亿美元，外商实际投入资金达41.9亿美元，分别比1990年增长78.4%、85.7%、29.4%。1991年在中国工商行政管理机构新登记的外商投资企业达12400多户，比1990年增长46%。中国的发展向世界证明，中国共产党和中国人民经受住了国内、国际政治风波的严峻考验，中国的社会主义建设事业依然充满生机和活力。

1989年6月23日至24日，党中央召开十三届四中全会，总结了发生政治风波的教训。全会强调，要继续坚决执行党的十一届三中全会以来的路线、方针和政策，继续坚决执行党的十三大确定的"一个中心、两个基本点"的基本路线。四项基本原则是立国之本，必须毫不动摇、始终一贯地加以坚持；改革开放是强国之路，必须坚定不移、一如既往地贯彻执行，绝不能回到闭关锁国的老路上去。鉴于赵紫阳在制止这场动乱的关键时刻所犯的错误和他主持中央工作以来在坚持四项基本原则问题上的失误，全会决定，撤销他所担任的领导职务，并对中央领导机构的部分成员进行必要的调整。全会选举江泽民为中央委员会总书记；增选江泽民、宋平、李瑞环为中央政治局常委；增补李瑞环、丁关根为中央书记处书记。免去胡启立的中央政治局常委、中央政治局委员、中央书记处书记职务；免去芮杏文、阎明复的中央书记处书记职务。江泽民在会上旗帜鲜明地宣布："我们党已经制定和形成了一条建设有中国特色社会主义的路线和一系列基本政策。概括地说，就是小平同志多次指出、最近再次强调的，以经济建设为中心，坚持四项基本原则，坚持改革开放。这是我们有信心做好工作的根本的、坚实的基础。这次中央领导核心作了一些人事调整，但是，党的十一届三中全会以来的路线和基本政策没有变，必须继续贯彻执行。在这个最基本的问题上,我要十分明确地讲两句话:一句是坚定不移,毫不动摇;一句是全面执行,一以贯之。"[1]

在十三届四中全会召开前后,邓小平多次就建立新的中央领导集体和自己的退休问题发表重要意见,指出:我们中国共产党现在要建立起第三代的领导集体。党的第一代领导集体是从遵义会议开始逐步形成的,这个领导集体的核心是毛主席。党的十一届三中全会建立了第二代领导集体,在这个集体中,实际上可以说我处在一个关键地位。现在要真正建立一个新的第三代领导。新的中央领导机构要使人民感到是一个实行改革的有希望的领导班子,要取信于民。第三代的领导集体也必须有一个核心,要有意识地维护一个核心,就是江泽民同志。希望大家能够很好地以江泽民同志为核心,很好地团结,关键在领导核心。他还说:新的领导班子一经建立了威信,我坚决退出。一个国家的命运建立在一两个人的声望上面,是很不健康的,是很危险的。不出事没问题,一出事就不可收拾。新的领导班子一建立,要一切负起责任,放手工作。邓小平说:"这就算是我的政治交代。"[2]

1989年9月4日,邓小平同几位中央负责同志谈了他退休的时间和方式问题。他提出,退休的时间定在十三届五中全会,方式越简单越好,并建议由江泽民同志担任军委主席。同日,邓小平给中央政治局写信,正式提出了辞去中共中央军事委员会主席职务的请求。两个月后,11月6日至9日,中共十三届五中全会召开,讨论通过了《中国共产党十三届五中全会关于同意邓小平同志辞去中共中央军事委员会主席职务的决定》。全会认为,邓小平同志从党和国家的根本利益出发,在自己身体还健康的时候辞去现任职务,实现他多年来一再提出的从领导岗位上完全退下来的夙愿,表现了一个无产阶级革命家的广阔胸怀。与会全体同志对他身体力行

---

[1]《江泽民文选》第一卷,人民出版社2006年版,第57页。
[2]《邓小平文选》第三卷,人民出版社1993年版,第301页。

地为废除干部领导职务终身制作出的表率,表示崇高的敬意。全会在充分酝酿的基础上,决定江泽民为中共中央军事委员会主席,杨尚昆为第一副主席,刘华清为副主席。

从十三届四中全会选出新的中央领导层到十三届五中全会邓小平退出中央领导岗位,以邓小平为核心的第二代中央领导集体和以江泽民为核心的第三代中央领导集体实现了顺利的交接。这就为尽快消除政治风波所造成的严重后果,维护国家的长治久安,把建设有中国特色社会主义的伟大事业推向21世纪,提供了最重要的政治和组织保证。

十三届四中全会后,以江泽民为核心的新的中央领导集体总结和吸取了以往的经验教训,加强了党的建设和思想政治工作。党中央及有关部门陆续采取了一系列有力措施:一是对党的组织进行认真清理和整顿,从1989年秋冬开始,各级党组织进行了一次清理、清查工作,并在部分党组织中进行了党员的重新登记。二是把党的思想理论建设摆在突出的位置,加强党校的工作。1990年6月12日,江泽民在《关于加强党校建设的几个问题》的讲话中指出:大力提高广大干部的素质,已经成为一个非常重要、非常突出的战略任务,摆到了全党面前。提高干部素质,最重要的是提高广大干部特别是领导干部的马克思主义理论素质。三是进一步加强与各民主党派之间的合作与协商,鼓励和支持民主党派与无党派人士对党和国家的方针政策、各项工作,提出意见、批评和建议。四是进一步密切与人民群众的联系。1990年3月,党的十三届六中全会通过了《中共中央关于加强党同人民群众联系的决定》,要求各级党组织认真贯彻执行。五是进一步加强党风廉政建设。党中央先后采取了一系列实行廉政的措施,并要求各级党委和政府一定要从党和国家的生死存亡、改革开放的兴衰成败的高度,充分认识党风和廉政建设的重要性和紧迫性,把这项工作持之以恒地抓下去。六是进一步加强宣传和思想政治工作,改变以往"一手硬、一手软"的状况。

通过以上几方面的工作，党的建设和思想政治工作得到切实加强，保证了改革开放和社会主义现代化建设的继续深入。

在平息了政治风波、稳定了社会局面后，党继续把一度被延误的治理整顿、深化改革的工作提上重要日程。1989年11月，中共十三届五中全会通过了《中共中央关于进一步治理整顿和深化改革的决定》，决定提出：包括1989年在内，用三年或者更长一点的时间，努力缓解社会总需求超过社会总供给的矛盾，逐步减少通货膨胀，使国民经济基本转上持续稳定协调发展的轨道，为到20世纪末实现国民生产总值翻两番的战略目标打下良好的基础。治理整顿的主要目标是：逐步降低通货膨胀率，使全国零售物价上涨幅度逐步下降到10%以下；扭转货币超经济发行的状况；努力实现财政收支平衡；在着力提高经济效益、经济素质和科技水平的基础上，保持适度的经济增长率；改善产业结构不合理的状况，力争主要农产品生产逐步增长，能源、原材料供应紧张和运力不足的矛盾逐步缓解；进一步深化和完善各项改革措施。为此，必须抓住四个环节：一是继续压缩社会总需求，坚决执行紧缩财政和信贷的方针；二是大力调整产业结构，增加有效供给，增强经济发展后劲；三是认真整顿经济秩序，继续下大力量清理整顿各种公司，克服混乱现象；四是深入开展增产节约、增收节支运动，改进企业的经营管理。鉴于治理整顿任务本身的艰巨性，以及政治风波对治理整顿造成的延误、西方国家所谓的"制裁"对我国经济建设造成的困难等情况，全会决定，把原定的两年治理整顿的时间，延长为三年或更长一些时间。

十三届五中全会后，治理整顿工作大体分两步进行。第一步是在调整结构的同时，以启动市场、争取经济适度发展为侧重点。从1989年11月起，党中央和国务院加大了对于基础产业的投入，在坚持控制总量的前提下，适当调整紧缩力度，继续整顿经济秩序。到1990年8月，这些措施取得明显成效。为此，党中央和国务院决定开始实施治理整顿的第二步，将治理整顿、深化改革的重点逐步转到调整产业结构、提高经济效益上来。8月2日,国务院总理李鹏在全国工业生产工作会议上提出,治理整顿还没有到位,但是主要任务可以有变化,要在压缩投资规模的基础上,把重点逐步地切切实实地转到提高效益、调整结构上来。1990年12月25日至30日,中共中央召开十三届七中全会,审议通过了《中共中央关于制定国民经济和社会发展十年规划和"八五"计划的建议》,提出了1991年至2000年我国国民经济和社会发展的基本任务和方针政策。全会强调指出,1991年是"八五"计划的头一年,也是继续治理整顿和深化改革的一年,我们要集中精力抓好经济工作,解决突出矛盾和关键问题,要把全部经济工作切实转到提高经济效益的轨道上来。根据这一要求,国务院从1990年年底开始,陆续采取了一系列督促企业提高效益和搞活国有大中型企业的措施。

在治理整顿的同时,改革开放并没有停步,在许多领域还有新的进展。其中最引人注目的就是海南经济特区的建立和上海浦东的开发。1988年4月,七届全国人大一次会议通过了设立海南省和建立海南经济特区的决定。海南成为我国最大的经济特区。1990年4月,党中央和国务院决定在上海浦东实行经济技术开发区和某些经济特区的政策。浦东的开发,成为20世纪90年代我国改革开放进一步深化和取得显著成就的重要标志。

经过三年的努力,到1991年,治理整顿工作已取得显著成效,主要表现在:投资需求和消费需求双膨胀的局面有所缓解,严重的通货膨胀得到控制;流通领域混乱现象得到整顿,经济秩序有所好转;对外开放又有一定进展;产业结构调整取得一定成绩,1989年和1990年粮食生产都获得丰收,从而结束了农业生产从1985年到1988年连续四年徘徊的局面。在治理整顿期间,党中央和国务院努力推动价格管理体制、国有企业经营机制、外贸管理体制、农村双层经营体制等方面的改革,并在金融、财税、社会保险、住房制度等方面进行了试点改革。不过,调整结构、提高效益的任务仍未取得明显成效，经济方面的某些改革遇到了不小的阻力。同时，由于治理整顿中较多地运用了行政干预手段，也使一些人对经济体制改革的市场取向产生了动摇，主张加大计划经济的分量，这成为20世纪90年代初改革进一步深化的思想障碍。

这些情况说明，治理整顿的主要目标已经基本实现，但调整结构、提高效益，特别是加快改革步伐、搞活国有大中型企业，仍是一项十分艰巨的任务。

第八章
建立社会主义市场经济体制

1992年初，邓小平视察南方并发表重要谈话。10月，党的十四大作出三大历史性决策：抓住机遇，加快发展；明确我国经济体制改革的目标是建立社会主义市场经济体制；确立邓小平建设有中国特色社会主义理论在全党的指导地位。1993年11月，党的十四届三中全会制定了建立社会主义市场经济体制的总体规划，为20世纪90年代进行经济体制改革指明了方向。

站起来 富起来 强起来

一 邓小平南方谈话

经过国内政治风波、西方经济"制裁"和苏东剧变的严峻考验，中国共产党变得更加清醒、成熟和富有朝气，中国社会主义改革开放和现代化建设大业高歌猛进，焕发出新的生机和活力。1992年初，邓小平视察南方并发表重要谈话，系统地总结了改革开放以来党的基本实践和基本经验，深刻回答了一系列长期束缚人们思想的重大认识问题，指明了中国特色社会主义的前进方向。

与往常不同，邓小平1992年初的南方之行，发生在国际国内政治风波严峻考验的重大历史关头，是他经过深思熟虑而采取的一个战略行动。邓小平选择这个时候到南方视察，与以下几个事实密切相关。

（一）国内理论界"左"的思想抬头，改革开放遇到新的障碍。20世纪80年代末90年代初，伴随着国内外政治形势的跌宕起伏，我国思想理论界也变得躁动不安，有关"计划"和"市场"、姓"社"还是姓"资"的争论日趋激烈。由于在治理整顿初期党中央被迫采取了强制性的行政手段，党内根深蒂固的"左"的思想趁机抬头，对改革开放政策特别是改革的"市场取向"进行批评和责难。有人"把改革开放说成是引进和发展资本主义，认为和平演变的主要危险来自经济领域"[1]。也有人说搞市场经济就是取消公有制，就是"要否定共产党的领导，否定社会主义制度，搞资

---

[1]《邓小平文选》第三卷，人民出版社1993年版，第375页。

本主义"。[1]还有人提出：多一分外资企业，就多一分资本主义，三资企业多了就是资本主义多了；乡镇企业是不正之风的风源，农村家庭承包责任制是集体经济瓦解的根源；股份制就是"潜行"的私有化；等等等等，不一而足。他们主张对改革开放要问一问姓"社"还是姓"资"的问题，说搞市场经济、办经济特区、发展非公有制经济等，势必导致资本主义。这些言论，不仅给广大干部和从事经济工作的人造成很大压力，而且对中央决策产生了严重干扰，延误了深化改革、扩大开放的前进步伐。

（二）国际经济发展的重心向亚太地区转移，中国正面着临千载难逢的发展机遇。进入20世纪90年代，亚太地区特别是东亚、东南亚一些国家和地区经济快速发展，"亚洲太平洋世纪"成为有识之士感兴趣的话题。处在这一地区的日本和亚洲"四小龙"，已经成为国际经济中举足轻重的力量，并且保持着良好的发展态势。后起的东南亚一些国家兴致很高，发展势头更加强劲。1991年，马来西亚、泰国、印度尼西亚等国的经济增长率大幅攀升，达到8%以上。这种状况与世界其他地区政治动荡、经济停滞或衰退的局面形成了鲜明对比，预示着国际经济发展的重心已开始向亚太地区转移。作为亚太经济的一个重要组成部分，中国经过13年的改革开放，经济发展取得了长足进步，投资环境有了很大改善，成为亚洲最大和最具有潜力的市场。能否抓住机遇，乘势而上，使中国经济在20世纪末如期实现第二个翻番，成为决定中国特色社会主义前途命运的关键问题。

（三）治理整顿期间经济发展速度出现滑坡，引起邓小平的深深忧虑。自1988年秋季开始的三年治理整顿，虽然在很大程度上缓解了十年改革开放和经济快速发展积累起来的矛盾，但是，改革开放和经济发展的速度也明显减缓。1989年和1990年，中国经济增长率降到5%以下，分

---

[1]《社会主义必定代替资本主义》，《人民日报》1990年12月17日。

别为 4.1% 和 3.8%，同东南亚国家和地区相比处于明显的"滑坡"状态。这种状况引起了邓小平同志的深重关切和忧虑。1990 年 3 月 3 日，他在同中央负责同志谈话时指出："现在特别要注意经济发展速度滑坡的问题，我担心滑坡。百分之四、百分之五的速度，一两年没问题，如果长期这样，在世界上特别是同东亚、东南亚国家和地区比，也叫滑坡了……假设我们有五年不发展，或者是低速度发展，例如百分之四、百分之五甚至百分之二、百分之三，会发生什么影响？这不只是经济问题，实际上是个政治问题。"他还特别强调说："经济能不能避免滑坡，翻两番能不能实现，是个大问题。使我们真正睡不着觉的，恐怕长期是这个问题，至少十年。中国能不能顶住霸权主义、强权政治的压力，坚持我们的社会主义制度，关键就看能不能争得较快的增长速度，实现我们的发展战略。"[1]

（四）苏联和东欧国家发生剧变，社会主义的前途命运堪忧。由于采取了正确的方针和灵活的策略，中国共产党成功地化解了苏东剧变给中国带来的风险，但是，国际共运史上出现的这些重大事件给人们造成的思想震动和影响并没有消失。苏东剧变的根本原因和社会主义的前途命运成为人们关注的两大焦点问题。虽然邓小平在当时就深刻地认识到"世界上一些国家发生问题，从根本上说，都是因为经济上不去，没有饭吃，没有衣穿，工资增长被通货膨胀抵消，生活水平下降，长期过紧日子"，并且坚信："只要中国社会主义不倒，社会主义在世界将始终站得住。"[2] 但他深知，要从根本上说明这一点，解除人们的思想困惑和顾虑，还必须回答许多相关的认识问题。

带着对一系列重大现实问题的深刻思考，88 岁高龄的邓小平毅然踏上了视察南方的旅程。

---

[1]《邓小平文选》第三卷，人民出版社 1993 年版，第 354—356 页。

[2]《邓小平文选》第三卷，人民出版社 1993 年版，第 354、346 页。

第八章
建立社会主义市场经济体制

据有关当事人的回忆，邓小平这次南方之行的主要目的地是深圳、珠海和上海。在从北京去深圳、从广州赴上海的途中，他分别在湖北武昌、江西鹰潭火车站作短暂停留，并与两个省的主要领导会面、交谈。在离开珠海赶往广州火车站的路上，他还在广东顺德驻足，参观了珠江冰箱厂。[1] 具体行程如下：

1月17日，邓小平乘专列离开北京。

1月18日，列车在武昌停留20分钟加水。邓小平与湖北省主要领导在站台上进行交谈。

1月19日上午9时，列车抵达深圳。在深圳视察的四天时间里，邓小平先后参观了深圳市容、皇岗口岸、国贸大厦和先科激光公司，游览了华侨城的民俗文化村和锦绣中华微缩景区以及仙湖植物园。23日上午离开深圳赶赴珠海之前，又乘车巡视了蛇口工业区。

1月23日至29日，在珠海先后视察了三个高科技企业——珠海生物化学制药厂、亚洲仿真系统工程有限公司、江海电子股份有限公司，并参观了珠海市荣和位于拱北口岸的粤海大厦等。

1月29日下午3时，离开珠海赶赴广州，途经顺德时作短暂停留，参观了珠江冰箱厂。下午6时从广州启程赴上海。

1月30日下午，途经江西鹰潭火车站时作短暂停留，并与江西省主要领导同志见面、交谈。

1月31日，抵达上海。在上海期间，邓小平分别视察了南浦大桥和杨

---

[1] 有关邓小平这次南方之行的巡视路线、行程和发表谈话的具体细节，可分别参见：陈开枝、陈建华、姚欣耀：《回忆邓小平1992年南方之行》，载《中共党史资料》2003年第1期；李灏：《终身难忘的教诲——忆1992年陪同邓小平视察深圳》，载《党的文献》2002年第2期；梁广大：《回忆邓小平一九九二年视察珠海》，载《中共党史研究》2002年第3期；吴邦国：《牢记谆谆教导 推进伟大事业》、谢非：《广东人民永远怀念小平同志》、中共湖北省委：《世纪伟人荆楚行》、舒惠国：《红色大地伟人行》，载《回忆邓小平》，中央文献出版社1998年版，上册第25—35页，下册第191—205、246—258、277—285页。

浦大桥工地、生产集成电路的贝岭公司、闵行开发区和旗忠村以及上海第一百货商店,并听取了关于浦东新区发展规划的汇报。

2月21日,结束这次南方之行,从上海返回北京。

在视察途中,邓小平始终谈兴很浓。他一路走,一路看,一路谈。"他在视察期间没开过一次会,所有的重要谈话都是在路上、在现场边看边谈的。这些谈话看似即兴而讲,实则是深思熟虑、有感而发。"[1]纵观谈话要点,不难发现其条理清晰、主题鲜明、逻辑严谨。概括起来,谈话主要有以下六个方面的内容:

一是要充分认识改革的重要性,毫不动摇地坚持党的十一届三中全会以来的路线、方针和政策。邓小平指出,革命是解放生产力,改革也是解放生产力。社会主义基本制度确立以后,还要从根本上改变束缚生产力发展的经济体制,建立起充满生机和活力的社会主义经济体制,促进生产力的发展,这是改革,所以改革也是解放生产力。过去,只讲在社会主义条件下发展生产力,没有讲还要通过改革解放生产力,不完全。他在各地反复强调,要坚持党的十一届三中全会以来的路线、方针和政策,关键是坚持"一个中心、两个基本点"。不坚持社会主义,不改革开放,不发展经济,不改善人民生活,只能是死路一条。基本路线要管一百年,动摇不得。只有坚持这条路线,人民才会相信你、拥护你。在这短短的十几年内,我们国家发展得这么快,使人民高兴、世界瞩目,这就足以证明十一届三中全会以来路线、方针、政策的正确性。

二是要正确认识社会主义的本质,在坚持"三个有利于"标准的前提下,大胆地进行改革开放的试验,既要反右,更要反"左"。邓小平指出,改革开放胆子要大一些,敢于试验。改革开放迈不开步子,不敢闯,说来说去就是怕资本主义的东西多了,走了资本主义道路,要害是姓

---

[1] 谢非:《广东人民永远怀念小平同志》,载《回忆邓小平》(下册),第277—285页。

"资"还是姓"社"的问题。为此，他明确提出：判断的标准，应该主要看是否有利于发展社会主义社会的生产力，是否有利于增强社会主义国家的综合国力，是否有利于提高人民的生活水平。他解释说，计划多一点还是市场多一点，不是社会主义与资本主义的本质区别。计划经济不等于社会主义，资本主义也有计划；市场经济不等于资本主义，社会主义也有市场。计划和市场都是经济手段。社会主义的本质，是解放生产力、发展生产力，消灭剥削，消除两极分化，最终达到共同富裕。社会主义要赢得与资本主义相比较的优势，就必须大胆吸收和借鉴人类社会创造的一切文明成果，吸收和借鉴当今世界各国包括资本主义发达国家的一切反映现代社会化生产规律的先进经营方式、管理方法。现在，有右的东西影响我们，也有"左"的东西影响我们，但根深蒂固的还是"左"的东西。右可以葬送社会主义，"左"也可以葬送社会主义。中国要警惕右，但主要是防止"左"。

三是要抓住时机，发展自己，关键是发展经济。邓小平分析说：现在，周边一些国家和地区的经济发展比我们快，如果我们不发展或发展得太慢，老百姓一比较就有问题了。因此，他强调指出：能发展就不要阻挡，有条件的地方要尽可能搞快点，只要是讲效益、讲质量、搞外向型经济，就没有什么可以担心的。我国的经济发展，总要力争隔几年上一个台阶。当然，不是鼓励不切实际的高速度，还是要扎扎实实、讲求效益、稳步协调地发展。但稳定和协调也是相对的，不是绝对的。发展才是硬道理。现在，我们国内条件具备，国际环境有利，再加上发挥社会主义制度能够集中力量办大事的优势，在今后的现代化建设过程中，出现若干个发展速度比较快、效益比较好的阶段，是必要的，也是能够办到的。经济发展得快一点，必须依靠科技和教育。要提倡科学，靠科学才有希望。高科技领域，中国也要在世界占有一席之地。

四是要坚持两手抓，两只手都要硬。邓小平指出，打击各种犯罪活动，扫除各种丑恶现象，手软不得。广东二十年赶上亚洲"四小龙"，不仅经济要上去，社会秩序、社会风气也要搞好，两个文明建设都要超过他们，这才是有中国特色的社会主义。在整个改革开放过程中都要反对腐败。对干部和共产党员来说，廉政建设要作为大事来抓。只要我们的生产力发展，保持一定的经济增长速度，坚持两手抓，社会主义精神文明建设就可以搞上去。在整个改革开放的过程中，必须始终注意坚持四项基本原则。依靠无产阶级专政保卫社会主义制度，这是马克思主义的一个基本观点。运用人民民主专政的力量，巩固人民的政权，是正义的事情，没有什么输理的地方。巩固和发展社会主义制度，还需要一个很长的历史阶段，需要我们几代人、十几代人甚至几十代人坚持不懈地努力奋斗，决不能掉以轻心。

五是要靠正确的组织路线来保证政治路线的贯彻实施。邓小平指出，中国的事情能不能办好、社会主义和改革开放能不能坚持、经济能不能快一点发展起来、国家能不能长治久安，从一定意义上说，关键在人。要把我们的军队教育好，把我们的专政机构教育好，把共产党员教育好，把人民和青年教育好。中国要出问题，还是出在共产党内部。对这个问题要清醒，要注意培养人，要按照"革命化、年轻化、知识化、专业化"的标准，选拔德才兼备的人进班子。十一届三中全会确立的这条中国的发展路线，是否能够坚持得住，要靠大家努力，特别是要教育后代。

六是要运用马克思主义的历史唯物主义看待人类社会的发展规律，在建设有中国特色的社会主义道路上继续前进。邓小平指出：学马列要精，要管用的。实事求是是马克思主义的精髓。我们改革开放的成功，不是靠本本，而是靠实践，靠实事求是。我坚信，世界上赞成马克思主义的人会多起来的，因为马克思主义是科学，它运用历史唯物主义揭示了人类社会发展的规律：封建社会代替奴隶社会，资本主义代替封建主义，社会主义经历一个长过程发展后必然代替资本主义。这是社会历史发展不可逆转的总趋势，但道路是曲折的。一些国家出现严重曲折，社会主义好像被削弱了，但人民经受锻炼，从中吸收教训，将促使社会主义向着更加健康的方向发展。我们要在建设有中国特色的社会主义道路上继续前进。从现在起到 21 世纪中叶，将是很要紧的时期，我们要埋头苦干。

邓小平的南方谈话，自始至终贯穿着解放思想、实事求是，锐意进取、开拓前进的红线，生动地体现了邓小平对当代"世情"和"国情"的深刻洞察，对社会主义与资本主义之间错综复杂的关系的正确认识，对世界社会主义运动大曲折和大趋势的科学判断，对中国共产党面临的新挑战、新机遇和新课题的准确把握，是把改革开放和现代化建设推进到新阶段的又一个解放思想、实事求是的宣言书。

南方谈话是邓小平从领导岗位上退下来以后，对党的第三代中央领导集体、全党和全国人民作出的政治嘱托，表现了他对党的事业高度负责的精神和对新一代中央领导集体的高度信赖，具有重大的政治意义。

南方谈话进一步系统地阐述了建设有中国特色社会主义理论，是对马列主义、毛泽东思想的继承和发展，为党的十四大确立我国经济体制改革的目标奠定了思想理论基础，具有重要的理论意义。

南方谈话深刻总结了我国改革开放的基本经验，打破了长期束缚人们思想的桎梏，为推进我国改革开放和社会主义现代化建设步入新阶段、跨上新台阶，注入了强大动力，具有强烈的现实意义。

二　建立社会主义市场经济体制的目标和纲领

邓小平的南方谈话发表后,党中央高度重视,并连续发出文件,就全党学习贯彻邓小平南方谈话精神作出了一系列的决策和部署。

1992年2月20日下午,江泽民主持召开十四大报告起草小组会议。他在会上强调指出:邓小平同志视察南方的重要谈话,是他十多年来关于建设有中国特色社会主义一贯思想的高度体现和新的发展,党的十四大报告要以这个谈话的精神作为贯穿全篇的主线。

2月28日,中共中央又将邓小平南方谈话作为中央二号文件,正式向全党下发和传达,并号召全体党员、干部尤其是各级领导干部,要认真学习邓小平的重要谈话,全面深刻地领会谈话的精神实质,紧密结合实际,认真贯彻落实。文件传达之后,立即在党内外、国内外引起强烈反响,从中央到地方,迅速掀起了学习、宣传和贯彻落实邓小平南方谈话的热潮。根据南方谈话的精神,各地和各部门纷纷调整或制定新的发展规划,以实际行动加快改革和建设步伐。

3月9日至10日,江泽民主持召开中央政治局全体会议,讨论我国改革和发展的若干重大问题。会议完全赞同邓小平的南方谈话,认为这篇谈话不仅对当前的改革和建设、对开好党的十四大具有十分重要的指导作用,而且对于整个社会主义现代化建设事业也具有重大而深远的意义。会议决定用邓小平南方谈话精神进一步统一全党思想,加快改革开放和现代化建设步伐。

在 3 月 20 日召开的七届全国人大五次会议上，李鹏在政府工作报告中明确提出，在今后现代化建设的长过程中，出现若干个发展速度比较快、效益比较好的阶段，是必要的，也是能够办到的。机不可失，时不我待。我们要抓紧时机，集中力量，进一步加快国民经济发展。

5 月 16 日，中央政治局通过了《关于加快改革、扩大开放、力争经济更好更快地上一个新台阶的意见》。根据这一文件精神，中共中央和国务院相继出台了一系列重大措施，使我国改革开放和现代化建设呈现出勃勃生机。

5 月，继上海、天津、深圳设立保税区后，国务院又决定在大连、广州兴建保税区。同时，山东、浙江、江苏、福建等沿海省份也开始筹建保税区。保税区实行比经济特区更加灵活、优惠的政策，按照国际惯例运行。

6 月 16 日，中共中央、国务院发出《关于加快发展第三产业的决定》，提出争取用 10 年左右或更长一些的时间，逐步建立起适合我国国情的社会主义统一市场体系、城乡社会化综合服务体系和社会保障体系。

6 月 30 日，国务院第 106 次常务会议通过了《全民所有制工业企业转换经营机制条例》，要求国有大中型企业要进一步贯彻落实《中华人民共和国全民所有制工业企业法》，转换企业经营机制，有步骤地把企业推向市场。

6 月，国务院又批准近 60 个市、县、镇列入对外开放地区，决定开放长江沿岸的芜湖、九江、岳阳、武汉、重庆五个内陆城市。至此，长江沿岸十个主要中心城市已全部对外开放。我国形成了东部沿海地区、长江沿岸地区、周边地区和以省会城市为中心的多层次、全方位的开放格局，为整个经济的发展注入了新的生机和活力。

为进一步推动全党对邓小平南方谈话精神的贯彻落实，中共中央总书记江泽民于 6 月 9 日来到中央党校，对省部级干部进修班上的学员作了《深刻领会和全面落实邓小平同志的重要谈话精神，把经济建设和改革开放搞得更快更好》的重要讲话。他在讲话中指出，邓小平同志的重要谈话，贯穿了一个鲜明的中心思想，这就是：必须坚定不移地全面贯彻执行党的"一个中心、两个基本点"的基本路线，解放思想，实事求是，放开手脚，大胆试验，排除各种干扰，抓住有利时机，加快改革开放步伐，集中精力把经济建设搞上去，不断地把有中国特色的社会主义事业全面推向前进。他强调：当前中央和地方的重要任务，就是要深刻领会和全面落实邓小平南方谈话的精神，就是要贯彻党的基本路线，解放思想，实事求是，放开手脚，大胆试验，排除各种干扰，抓住有利时机，集中精力把经济建设和改革开放搞得更快更好。他分析说，对高度集中的计划经济体制进行根本性的改革势在必行，否则，就不可能实现我国的现代化。而建立新经济体制的一个关键问题，就是要正确认识计划与市场的关系问题及其相互关系，要在国家的宏观调控下，更加重视和发挥市场在资源配置上的作用。关于建立新经济体制的问题，江泽民强调指出："现在可以这样讲，经过十多年的摸索和总结国内外经验，我们对建立社会主义的新经济体制在理论上和实践上的认识，已经比较成熟了，在全党也进一步统一了，完全可以进入加快实施的阶段了。"针对当时出现的几种提法，他明确表示"比较倾向于使用'社会主义市场经济体制'这个提法"。[1]这篇讲话进一步统一了全党的思想，为开好党的十四大做了充分准备。

1992年10月12日至18日，中国共产党第十四次全国代表大会在北京举行。大会的主要任务是：以邓小平建设有中国特色社会主义理论为指导，全面总结改革开放以来十四年的伟大实践和基本经验，确定今后一个时期的战略部署，动员全党和全国各族人民，进一步解放思想，把握有利时机，加快改革开放和现代化建设步伐，夺取有中国特色社会主义事业的更大胜利。大会审议和通过了江泽民所作的题为《加快改革开放和现代化

---

[1]《十三大以来重要文献选编》（下），人民出版社1993年版，第2068页。

建设步伐，夺取有中国特色社会主义事业的更大胜利》的报告，通过了关于《中国共产党章程》（修正案）的决议，选举产生了新一届中央委员会和中央纪律检查委员会。

这次大会的特点和贡献在于，经过充分的讨论，作出了三大历史性决策：

一是确立邓小平建设有中国特色社会主义理论在全党的指导地位。江泽民在报告中回顾了改革开放十四年来中国共产党领导人民进行的伟大实践，把十四年来取得的历史性成就归因于坚持把马克思主义基本原理同中国具体实际相结合，逐步形成和发展了建设有中国特色社会主义的理论。

报告从社会主义的发展道路、发展阶段、根本任务、发展动力、外部条件、政治保证、战略步骤、领导力量和依靠力量、祖国统一等九个方面对这一理论的主要内容进行了科学的归纳和概括，并强调指出：建设有中国特色社会主义的理论，是在和平与发展成为时代主题的历史条件下，在我国改革开放和社会主义现代化建设的实践过程中，在总结我国社会主义胜利和挫折的历史经验并借鉴其他国家社会主义兴衰成败历史经验的基础上，逐步形成和发展起来的。它第一次比较系统地初步回答了中国这样的经济文化比较落后的国家如何建设社会主义、如何巩固和发展社会主义的一系列基本问题，用新的思想、观点，继承和发展了马克思主义，是毛泽东思想的继承和发展，是全党全国人民集体智慧的结晶，是中国共产党和中国人民最可珍贵的精神财富。大会提出了用邓小平建设有中国特色社会主义理论武装全党的战略任务，在修改后的《中国共产党章程》中，写入了建设有中国特色社会主义的理论和党在社会主义初级阶段的基本路线，确立了邓小平建设有中国特色社会主义理论在全党的指导地位。

二是明确我国经济体制改革的目标是建立社会主义市场经济体制。报告指出，我国经济体制改革确定什么样的目标模式，是关系整个社会主义现代化建设全局的一个重大问题，其核心是正确认识和处理计划与市场的关系。我国要建立的社会主义市场经济体制，就是要使市场在社会主义国家宏观调控下对资源配置起基础性作用，使经济活动遵循价值规律的作用适应供求关系的变化；通过价格杠杆和竞争机制的功能，把资源配置到效益较好的环节中去，并给企业以压力和动力，实现优胜劣汰；运用市场对各种经济信号反应比较灵敏的优点，促进生产和需求的及时协调，同时也要看到市场有其滋生的弱点和消极方面，必须加强和改善国家对经济的宏观调控。

报告还指出，社会主义市场经济体制是同社会主义基本经济制度结合在一起的。在所有制结构上，以公有制包括全民所有制和集体所有制经济为主体，个体经济、私营经济、外资经济为补充，多种经济成分长期共同发展，不同经济成分还可以自愿实行多种形式的联合经营。国有企业、集体企业和其他企业都进入市场，通过平等竞争发挥国有企业的主导作用。在分配制度上，以按劳分配为主体，其他分配方式为补充，兼顾效率和公平。在宏观调控上，把人民的当前利益与长远利益、局部利益与整体利益结合起来，更好地发挥计划和市场两种手段的长处。

社会主义市场经济体制目标的确立，是对党的十二届三中全会提出的公有制基础上有计划商品经济改革目标的进一步发展，标志着我们党对社会主义理论和改革开放实践的认识发生了新的飞跃，对我国经济体制改革和社会主义现代化建设具有重大而深远的指导意义。

三是要求全党抓住机遇，加快发展，集中精力把经济建设搞上去。报告指出，我国经济能不能加快发展，不仅是重大的经济问题，而且是重大的政治问题。现在国内条件具备，国际环境有利，既有挑战，更有机遇，是加快发展、深化改革、促进社会全面进步的好时机，必须紧紧抓住这个有利时机。

报告提出，20世纪90年代我国经济的发展速度，应该从原定的平均每年增长6%，调整为8%～9%；到20世纪末，我国国民经济整体素质和综合国力将迈上一个新台阶，国民生产总值将超过原定比1980年翻两番的目标，人民生活由温饱进入小康。

大会决定不再设立中央顾问委员会。从党的十二大到十四大，中央顾问委员会协助党中央，为维护党的团结和社会稳定、推进改革开放和现代化建设做了大量卓有成效的工作，为党、国家和人民建立了历史性功绩，出色地完成了自己的使命。党的十四届一中全会选举江泽民、李鹏、乔石、李瑞环、朱镕基、刘华清、胡锦涛为中央政治局常委，江泽民为中央委员会总书记；决定江泽民为中央军事委员会主席；批准尉健行为中央纪律检查委员会书记。

1993年3月举行的八届全国人大一次会议选举江泽民为国家主席、国家中央军事委员会主席，乔石为八届全国人大常委会委员长；决定李鹏为国务院总理。

以邓小平南方谈话和党的十四大为标志，中国社会主义改革开放和现代化建设事业进入新的发展阶段。

党的十四大之后，全党和全国人民进一步解放思想、开拓进取，积极推进社会主义市场经济体制的建立，促进了物质文明和精神文明建设的全面发展。从1992年底到1993年下半年，中共中央和国务院先后又召开了计划经济等一系列会议，紧紧围绕建立社会主义市场经济体制，解决经济发展和经济体制中存在的问题，以落实党的十四大精神。

1993年3月，中共十四届二中全会通过了《关于调整"八五"计划若干指标的建议》，决定要在整个20世纪90年代，抓住国际国内的有利时机，加快改革开放和现代化建设的步伐。建议将国民经济增长速度由原定的6%调整到8%~9%，以保证党的十四大提出的到20世纪末使国民经济整体素质和综合国力迈上一个新台阶、国民生产总值超过原定比1980年翻两番的目标。

同月召开的八届全国人大一次会议批准了这一建议。李鹏在会上作的政府工作报告中指出：今后五年经济建设方面的任务是全面贯彻党的十四大精神，抓住机遇，加快改革开放和现代化建设步伐，依靠优化结构、技术进步和改善管理，提高经济效益，努力保持社会供求总量基本平衡，使国民经济再上一个新的台阶。

经过党的十四大以后的初步实践，党内外多数同志对建立社会主义市场经济体制的总体框架有了进一步的认识。在这种情况下，1993年11月14日，中共十四届三中全会通过了《中共中央关于建立社会主义市场经济体制若干问题的决定》。该决定指出：社会主义市场经济体制是同社会主义基本制度结合在一起的。建立社会主义市场经济体制，就是要使市场在国家宏观调控下对资源配置起基础性作用。为实现这个目标，必须坚持以公有制为主体、多种经济成分共同发展的方针，进一步转换国有企业的经营机制，建立适应市场经济要求，产权明晰、权责明确、政企分开、管理科学的现代企业制度；建立全国统一开放的市场体系，实现城乡市场紧密结合，国内市场与国际市场相互衔接，促进资源的优化配置；转变政府管理经济的职能，建立以间接手段为主的完善的宏观调控体系，保证国民经济的健康运行；建立以按劳分配为主体，效率优先、兼顾公平的收入分配制度，鼓励一部分地区一部分人先富起来，走共同富裕的道路；建立多层次的社会保障制度，为城乡居民提供同我国国情相适应的社会保障，促进经济发展和社会稳定。这些主要环节是相互联系和相互制约的有机整体，构成了社会主义市场经济的基本框架。必须围绕这些主要环节，建立相应的法律体系，采取切实措施，积极而有步骤地全面推进改革，促进生产力的发展。江泽民在闭幕会上指出：这个决定是根据邓小平同志建设有中国特色社会主义的理论和党的十四大精神，把十四大提出的经济体制改革的目标和基本原则加以具体化，在某些方面有进一步发展，制定了社会主义市场经济体制的总体规划。这是我们在20世纪90年代进行经济体制改革的行动纲领。

《中共中央关于建立社会主义市场经济体制若干问题的决定》公布以后，市场化改革的步伐进一步加快了。其表现是：在财税制度方面，实行了分税制，将各种收入分为中央财政固定收入、地方财政固定收入、中央和地方共享收入，并相应地对税收征管体系进行了调整，从而建立了中央与地方规范的分配关系；在汇率方面，采取并轨制，实行普遍的银行结汇售汇制，消除外汇双重汇率，实行人民币牌价与外汇调剂市场价并轨，建立起以市场供求关系为基础的单一浮动汇率制度；在外贸体制方面，适当放开进出口权限，放宽市场的调节作用，并在有些方面自觉与国际惯例接轨；在投资、融资体制方面，进一步强化企业的投资主体地位，在投资、融资领域更多地引入市场竞争机制；在价格管理体制方面，适当放开一些价格管制，使有些商品的价格随市场浮动。

　　此外，随着社会主义市场经济体制的推行，还相应地颁布了一系列法规，从而在市场作用的有序化方面进行了有益的探索。这些法律和法规，对市场主体和产业部门提出了各种不同要求的规范，尽管这些规范还不够完善，但对市场经济的有序化发展还是起到了积极的作用。

三 国民经济的波动与宏观调控的实施

党的十四大以后,随着市场化改革步伐的进一步加快,新一轮改革大潮迅速兴起,给整个国民经济带来了蓬勃发展的良好势头。从经济长势来看,1992年,国内生产总值比上年增长14.2%,1993年比1992年增长13.5%,1994年又比1993年增长12.6%;全社会固定资产总额1992年比上年增长44.4%,1993年比1992年增长61.8%,1994年又比1993年增长30.4%;全国财政收入1992年比上年增长10.6%,1993年比1992年增长24.8%,1994年又比1993年增长20%。然而,增长速度虽然较快,但是由于经济增长主要不是依靠技术进步而是依靠高投入实现的,因而从1992年下半年开始,经济生活中便显露出失衡的苗头,到1993年上半年,经济过热和通货膨胀的现象就更加突出起来。其主要表现如下:

一是货币投放过量,金融秩序混乱。由于基本建设上得过猛,摊子铺得太大,银行加印钞票,造成货币投放过量。而大批国有企业欠债不还,也难以偿还,银行压力极大。有些银行把资金投放到期货市场、股票市场和房地产上,投机赚钱。这种投机行为,反过来又干扰了正常的金融秩序,使得银行正常贷款不能完全保证,有些基层银行出现支付困难。

二是投资需求和消费需求都出现膨胀的趋势。1992年全社会固定资产投资7800亿元,比上年增长44.4%;1993年进而增加到11829亿元,比上年增长61.8%。这是实行改革开放以来固定资产投资增长幅度最高的两年。再加上银行工资性现金、个人其他现金及行政企事业管理费现金支出均大量增长，大大超过经济增长的幅度。同时由于发展心切，兴建楼堂馆所等新开工项目过多，资金缺口极大。这些新开工的项目，既挤占了大量资金，又不能创造较好的投资效益。乱投资的结果，又直接为物价上涨的程度加了码。

三是财政困难状况加剧。1991年财政赤字50.1亿元，1992年初的计划财政赤字是40.01亿元，实际上高达73.9亿元。1993年1月至5月，国内财政收入继续比上年同期下降，财政结余比上年同期减少。

四是由于工业增长速度日益加快，基础设施和基础工业的"瓶颈"制约进一步加大。交通运输特别是铁路运输十分紧张，一些干线的通过能力仅能满足需求的30%~40%。电力、油品供需缺口越来越大，有的地方还出现"三停四开"现象，于是拉动了生产资料的价格猛涨。1993年，整个生产资料价格平均上涨38.2%，连带各种工业原材料、燃料、动力等的购进价格平均上涨35.1%。尤其是钢材、水泥、木材等建筑材料由于供需矛盾突出，价格上涨更猛，平均比上年上涨50%以上。

五是出口增长乏力，进口增长过快，国家外汇结存基本无增长。据统计，1992年到1993年，出口总额从849亿美元增加到917亿美元，增长8%；而进口总额从806亿美元增加到1040亿美元，增长近30%。国家外汇结存，1993年上半年比上年同期下降较多，到年底只比上年增长18亿美元，基本无增长。

六是物价上涨过快，通货膨胀呈现加速之势。从1992年10月开始，物价上涨幅度逐月加快，到1993年，全国零售物价方面，小城市上涨13%，大城市上涨25%。生活消费品价格上涨已经使部分职工和离退休人员难以承受。而由于生产资料价格上涨，相当一部分企业生产成本上升，1993年工业品出厂价平均上涨24%。建设项目造价大幅度提高，效益下降。农业生产资料价格上涨，严重影响农民增加投入的积极性。

上述情况表明，宏观经济环境已经失衡，有些矛盾和问题还在继续发展。面对新的经济过热，能否使中国的经济不出现大的震荡，实现平稳回落，协调好改革、发展和稳定三者的关系，这不能不说是对中国新一代领导人的严峻考验。对此，中共中央及时抓住苗头，以积极态度采取了疏导的方针。

对于经济过热现象，早在1992年底，中共中央就已发现了苗头，并作了及时提醒。江泽民在10月召开的中共十四届一中全会上就提出了这个问题，要求全党注意。12月，在全国计划会议上，江泽民提醒要防止发生经济过热现象，保证国民经济又快又好地向前发展。1993年4月1日，中共中央召开的经济情况通报会要求各地全面、正确、积极地贯彻邓小平几次谈话的精神，坚持解放思想和实事求是的统一，做到既加快发展、尽力而为，又从实际出发、量力而行，避免大的起伏，避免大的损失，把经济发展的好势头保持下去。江泽民在讲话中提出抓住机遇、加快发展的同时，再次提出了防止经济过热的问题。5月9日至11日，江泽民在上海主持召开的华东六省一市经济工作座谈会上讲话时提出：要把加快发展的注意力集中到深化改革、转换机制、优化结构、提高效益上来。通过改革，主要运用经济手段、法律手段，辅之以必要的行政手段，加强宏观调控力度，对经济运行进行有效的驾驭。5月19日，江泽民给国务院领导同志写信，强调要抓紧时机解决当前经济工作中存在的一些问题，否则，解决问题的时机就会稍纵即逝，倘若问题积累，势必酿成大祸。此外，在研究推进投资、财税、金融等方面的改革时，中央都提出了加强宏观管理的要求。6月22日，邓小平表示，非常支持中央加强宏观调控，突出抓金融工作，并强调指出：什么时候政府都要管住金融。人民币不能贬值太多，市场物价要控制住。

为落实中央的一系列重要指示，在国务院副总理朱镕基主持下，国家计委组织七个部门奔赴全国14个地区展开调查，并会同国家财政部、中国人民银行起草了加强宏观调控的16条意见。

第八章
建立社会主义市场经济体制

从1993年5月下旬至6月初，中央连续召开会议，研究解决经济过热、加强宏观调控的措施。6月24日，中共中央、国务院下发了《关于当前经济情况和加强宏观调控的意见》，即中共中央1992年第六号文件。该意见以实行适度从紧的财政货币政策、整顿金融秩序为重点，提出了加强和改善宏观调控的16条措施：（1）严格控制货币发行，稳定金融形势；（2）坚决纠正违章拆借资金；（3）灵活运用利率杠杆，大力增加储蓄存款；（4）坚决制止各种乱集资；（5）严格控制信贷总规模；（6）专业银行要保证对储蓄存款的支付；（7）加快金融改革步伐，强化中央银行的金融宏观调控能力；（8）投资体制改革要与金融体制改革相结合；（9）限期完成国库券发行任务；（10）进一步完善有价证券发行和规范市场管理；（11）改进外汇管理办法，稳定外汇市场价格；（12）加强房地产市场的宏观管理，促进房地产业的健康发展；（13）强化税收征管，堵住减免税漏洞；（14）对在建项目进行审核排队，严格控制新开工项目；（15）积极稳妥地推进物价改革，抑制物价总水平过快上涨；（16）严格控制社会集团购买力的过快增长。该意见指出，在解决问题时，需要注意把握三点：一是要统一思想认识，坚持从全局出发，从长远的持续发展出发，协调行动步伐，处理好局部与全局的关系；二是要着眼于加快改革步伐，采用新思路、新办法，从加快新旧体制转换中找出路，把改进和加强宏观调控、解决经济中的突出问题，变成加快改革、建立社会主义市场经济体制的动力；三是主要运用经济办法，也要采取必要的行政手段和组织措施。

为贯彻落实意见中提出的16条措施，中共中央和国务院在1993年7月间连续召开了全国金融工作会议和全国财政、税务工作会议。

在全国金融工作会议上，朱镕基要求以中央六号文件来统一金融系统的认识，落实中央关于当前经济工作的重要决策。对此，他强调要统一三个方面的认识：（1）强化宏观调控，防止经济过热，是当前迫在眉睫的任务；（2）整顿金融秩序是强化宏观调控的重要方面；（3）强化宏观调控，不是实行全面紧缩，而是进行结构调整。为了落实好宏观调控的任务，他还向银行系统领导干部提出了"约法三章"：第一，立即停止和认真清理一切违章拆借，已违章拆出的资金要限期收回；第二，任何金融机构不得擅自或变相提高存贷款利率；第三，立即停止向银行自己兴办的各种经济实体注入信贷资金，银行要与自己兴办的各种经济实体彻底脱钩。

在全国财政、税务工作会议上，朱镕基又提出了"整顿财税秩序，严肃财经纪律，强化税收征管，加快财税改革"的四句话要求。同时他还代表中共中央和国务院宣布：中央已经决定，从1994年1月1日开始，在全国全面推行财税体制改革，不搞试点。为此，他向财政、税务战线上的全体职工也提出了"约法三章"：第一，严格控制税收减免；第二，要严格控制财政赤字，停止银行挂账；第三，财税部门及所属机构，未经人民银行批准，一律不准涉足商业性金融业务，所办公司要限期与财税部门脱钩。

中央除了在上述金融、财政、税务等方面采取积极的措施以外，还从以下几个方面着手对经济发展实行宏观调控：

一是正确处理速度和效益的关系，注意克服以往只注重速度不注重效益的倾向，把速度和效益同时摆上重要位置。正是本着速度与效益相统一的原则，中共十四届二中全会在调整"八五"期间的发展速度时，决定将国民经济的发展速度由每年增长6%调整为8%~9%。这是充分考虑了一切有利因素又充分正视面临的问题和制约因素而作出的全面的判断。

二是积极引导企业实施两个根本转变。实行改革开放以来，由于在较长期内未能提出并确定科学的经济增长方式的概念，因而实践中经济增长的总体效果并不明显，粗放型的经济增长方式仍然经常地困扰甚至阻碍着经济发展。党的十四大以来，中央关于提高经济效益的决策，在贯彻当中没能发挥应有的效果，与此有直接关系。对此，1995年9月召开的中共十四届五中全会明确提出了两个具有全局意义的根本性转变：（1）从传统计划经济体制向社会主义市场经济体制转变；（2）实现经济增长方式从粗放型向集约型的转变。两个转变的基本要求是：从主要依靠增加投入、铺新摊子、追求数量，转到主要依靠科技进步和提高劳动者素质上来，转到以经济效益为中心的轨道上来。

三是实施正确的产业政策。注重经济发展的质量问题，客观上要求实现经济增长方式的转变，而与这种转变连带而来的则必然是产业结构的合理调整。这是国家对经济实行有效的宏观调控的必要条件。而要达到这一点，就必须有正确的产业政策。对于这个问题，江泽民在1993年3月中共十四届二中全会上明确提出："我们在加强国家的宏观调控当中，要制定和执行正确的产业政策。"[1]此后，经过两年时间的实践，在通过认真总结有关经验的基础上，1994年3月25日，国务院第十六次常务会议审议通过的《九十年代国家产业政策纲要》中，明确提出了制定国家产业政策的原则，这就是：（1）符合工业化和现代化进程的客观规律，密切结合我国国情和产业结构变化的特点；（2）符合建立社会主义市场经济体制的要求，充分发挥市场在国家宏观调控下对资源配置的基础性作用；（3）突出重点，集中力量解决关系国民经济全局的重大问题；（4）要具有可操作性，主要通过经济手段、法律手段和必要的行政手段保证产业政策的实施，支持短线产业和产品的发展，对长线产业和产品采取抑制政策。这些原则的制定，为各项产业政策的出台进一步指明了方向。正是在这一产业政策的引导下，产业结构的调整才逐步推进，产业结构也随之渐趋合理。

党的十四大以后三年多的时间里，随着宏观调控措施的有力贯彻和对改革、发展、稳定等重大关系的处理，到1996年年底，中国经济终于成功地实现了"软着陆"，从而进入了持续快速稳定增长的时期。其主要表现为：一是过度投资得到控制。1993年社会固定资产投资总额为13072.3

---

[1]《江泽民思想年编（1989—2008）》，中央文献出版社2010年版，第101页。

亿元，比上年增长61.8%，1996年虽然总投资额达到22974亿元，但与上年相比仅增长14.8%，进入了比较正常的幅度；二是金融秩序好转，加强了中央银行的监管力度和金融机构体系的建设，基本上建立了金融法律法规体系；三是物价涨幅降了下来，从1994年10月25.2%的最高涨幅，降到1996年的6.1%，1997年上半年又回落到1.8%；四是经济仍然保持高速增长，1993年到1996年国内生产总值增长速度年平均为11.6%，年度经济增长率的波动幅度最高只有两个百分点。这就是说，到1996年年底，宏观调控基本上达到了预期目标。

四　坚持两手抓、两手硬

在深化改革、扩大开放，推动国民经济快速健康发展的进程中，中共中央从1993年起即着手进行"九五"计划（1995—2000）和2010年远景目标的拟定工作。这是抓住机遇、加快发展，完成第二步发展战略并向实施第三步发展战略过渡的客观需要。

为适应这一需要，1995年9月25日至28日在北京举行的中共十四届五中全会审议并通过了《中共中央关于制定国民经济和社会发展"九五"计划和2010年远景目标的建议》。该建议提出，"九五"期间，国民经济和社会发展的主要奋斗目标是：全面完成现代化建设的第二步战略部署，到2000年，在我国人口将比1980年增长3亿左右的情况下，实现人均国民生产总值比1980年翻两番；基本消除贫困现象，人民生活达到小康水平；加快现代企业制度建设，初步建立起社会主义市场经济体制。2010年的主要奋斗目标是：实现国民生产总值比2000年翻一番，使人民的小康生活更加富裕，形成比较完善的社会主义市场经济体制。9月28日，江泽民在全会闭幕时发表重要讲话。他指出，为切实完成"九五"计划和2010年远景目标的规划，要正确处理社会主义现代化建设中的若干重大关系：改革、发展、稳定的关系；速度和效益的关系；经济建设和人口、资源、环境的关系；第一、二、三产业的关系；东部地区和中西部地区的关系；市场机制和宏观调控的关系；公有制经济和其他经济成分的关系；收入分配中国家、企业和个人的关系；扩大对外开放和坚持自力更生的关系；中央和地方的关系；国防建设和经济建设的关系；物质文明建设和精神文明建设的关系。江泽民强调，能否处理好这些关系，对于我国现代化建设的成败事关重大。这十二大关系，是对中国改革开放和现代化建设规律的系统概括和总结。

社会主义市场经济，说到底就是法制经济。在以江泽民为核心的党中央领导下，中国的民主与法制建设进入了新的阶段。人民代表大会制度得到了进一步完善。有中国特色的社会主义法律体系正在建立，总的奋斗目标是到2010年建立起有中国特色的社会主义的法律体系。七届、八届全国人大及其常委会通过法律达144种，有关法律的决定59个。全国人大及其常委会对"一府两院"的监督工作也得到了加强。同人民代表大会制度一样，中国共产党领导的多党合作和政治协商制度得到了坚持和完善，广泛的爱国统一战线不断得到巩固和发展。

从1994年12月开始，江泽民等党和国家领导人连续听取有关法律知识的讲座。在全体公民中普及法律常识的教育也在有条不紊地继续进行着。1996年2月，江泽民提出了依法治国、建设社会主义法治国家的奋斗目标。这个目标在随后召开的党的十五大和九届全国人大一次会议上得到了确认。

在加速由计划经济向社会主义市场经济体制转轨的过程中，一些与社会主义市场经济不相容的消极腐败现象也随之产生。为此，中共中央决定从反腐倡廉方面入手，加强党的建设，以确保改革开放和社会主义现代化建设事业的顺利进行。

根据中共中央的要求，1993年8月20日至25日，中纪委第二次全体会议在北京召开。这次会议提出了近期加强反腐败斗争，推进党风廉政建设要着重抓好的三方面的工作：一是加强对各级党政机关领导干部廉洁自律情况的监督检查；二是集中力量查办一批大案要案；三是狠刹几股群众反映最强烈的不正之风。

此后不久，中共中央、国务院又于10月5日作出《关于反腐败斗争近期抓好几项工作的决定》，提出了党政机关县（处）级以上领导干部廉洁自律的五条规定：（一）不准经商办企业；不准从事有偿的中介活动；不准利用职权为配偶、子女和亲友经商办企业提供任何优惠条件。（二）不准在各类经济实体中兼职（包括名誉职务）；个别经批准兼职的，不得领取任何报酬；不准到下属单位和其他企业事业单位报销应由个人支付的各种费用。（三）不准买卖股票。（四）不准在公务活动中接受礼金和各种有价证券；不准接受下属单位和其他企业事业单位赠送的信用卡，也不准把本单位用公款办理的信用卡归个人使用。（五）不准用公款获取各种形式的俱乐部会员资格，也不准用公款参与高消费的娱乐活动。为落实中共中央、国务院的决定，中纪委、中组部、监察部于10月8日制定了《关于党政机关县（处）以上领导干部廉洁自律"五条规定"的实施意见》。此后，中纪委还多次召开会议，研究贯彻落实。

为使反腐倡廉工作抓紧抓实，自1993年起，国务院每年召开一次反腐败工作会议，专门研究部署当年的反腐败斗争。在中共中央、国务院的领导和部署下，反腐倡廉工作形成强大声势，取得了较大进展。具体表现为：一是加强了廉洁自律工作的监督检查。从1993年1月至1996年6月，全国党政机关县（处）级以上干部有26.3万余人（次）在专题民主生活会上，检查、纠正了违反廉洁自律规定的问题，有5.86万余名科级以上干部检查、纠正了住房方面的问题。公款吃喝玩乐之风有所控制。二是查处了一批贪污腐化方面的大案要案。从1992年10月至1997年6月，全国纪检监察机关共立案73.1万余件，结案67.01万余件，给予党纪政纪处分的有66.93万余人，其中开除党籍12.15万余人，被开除党籍又受到刑事处分的37492人。在受处分的党员干部中，县（处）级干部20295人，厅（局）级干部1673人，省（部）级干部78人。其中查处的大案要案主要有北京市委陈希同、王宝森违纪违法案，广东省人大原副主任欧阳德受贿案，中国民航总局原副局长边少敏收受非法所得案等数十起。

通过廉洁自律和对大案要案的查处，使党风廉政建设有了一定起色。在此基础上，中共中央还针对新形势下党员干部队伍中出现的新情况、新问题制定了相应的党风廉政建设的法规和制度。1992年到1997年上半年，中共中央政治局通过一系列条例、准则和规定，其中十四届四中全会于1994年9月28日通过的《中共中央关于加强党的建设几个重大问题的决定》，深刻分析了党的建设的形势，明确提出了新形势下党的建设的艰巨任务。尤其值得指出的是，这个决定将党的建设作为一项"新的伟大工程"提到全党的面前，以引起全党的重视。1997年9月27日，中共中央发布《中国共产党纪律处分条例（试行）》，1998年3月28日，中共中央印发《中国共产党党员领导干部廉洁从政若干准则（试行）》。这两个文件对党员和党员领导干部各种违纪行为及其处分都作了具体、明确的规定。它是党的纪律的具体、系统、完整的条规，是党内处理违纪案件的基本依据，是中国共产党的各级组织和党员必须遵守的行为规范。这两个文件的发布，使党的建设在制度化、法制化的轨道上不断前进。

实行改革开放以来，以邓小平为核心的第二代中央领导集体曾多次提出两个文明建设一起抓的战略思想。在这种思想指导下，全党和全国人民逐步加深了对社会主义精神文明建设的认识，开展了多方面的工作，推动了人们思想面貌的积极变化和科学文化水平的不断提高。以江泽民为核心的第三代中央领导集体，继续坚持关于"两手抓，两手都要硬"的方针，从多方面加强社会主义精神文明建设，作出了积极有效的努力。

1992年6月，江泽民在中共中央党校省部级干部进修班发表讲话时指出：我们进行的社会主义现代化建设的各项事业是互相协调全面发展的事业，不但经济建设要上去，人民的思想道德、科学文化素质和社会秩序、社会风气都要搞好，这样才能促进社会的全面进步和整个社会文明的全面发展。同年10月召开的党的十四大，把社会主义精神文明建设作为建设有中国特色社会主义的一个主要任务加以强调，指出以"有理想、有道德、有文化、有纪律"为目标建设社会主义精神文明，应作为20世纪90年代改革和建设的一项主要任务。1995年中共十四届五中全会进一步阐明："在任何情况下，都不能以牺牲精神文明为代价来换取经济的一时发展。"

为了推进社会主义精神文明建设，1992年以后，还在全国深入持久地开展了爱国主义教育、民主和法制教育、加强党风和廉洁从政教育。通过这些教育，全国先后涌现出一大批体现时代特色、反映时代精神的先进典型，如孔繁森、徐洪刚、李国安、徐虎、李素丽、吴天祥、王启民、吴金印等。

尽管精神文明建设取得了很大成绩，但是也存在一些问题：一些地区和部门的领导对精神文明建设重视不够，措施不力；一些领域道德失范，拜金主义、享乐主义、个人主义滋长；一些地方封建迷信活动和黄、赌、毒等丑恶现象沉渣泛起；商业上的假冒伪劣产品、欺诈活动成为社会公害；文化事业受到消极因素的严重冲击，危害青少年身心健康的东西屡禁不止；腐败现象在一些地方蔓延，党风、政风受到很大损害；等等。这些消极现象，都影响着改革开放和现代化建设事业的健康发展。

针对这一情况，中共中央于1996年10月7日至10日召开十四届六中全会，主要讨论了思想道德和文化建设方面的问题。会议通过了《中共中央关于加强社会主义精神文明建设若干重要问题的决议》。决议强调，"社会主义精神文明建设是一项重大的战略任务"，全党同志必须抓紧抓好。为了将精神文明建设切实落到实处，决议明确提出了社会主义精神文明建设的指导思想、目标任务和工作方针，这就是：必须以马克思列宁主义、毛泽东思想和邓小平建设有中国特色社会主义理论为指导，坚持党的基本路线和基本方针，加强思想道德建设，发展教育科学文化，以科学的理论武装人，以正确的舆论引导人，以高尚的精神塑造人，以优秀的作品鼓舞人，培育有理想、有道德、有文化、有纪律的社会主义公民，提高全民族的思想道德素质和科学文化素质，团结和动员各族人民把我国建设成为富强、民主、文明的社会主义现代化国家。这就是精神文明建设总的指导思想，也是精神文明建设总的要求。今后十五年的主要目标是：在全民族牢固树立建设有中国特色社会主义的共同理想，牢固树立坚持党的基本路线不动摇的坚定信念；实现以思想道德修养、科学教育水平、民主法制观念为主要内容的公民素质的显著提高，以积极健康、丰富多彩、服务人民为主要要求的文化生活质量的显著提高，以社会风气、公共秩序、生活环境为主要标志的城乡文明程度的显著提高；在全国范围形成物质文明建设和精神文明建设协调发展的良好局面。决议还提出，在改革开放和现代化建设的伟大实践中，要积极发展社会主义文化事业，进一步深入持久地开展群众性的精神文明创建活动。

十四届六中全会后，为加强对精神文明建设的协调和指导，中共中央于1998年5月26日成立了精神文明建设指导委员会。各省、自治区、直辖市也建立了相应机构。精神文明建设在有组织、有领导的状况下有序地进行着。

面对世界新的军事革命的严峻挑战，以江泽民为核心的中共中央、中央军委审时度势，制定了人民解放军新的战略指导方针，提出了"政治合格、军事过硬、作风优良、纪律严明、保障有力"的总要求，军事准备的基点要放在打赢现代化条件特别是高技术条件下的局部战争上，实现人民解放军建设由数量规模型向质量效能型、由人力密集型向科技密集型的转变，走有中国特色的精兵之路。人民解放军在革命化、现代化、正规化的道路上阔步向前。

在致力于改革开放和现代化建设的同时，中国对外关系也取得一定进展。总的来说就是同发展中国家的关系进一步巩固，与大国和发达国家的关系逐步改善和发展，多边外交取得显著成效。特别是1996年4月，中俄两国在睦邻友好的基础上，双方进而又宣布建立"平等信任、面向 21 世纪的战略协作伙伴关系"。中国政府一系列对外工作的新进展，使中国的国际地位日益提高，友好合作的空间更加广阔。

五　制定和实施经济社会发展重大战略

经济社会的快速健康发展,不但要有正确的政策和合理的机制,同时也有一个依靠什么来发展的问题。确定科教兴国战略,走科教兴国之路,这正是中国共产党从自己的国情出发所作出的正确选择。

现代科学技术的发展,使科学与生产的关系越来越密切了。进入20世纪80年代后,世界范围内,科学技术推动社会经济发展的作用和效果愈加显著,科技进步在推动国民经济增长的诸因素中已占据首要位置。因此,发展科学技术已成为许多国家发展的战略重点。美国的"星球大战计划",法国及西欧的"尤里卡计划",苏联、东欧的"科技进步综合纲要",日本的"振兴科技政策大纲"等都是将科学技术领先权列为竞争重点,企图从掌握最先进的科学技术入手,进而执世界经济政治之牛耳。这种现实表明,科学技术已成为现代生产力和社会经济发展的最主要的促进和支撑力量,已成为提高一个国家国际地位和综合国力的重大因素。

正是由于科学技术在社会发展中的基础性作用和面对国际社会在科技领域的激烈竞争,邓小平才一再倡导科学技术是第一生产力、发展经济必须重视科技和教育的思想。1992年初,邓小平在南方谈话中依然把科技和教育摆在重要位置,他强调:"经济发展得快一点,必须依靠科技和教育。""要提倡科学,靠科学才有希望。"[1]

---

[1]《邓小平文选》第三卷,人民出版社1993年版,第377—378页。

在改革开放和现代化建设实践的推动下，经邓小平的一再倡导和党的第三代中央领导集体的不懈努力，科教兴国战略逐渐得以确立。1995年5月6日，中共中央、国务院作出《关于加速科学技术进步的决定》，首次明确提出实施科教兴国战略的问题。按照中央的解释，所谓"科教兴国，是指全面落实科学技术是第一生产力的思想，坚持教育为本，把科技和教育摆在经济、社会发展的重要位置，增强国家的科技实力及向现实生产力转化的能力，提高全民族的科技文化素质，把经济建设转移到依靠科技进步和提高劳动者素质的轨道上来，加速实现国家的繁荣强盛"。

《关于加速科学技术进步的决定》作出20天之后，中共中央、国务院在北京召开全国科学技术大会，对科教兴国战略作出了全面部署。5月26日，江泽民在大会上指出："这次大会的主要目的，就是为了动员全党、全国各族人民，全面落实邓小平同志科学技术是第一生产力的思想，认真贯彻《决定》的精神，在全国形成实施科教兴国战略的热潮。"[1]

1996年6月3日，中国科学院第八次院士大会和中国工程院第三次院士大会召开。李鹏在大会开幕式上就搞好科技工作提出了五点要求：（1）坚持经济建设必须依靠科学技术进步，科学技术工作必须为经济建设服务，努力攀登科学技术高峰；（2）坚持科技工作协调发展，做到基础科学研究、应用科学研究、科学技术的开发利用和推广互相促进；（3）坚持不断地进行深化科技体制改革，探索并建立起适合于中国实际情况的社会主义市场经济的科技体制；（4）坚持各路科技力量联合作战，大力协同，综合集成，充分发挥各自的优势和作用；（5）发挥社会主义制度的优势，集中全国力量组织攻关，办几件大事。李鹏关于搞科技工作的这五个坚持的要求，使得如何搞好科技工作的问题在可操作性方面又向前迈进了一步。

科教兴国作为一项重大战略决策提到全党和全国人民的面前，这一方

---

[1]《江泽民文选》第一卷，人民出版社2006年版，第472页。

面是邓小平科学技术是第一生产力思想深入人心的体现,另一方面也是党的第三代领导集体根据全球发展大趋势审时度势而作出的正确抉择。这一决策表明,科技和教育在社会主义现代化建设中的基础性作用,已经引起了中央决策层的充分重视,并已有了将其付诸实施的决心和信心。

后来的实践表明,科教兴国战略在改革开放和社会主义现代化建设中已得到落实,并取得了显著成效。其集中表现就是高新技术得到迅猛发展和科技成果转化率的日益提高。

就高新技术的发展来看,"863"计划和"火炬"计划均已取得显著效果,并且在一些高科技领域的研究上已取得了一大批有重大突破和达到国际先进水平的成果,有的已经或正在被开发成高技术产品。当时中国已有了自己的正负电子对撞机、重离子加速器和同步辐射实验室,而"银河"巨型计算机的研制成功,水下导弹、"长征二号"大力捆绑式火箭、"亚洲一号"通信卫星等高科技成果研制成功与成功发射,也已表明中国在高能物理、计算机技术、运载火箭技术、卫星通信技术等方面有了新的突破。国家相继批准建立了52个国家级高技术产业开发区,高技术成果商品化、高技术商品产业化、高技术产业国际化的体系正在逐步形成。所有这些,对于推动国民经济的发展必将起到重大作用,同时也为21世纪的高科技发展奠定了基础。

再从科技成果的转化率来看,"八五"期间全国取得的3万项重大科技成果已有2.5万项转化为生产力。这期间,绝大多数技术开发类院所的成果应用推广率,都从20%~30%提高到70%~80%。同时由于农业技术的普及,1996年农业增产中的科技贡献率已达39%。从1992年到1996年,成果转化和技术市场的发育已形成了互动的局面。这已说明,科教兴国战略已经在经济和社会发展中产生了积极的社会效应。

立足科教兴国,注重科学技术的第一生产力作用,但同时也要考虑发展的可持续问题。

可持续发展，是当今国际社会普遍关注的重大问题。保护生态环境，实现可持续发展，已成为全球紧迫而艰巨的任务。

1992年，联合国在里约热内卢召开环境与发展大会。中国政府对此高度重视，李鹏总理率团参加，并承诺要认真履行会议所通过的各项文件。这次大会后不久，中国政府即提出了促进中国环境与发展的"十大对策"。国务院环境保护委员会在1992年7月召开的第二十三次会议上，即决定由国家计划委员会和国家科委等部门组织编制《中国21世纪议程——中国21世纪人口、环境与发展白皮书》（简称《中国21世纪议程》）。经多方努力，该议程于1993年4月完成第一稿，共40章，120万字，初步形成了人口、经济、社会、资源、环境等各方面的可持续发展战略、政策和行动框架。议程草案经多次修改后，于1994年3月由国务院常务会议讨论通过。

《中国21世纪议程》作为中国发展问题的指导性文件，它形成以后即开始贯彻落实，其实施过程具体表现为：

第一，在各级的国民经济和社会发展"九五"计划及2010年远景目标中体现可持续发展思想。1994年9月起，国家计委、国家科委组织有关部门和专家，开展了将《中国21世纪议程》纳入国民经济和社会发展计划的研究及培训项目，培训了近300名国务院有关部门和各省、市、自治区计划、科技部门的干部，完成了研究报告，为在《国民经济和社会发展"九五"计划和2010年远景目标纲要》中体现可持续发展思想和提出可持续发展战略奠定了基础，同时做了理论上的准备。

与此同时，各地方、各部门在制订本地方、本部门的"九五"计划和2010年远景目标纲要时，都将《中国21世纪议程》作为指导性文件，使可持续发展的思想在各地区和各部门的"九五"计划和2010年远景目标纲要中得到反映。另外，国务院各有关部委也在结合自身的工作实施可持续发展战略。许多部门也都制订了本行业实施《中国21世纪议程》的行动计划，如《中国林业21世纪议程行动计划》《中国环境保护21世纪议程》《中国海洋21世纪议程》等。

第二，广泛开展《中国21世纪议程》优先项目的国际合作。中国政府与国际组织和外国政府在环境与发展领域的国际合作日益加强，外国企业在中国也觅到了许多感兴趣的合作机会。一批有关环境和发展方面的合作项目正在实施，有的项目已经完成。这些项目有力地促进了中国可持续发展战略的落实。不久，在第一批《中国21世纪议程优先项目计划》中，有30项已启动，占总数的37%，有29项还在洽谈中，占总数的35%。其中，澜沧江—湄公河次区域合作项目进展较快；江西省山江湖的区域开发项目不仅得到国际社会的极大支持，并且已促使当地人在观念上发生了极大的变化；黄河三角洲项目开展顺利，山东省为此成立了领导小组；中国可持续发展网络项目已正式启动，该项目的实施将有力地推动中国的信息共享。

随着改革的深化，如何加快西部地区的经济发展，越来越成为中央重视的课题。在1995年召开的中共十四届五中全会上，江泽民提出：解决地区发展差距问题，坚持区域经济协调发展，是今后改革和发展的一项战略任务。这次全会还部署了开发中西部的一系列具体措施。1994年，全国扶贫开发会议提出了要在20世纪最后七年里基本解决剩余的8000万贫困人口的温饱问题。为使这个计划得以完成，江泽民多次深入贫困地区和边远地区。他说，中国还有几千万人没有解决温饱问题，任何时候都不能忘记这些地区的人民，决不能把贫困问题留到下个世纪。这就为后来提出西部大开发战略[1]准备了条件。

西部大开发战略，是党中央总揽全局、面向新世纪实施的一项重大战

---

[1] 西部开发的政策适用范围包括四川、云南、贵州、西藏、重庆、陕西、甘肃、青海、新疆、宁夏、内蒙古、广西12个省（自治区、直辖市），湖南省湘西土家族苗族自治州、湖北省恩施土家族苗族自治州和吉林省延边朝鲜族自治州经国务院批准，也享受西部大开发的相关政策。

略。我国幅员辽阔,不同地区自然环境和发展条件差异很大,不可能同步均衡发展。比较而言,东部沿海地区经济基础较好,地理环境优越,交通便利,对外开放早,具有率先发展的有利条件。1988年9月,邓小平提出"两个大局"的战略构想,指出:"沿海地区要加快对外开放,使这个拥有两亿人口的广大地带较快地先发展起来,从而带动内地更好地发展,这是一个事关大局的问题。内地要顾全这个大局。反过来,发展到一定的时候,又要求沿海拿出更多力量来帮助内地发展,这也是个大局。那时沿海也要服从这个大局。"[1]根据这一构想,党中央自20世纪90年代中期就开始酝酿调整区域经济发展战略,并相继作出一系列重大决策。1995年9月,十四届五中全会提出:坚持区域经济协调发展,逐步缩小地区发展差距,是今后15年我国经济和社会发展必须贯彻的一条重要方针。世纪之交,随着我国综合国力的增强,国家支持西部地区加快发展的条件基本具备,时机已经成熟。1999年9月,十五届四中全会作出实施西部大开发战略的重大决策。2000年1月,党中央、国务院印发指导西部大开发的纲领性文件,国务院成立西部地区开发领导小组,召开西部地区开发会议。同年10月,十五届五中全会对西部大开发作出进一步部署,西部大开发战略进入实施阶段。此后,国务院就西部大开发的资金投入、投资环境、对外对内开放、吸引人才和发展科技教育等制定了若干具体政策措施,提出要力争用5至10年时间,使西部地区基础设施和生态环境建设取得突破性进展,到21世纪中叶,建成一个经济繁荣、社会进步、生活安定、民族团结、山川秀美的新西部。西部大开发战略由此全面启动。

对外开放"走出去"战略,是党中央根据经济全球化的发展趋势和我国改革开放的发展进程及时提出并实施的一项重大战略。十五大闭幕后不久,中央就明确提出中国企业要"走出去"。1998年2月,江泽民在十五

---

[1]《邓小平文选》第三卷,人民出版社1993年版,第277—278页。

届二中全会上阐述应对亚洲金融危机的方针时强调指出，在积极扩大出口的同时，要有领导有步骤地组织和支持一批有实力有优势的国有企业到国外投资办厂，既要"引进来"，又要"走出去"。这是对外开放相互联系、相互促进的两个方面，缺一不可。2000年10月，十五届五中全会决定以更加积极的姿态，抓住机遇，迎接挑战，趋利避害，推动全方位、多层次、宽领域的对外开放，发展开放型经济，实施"走出去"战略，努力在利用国内外两种资源、两个市场方面有新的突破。根据这一重大决策，我国的对外开放从过去侧重引进为主，发展为"引进来"和"走出去"相结合，积极参与国际竞争与合作，使开放的领域更加扩大。中石油、中石化等一批国有大型骨干企业在实施海外投资战略中发挥了龙头作用。"引进来"和"走出去"相结合的开放战略，有力地推动了开放型经济的发展，使全方位、多层次、宽领域的对外开放格局更加清晰。

加入世界贸易组织[1]，对于我国扩大对外开放、促进国内改革发展具有重大意义。为适应改革开放和现代化建设的需要，我国于1986年7月正式提出恢复我国关贸总协定缔约国地位的申请，并随即成立专门机构统筹对外谈判工作，此后开始了长达15年的艰难谈判和不懈努力。2001年11月10日，在卡塔尔首都多哈举行的世界贸易组织第四届部长级会议通过《关于中国加入世界贸易组织的决定》。12月11日，中国正式成为世贸组织成员。加入世界贸易组织，使中国经济进一步融入经济全球化进程，获得更为广阔的发展空间，也为世界经济发展注入了强大动力，使世界贸易组织真正成为全球性经贸组织。

---

[1] 世界贸易组织（WTO），是当代最重要的国际经济组织之一，有"经济联合国"之称。1994年4月15日，在摩洛哥的马拉喀什市举行的关贸总协定乌拉圭回合部长会议决定成立更具全球性的世界贸易组织，以取代成立于1947年的关贸总协定（GATT）。1995年1月1日，世界贸易组织成立。关贸总协定与世界贸易组织并存一年。

六　香港、澳门回归祖国

完成祖国统一大业，是中华民族的根本利益所在，是全中国人民包括台湾同胞、港澳同胞和海外侨胞在内的共同心愿。

进入改革开放和社会主义现代化建设的新时期以后，中共中央把祖国统一大业提上了日程。邓小平从中国的历史和现实出发，创造性地提出了"一国两制"的伟大构想。按照这一构想，中国政府推动了香港、澳门回归祖国的进程。

中英联合声明签署以后，中国政府即着手起草《中华人民共和国香港特别行政区基本法》。1985年4月10日，六届全国人大三次会议作出关于成立中华人民共和国香港特别行政区基本法起草委员会的决定。同年7月1日，基本法起草委员会正式成立并开始工作。邓小平对基本法的起草工作非常重视，多次作出重要指示。他强调指出："我们的'一国两制'能不能够真正成功，要体现在香港特别行政区基本法里面。这个基本法还要为澳门、台湾作出一个范例。"[1]

经过近五年的努力，基本法起草工作如期完成。1990年4月4日，七届全国人大三次会议审议通过了《中华人民共和国香港特别行政区基本法》，并正式颁布，决定1997年7月1日起实施。

这部基本法是"一国两制"构想的具体体现。其原则精神是：主体原

---

[1]《邓小平文选》第三卷，人民出版社1993年版，第215页。

则;"一国两制"原则;保持香港繁荣稳定的原则;实行港人治港、高度自治的原则。其内容除序言及三个附件外,共9章160条,分别就中央和香港特别行政区的关系,香港居民基本权利、自由和义务,香港特别行政区政府机构的组成、职权和人员,经济、社会和对外事务的制度和政策,以及区旗区徽等作了具体规定。这就把"一国两制"的方针以法律的形式确定下来。这部前所未有的法律充分体现了中英联合声明的精神,照顾了历史和现实,照顾了香港各阶层和中华民族的整体利益,也照顾了英国和其他国家在香港的利益,因而在祖国大陆、香港和国际社会都获得了广泛赞誉和高度评价。

《中华人民共和国香港特别行政区基本法》的通过和颁布,标志着香港回归祖国进入后过渡期。此后,中国政府坚决维护中英联合声明和基本法的原则,加快了香港回归祖国的准备工作。

然而,香港的后过渡期并不是一帆风顺的。1992年10月,上任不到三个月的第二十八任港督彭定康,对香港的平稳过渡采取不合作的态度。对此,中国政府一方面予以严正驳斥,争取英方回到联合声明的立场上来,一方面又坚持"以我为主",立足于依靠我们自己的力量和港人的共同参与来实现香港的平稳过渡,并提出了"以我为主,两手准备"的方针。1993年7月2日,全国人大常委会决定成立香港特别行政区筹备委员会预备工作委员会。预委会的成立,标志着中国在香港恢复行使主权的准备工作进入了一个新的阶段。1994年8月31日,全国人大常委会通过决定:按照英方"三违反"方案产生的立法局,于1997年6月30日终止,授权特区筹委会按人大常委会有关决定和基本法的有关规定,组建香港特区第一届立法机构。

在中方的不懈努力下,1995年初,英方终于表示了改善两国关系的愿望,在与中方的合作上采取了比较积极的态度,使一些有关平稳过渡的问题达成协议,受到各方欢迎。

1996年1月26日，由94位香港委员和56位内地委员组成的香港特别行政区筹备委员会在北京宣告成立。筹委会不仅是一个工作机构，而且是一个权力机构，它将负责就筹建香港特别行政区的一切有关事宜作出决策，并组织执行和落实。这标志着中国政府对香港恢复行使主权的准备工作进入了一个新的阶段。1月28日，国务院、中央军委发布公告：中央人民政府驻香港部队组成。同一天，驻港部队在深圳市公开亮相。

　　1996年8月，推选委员会参选人员开始报名。11月1日至2日，筹委会第六次全会从5800多名报名人选中，推选产生出400位推委会委员。11月15日，推委会正式成立，并推选出三位特区行政长官候选人，由此揭开了全面组建特区政府的序幕。12月11日，时任全国政协委员、香港特别行政区筹委会副主任委员董建华在推选委员会第三次会议上当选为香港特别行政区第一任行政长官。12月12日，香港特别行政区筹备委员会在深圳举行第七次全体会议，通过报请国务院任命特别行政区第一任行政长官的报告。12月16日，国务院召开第十一次全体会议，对这一报告作出决定。12月18日，国务院总理李鹏在北京向董建华颁发了国务院的任命书。12月21日，推选委员会在深圳举行第四次全体会议，选举产生了香港特别行政区临时立法会的60名议员。1997年2月20日，董建华任命了香港特区第一届政府的23名高级官员。

　　1997年6月30日午夜至7月1日凌晨，中英两国政府香港政权交接仪式在香港会议展览中心新翼五楼大会堂隆重举行。英国米字旗和港英的皇冠狮子旗降下，五星红旗和香港特别行政区的五星花蕊紫荆花区旗升起。中国政府开始对香港恢复行使主权。这是洗刷中华民族百年耻辱的庆典。在高高升起的五星红旗辉映下，江泽民庄严宣告："中国对香港恢复行使主权。中华人民共和国香港特别行政区正式成立。""经历了百年沧桑的香港回归祖国，标志着香港同胞从此成为祖国这块土地上的真正主人，香港的发展从此进入一个崭新的时代。"[1] 中英两国政府香港政权交接仪式结束后，香港特别行政区政府立即宣誓就职。"一国两制""港人治港、高度自治"，由中国共产党和邓小平为香港前途设计的蓝图，在这一刻变成了现实。香港的发展从此进入了一个崭新的时代。

在解决香港问题的过程中，中国政府还同葡萄牙政府就澳门问题展开磋商。经过四轮谈判，于1987年4月13日签署了《中华人民共和国政府和葡萄牙共和国政府关于澳门问题的联合声明》，宣布澳门是中国领土，中国政府将于1999年12月20日对澳门恢复行使主权。此后，中国政府开始组织起草澳门特别行政区基本法，并于1993年3月八届全国人大一次会议上获得通过。

1999年12月20日，中国政府和葡萄牙政府如期在澳门举行了政权交接仪式。在高高升起的中华人民共和国国旗下，江泽民庄严宣告：中国政府开始对澳门恢复行使主权，中华人民共和国澳门特别行政区政府正式成立。澳门回到祖国怀抱，标志着在中国的国土上彻底结束了外国列强的殖民统治。这是旧中国的历届政府所不能也不敢解决的问题，是中国共产党对于中华民族的历史性贡献。

按照"一国两制"的方针，中国恢复对香港、澳门行使主权，同时保持那里原有的资本主义制度不变，这有利于继续保持香港、澳门的稳定和繁荣。同时，中国的主体部分是社会主义，容许个别小的地区实行资本主义制度，对于整个社会主义事业的发展不仅无害，而且有利。

在香港、澳门回归祖国的过程中，大陆与台湾的关系也逐渐朝着"一国两制"、和平统一的方向发展。海峡两岸结束了长期隔绝的局面。台湾同胞赴大陆探亲、旅游、经商的人次一年比一年增加，台胞在大陆的投资急剧增长，两岸交往特别是文化交流得到较快发展。1993年4月，大陆海

---

[1]《人民日报》1997年7月1日。

协会会长汪道涵与台湾海基会董事长辜振甫举行会谈,这是海峡两岸授权的民间团体最高负责人之间的直接会谈。

中国共产党不断通过各种渠道,呼吁台湾当局尽早结束与祖国大陆的分裂状态,实现祖国的完全统一。同时多次正告美国领导人,台湾问题是中美关系发展的主要障碍,中国绝不允许把台湾当作美国的"航空母舰"和势力范围。按照"一国两制"的办法实现中国的统一,不仅对中国有利,而且对亚洲太平洋地区和全世界,也是一件很好的事情。

1995年春节来临之际,国家主席江泽民于1月30日发表了《为促进祖国统一大业的完成而继续奋斗》的重要讲话,提出了发展两岸关系的八点主张:(1)坚持一个中国的原则,是实现和平统一的基础和前提;(2)对于台湾同外国发展民间性经济文化关系,我们不持异议;(3)进行海峡两岸和平统一谈判,是我们的一贯主张;(4)努力实现和平统一,中国人不打中国人;(5)面向21世纪世界经济的发展,要大力发展两岸经济交流与合作,以利于两岸经济共同繁荣,造福整个中华民族;(6)中华各族儿女共同创造的五千年灿烂文化,始终是维系全体中国人的精神纽带,也是实现和平统一的一个重要基础;(7)要充分尊重台湾同胞的生活方式和当家作主的愿望,保护台湾同胞一切正当权益;(8)我们欢迎台湾当局的领导人以适当身份前来访问,我们也愿意接受台湾方面的邀请前往台湾。

这八点主张,进一步阐明和发挥了邓小平关于"和平统一、一国两制"的方针,充分体现了中国共产党和中国政府在台湾问题上所持的以国家和民族大义为重,尊重历史与现实,既坚持原则又求同存异的公正立场,同时也提出了一系列发展两岸关系的新建议和新思路,因而立即受到了海内外一切关心中国统一的人们的热烈欢迎。

根据这八点主张,中国政府和人民为进一步促进祖国和平统一开展了多方面工作。海峡两岸的经贸关系和民间往来交流活动继续得到发展,实现祖国完全统一,已成为不可阻挡的历史大趋势。

"和平统一、一国两制"的主张引起了越来越多的海内外有识之士的认同。但是,一意孤行的台湾少数当权者却在分裂祖国的危险道路上越走越远。对此,江泽民作了这样的回答:"我们解决台湾问题的方针是'和平统一、一国两制'。在解决台湾问题上,我们不承诺放弃使用武力,正是为了促成和平解决。中国人民一定要也一定能够实现祖国的完全统一。"[1]"实现祖国的完全统一和维护祖国的安全,是中华民族伟大复兴的根本基础,也是全体中国人民不可动摇的坚强意志。"[2]党领导人民同"台独"势力进行了坚决斗争。

---

[1]《人民日报》1999年9月28日。
[2]《人民日报》1999年10月2日。

七 阔步迈向 21 世纪

正当以江泽民为核心的党的第三代中央领导集体带领全党和全国各族人民，为实现跨世纪的奋斗目标而奋力前进的时候，1997年2月19日，中国改革开放和现代化建设的总设计师邓小平不幸逝世。

世纪之交，社会转型，机遇与挑战并存，各种思想文化相互激荡，社会主义市场经济所带来的新情况、新矛盾、新问题层出不穷。在这种纷繁复杂的形势之下，中国共产党能否带领全国各族人民继续沿着邓小平开创的建设有中国特色社会主义道路走下去，社会主义的中国举什么旗帜，便立即引起世界瞩目和国人的关注。

2月25日，在邓小平同志追悼大会上，江泽民在致悼词时明确宣告：更高地举起邓小平建设有中国特色社会主义理论的伟大旗帜，更好地贯彻执行党的基本路线，这是我们党中央领导集体坚定不移的决心和信念，也是全党全军全国各族人民的共识和愿望。全党全军全国各族人民一定要继承邓小平同志的遗志，把邓小平同志开创的建设有中国特色社会主义的伟大事业推向前进。

5月29日，江泽民在中共中央党校省部级干部进修班毕业典礼上发表重要讲话，明确指出：在社会主义改革开放和现代化建设的新时期，在跨越世纪的新征途上，一定要高举邓小平建设有中国特色社会主义理论的伟大旗帜，用这个理论来指导我们的整个事业和各项工作，这是党从历史和现实中得出的不可动摇的结论。江泽民强调，旗帜问题至关重要。旗帜就是方向，旗帜就是形象。在邓小平同志逝世后，我们全党特别是高级领导干部在这个问题上尤其要有高度的自觉性和坚定性，无论遇到什么困难、什么风险，都不能动摇。江泽民的这篇讲话，是在党的十五大召开之前、就十五大的指导方针向党的高级干部作思想酝酿的重要讲话。

1997年9月12日至18日，中国共产党第十五次全国代表大会在北京举行。与会代表2048人，代表党员5800万人。

江泽民代表第十四届中央委员会向大会作《高举邓小平理论伟大旗帜，把建设有中国特色社会主义事业全面推向二十一世纪》的报告。大会通过了这个报告。在这个报告中，首次使用了"邓小平理论"的提法，把这一理论作为指引全党全军全国各族人民继续前进的旗帜，着重阐明了在跨越世纪的征途上，必须高举邓小平理论的伟大旗帜，用邓小平理论来指导我们整个事业和各项工作。

高举邓小平理论伟大旗帜，无疑是要以邓小平理论为灵魂，把建设有中国特色社会主义的伟大事业胜利地推向前进。党的十五大也正是本着这一精神，对跨世纪的经济、政治、文化、国防、外交以及党的建设等领域的改革和发展作出了战略性的部署。十五大报告指出，把建设有中国特色社会主义的伟大事业全面推向21世纪，就是要抓住机遇而不可丧失机遇，开拓进取而不可因循守旧，围绕经济建设这个中心，经济体制改革要有新的突破，政治体制改革要继续深入，精神文明建设要切实加强，各个方面相互配合，实现经济发展和社会全面进步。

根据邓小平理论和党的基本路线、基本纲领，党的十五大对跨世纪发展的战略部署提出了进一步要求：调整和完善所有制结构，加快推进国有企业改革；完善分配结构和分配方式；充分发挥市场机制作用，健全宏观调控体系；加强农业基础地位，调整和优化经济结构；实施科教兴国战略和可持续发展战略；努力提高对外开放水平。要在坚持四项基本原则的前提下，继续推进政治体制改革，进一步扩大社会主义民主，健全社会主义法制，依法治国，建设社会主义法治国家。必须着力提高全民族的思想道德素质和科学文化素质，为经济发展和社会全面进步提供强大的精神动力和智力支持。实现这些任务和目标，关键在于坚持、加强和改善党的领导，进一步把党建设好。

十五大报告还对社会主义初级阶段的所有制结构和公有制实现形式、发展社会主义民主政治等重大问题作出了新的论断，指出：要全面认识公有制经济的含义。公有制经济不仅包括国有经济和集体经济，还包括混合所有制经济中的国有成分和集体成分。国有经济起主导作用，主要体现在控制力上。公有制实现形式可以而且应当多样化，一切符合"三个有利于"的所有制形式都可以用来为社会主义服务。非公有制经济是我国社会主义市场经济的重要组成部分。依法治国，是党领导人民治理国家的基本方略，是发展社会主义市场经济的客观需要，是社会文明进步的重要标志，是国家长治久安的重要保障。这些论断，是对改革开放以来建设有中国特色社会主义实践的经验总结，是党在社会主义理论问题上的又一次思想解放和认识深化。

大会选出了新一届中央委员会。在1997年9月19日举行的中共十五届一中全会上，选举产生了中央政治局。全会选举江泽民、李鹏、朱镕基、李瑞环、胡锦涛、尉健行、李岚清为中央政治局常务委员会委员，江泽民继续当选为中央委员会总书记。决定江泽民为中共中央军事委员会主席。批准尉健行为中央纪律检查委员会书记。

党的十五大在世纪之交中国改革开放和社会主义现代化建设发展的关键时刻，高举邓小平理论伟大旗帜，承前启后，继往开来，为把邓小平开创的建设有中国特色社会主义事业全面推向21世纪，提供了在思想上、政治上和组织上的保证。

党的十五大之后，全党全国人民积极行动起来，为落实十五大提出的各项战略任务而积极开展各项工作。各项改革方案也纷纷出台。

一是大力深化国有企业改革。在国有企业改革方面主要做了以下工作：（1）落实下岗职工生活保障和再就业工作，下岗职工的基本生活费由政府、企业、社会共同承担。（2）建立国务院稽查特派员制度，向国有企业派遣稽查特派员以加强对国有企业的监督管理。（3）成立了中央大型企业工委，以加强企业党的建设并加强对企业的监管。这些配套措施的实施，加快了国有企业改革的步伐。国有企业开始进行战略性调整，经营状况明显改善。

二是进行金融体制改革。为强化党对金融工作的领导，1998年6月，中共中央正式成立金融工委。与此同时，中国人民银行还开始在全国建立跨省、市、自治区的大区分行，强化垂直领导，加强金融监管；国有商业银行也在进行内部机构调整，以减少支行、压缩人员、提高效益。

三是粮食流通体制改革全面展开。1998年4月底，国务院在北京召开全国粮食流通体制改革会议，确定改革的原则是：实行政企分开、储备与经营分开、中央与地方责任分开、新老财务账目分开，完善粮食价格机制，以调动农民的积极性。6月初，国务院又召开了全国粮食购销工作电视电话会议，提出按保护价敞开收购农民余粮、粮食收储企业实行顺价销售、农业发展银行收购资金封闭运行三项政策，加快国有粮食企业自身改革。6月6日，朱镕基签发国务院第244号令，颁布了《粮食收购条例》，以此加强粮食收购管理。

四是积极稳妥地进行国务院机构改革。1998年6月19日，朱镕基总理主持召开国务院第二次全体会议，总结了新一届政府组建以来各部门"三定"（定职能、定机构、定编制）方案的制定工作，对下一步实施"三定"工作作出部署。根据国务院批准的各部门的"三定"方案，按照转变政府职能、实行政企分开的要求，国务院各部门转交给企业、社会中介组织和地方的职能有200多项，在部门之间调整转移的职能100多项，部门内设的司局级机构减少200多个，精简了四分之一，人员编制总数减少

47.5%。

上述改革的成功，实现了新一届政府的承诺，为完成党的十五大和九届全国人大一次会议的各项部署提供了有力保证。

党的十五大以后，在迈向新世纪的征途上，党和国家先后遇到了来自国内的和国外的、经济生活中和社会生活中的一系列难以预料的困难和风险。中共中央清醒地估量形势，果断地作出决策，领导全党和全国人民高举邓小平理论伟大旗帜，同心同德，不屈不挠，团结奋斗，克服了困难，抗御了风险，经受了考验，把建设有中国特色社会主义事业胜利地推向了21世纪。

1997年下半年爆发的亚洲金融危机，引起了中共中央的高度重视。11月17日至19日，中共中央、国务院在北京召开全国金融会议，正确估量了当前经济、金融形势，对进一步深化金融体制改革和整顿金融秩序、防范和化解金融风险的重要性和紧迫性有了充分的认识，明确了做好这项工作的总体要求、指导原则、主要任务和重要措施。由于此前几年宏观调控的成功和金融体制改革取得的成果，使得中国的综合国力显著增强，商品市场已整体上告别了短缺经济，转向买方市场，生产资料供应充足，粮食储备和外汇储备都达到了历史最高水平。更为重要的是，党和政府已在领导改革开放和现代化建设中积累了丰富经验，具有了驾驭复杂局势的能力。这一切，为承受和抗御突然袭来的巨大风险准备了必要的条件。

在周边许多国家都因这场金融危机的袭击而货币大幅度贬值的情况下，中国政府几次作出人民币不贬值的承诺，并且给予受到金融危机影响严重的国家以一定的援助。这场金融风暴虽然给中国经济的发展带来了一些负面影响，但由于防范及时、应对正确，中国经济经受住了这次来势凶猛的冲击，迫在眉睫的风暴与中国擦肩而过。中国为缓解这场影响全球的风暴承担了风险，付出了代价，作出了积极的贡献，起到了稳定亚洲经济和金融形势的中流砥柱的作用，在全世界产生了良好的影响。全世界都从中国政府的所作所为中看到，中国的确是一个负责任的大国，是一个不可缺少的稳定因素。中国的国际地位和威望得到进一步提高。

亚洲金融风暴还没有停息，一场特大的洪水又突然袭来。

从1998年6月中旬开始，长江流域、嫩江、松花江流域出现了一个世纪以来所罕见的严重洪灾。全国受灾面积达3.18亿亩，受灾人口2.23亿人，直接经济损失达2000多亿元。许多工矿企业停产，长江部分航段中断航运一个多月，对生产建设造成严重影响。再加上社会经济生活中原来积聚的种种矛盾，特别是相当一部分企业在经济转轨中出现经营困难、职工下岗和再就业压力的增加等问题，使党和政府面临着相当严峻的困难局面。

在特大洪水袭来后，中共中央、国务院、中央军委临危不乱，果断决策，领导了一场惊心动魄、气壮山河的抗洪斗争。在这场斗争中，江泽民等党和国家领导人几次亲临抗洪第一线，察看灾情、汛情，及时作出部署，极大地鼓舞了抗洪军民的士气。参加抗洪的广大干部群众不顾个人安危得失，同滔滔洪水展开殊死搏斗。尤其是人民解放军和武警部队官兵更表现出顽强拼搏和自我牺牲的精神，为夺取抗洪胜利发挥了关键作用。全国上下及海内外同胞也倾力支援，体现了中华民族的强大凝聚力。经过艰苦卓绝的奋斗，肆虐的洪水终于被制服，中华民族谱写了壮烈的抗洪篇章。抗洪抢险斗争的全面胜利，保住了改革开放和现代化建设的成果，保住了千百万人民群众的生命财产。这是中国共产党领导全国人民创造的举世瞩目的人间奇迹。

在同洪水的搏斗中，党、人民解放军和人民群众经受住了严峻的考验，展现出了一种十分崇高的精神。这就是江泽民在1998年9月全国抗洪抢险总结表彰大会上所概括的"万众一心、众志成城，不怕困难、顽强拼搏，坚韧不拔、敢于胜利的伟大抗洪精神"。这种精神，同中国共产党一贯倡导的革命精神和新时期的创业精神一样，都是中国人民的宝贵精神财富。

抵御亚洲金融危机冲击和战胜国内特大洪涝灾害的胜利,使党和人民在推进改革开放和现代化建设、实施跨世纪发展战略目标的道路上更加充满信心、步伐坚定,各项工作都取得了显著的成绩。

党的十五大以后,农业问题和国有企业问题成为第三代中央领导集体关注的重点。

1998年10月,中共十五届三中全会审议通过了《中共中央关于农业和农村工作若干重大问题的决定》。该决定在全面总结农村改革20年基本经验的基础上,提出了从20世纪末到2010年建设有中国特色社会主义新农村的奋斗目标,确定了实现这一目标必须坚持的方针。该决定要求:以公有制为主体、多种所有制经济共同发展的基本经济制度,以家庭承包经营为基础、统分结合的经营制度,以劳动所得为主和按生产要素分配相结合的分配制度,必须长期坚持。在这个基础上,按照建立社会主义市场经济体制的要求,深化农村改革。这个决定的贯彻,使农村以家庭承包经营为基础、统分结合的双层经营体制得到进一步稳定,农产品流通体制改革继续稳步推进,农产品市场体系进一步完善,农业生态环境有了改善,农业和农村经济结构继续得到优化。扶贫攻坚力度加大,完成了到2000年使贫困地区农民全部实现温饱的目标。同时,农村基层民主法制建设、社会主义精神文明建设、农村基层党组织和干部队伍建设都得到了切实加强。

以加快国有企业改革、建立现代企业制度、实现国有企业整体脱困为重点的改革攻坚取得显著进展。1999年9月,中共十五届四中全会审议通过了《中共中央关于国有企业改革和发展若干重大问题的决定》。该决定确定了到2010年国有企业改革和发展的主要目标和必须坚持的指导方针,指出:完成这一历史任务,首先要尽最大努力实现国有企业改革和脱困的三年目标;要着力抓好重点行业、重点企业和老工业基地,把解决当前突出问题与长远发展结合起来，为国有企业跨世纪发展创造有利条件；从战略上调整国有经济布局，要同产业结构的优化升级和所有制结构的调整完善结合起来，坚持有进有退，有所为有所不为，提高国有经济的控制力；国有经济要在关系国民经济命脉的重要行业和关键领域占支配地位；积极探索公有制的多种有效实现形式，大力发展股份制和混合所有制经济；继续对国有企业实施战略性改组，充分发挥市场机制作用，着力培育大型企业和企业集团；要继续推进政企分开，按照国家所有、分级管理、授权经营、分工监督的原则，积极探索国有资产管理的有效形式，对国有大中型企业实行规范的公司制改革，面向市场转换经营机制；建立与现代企业制度相适应的收入分配制度，形成有效的激励机制和约束机制；改革国有企业资产负债结构，减轻企业社会负担，要以市场为导向，用先进技术改造传统产业；在新兴产业和高技术产业，国有企业要占据重要地位，掌握核心技术，发挥先导作用。根据这一决定，国有企业改革进一步深化，陆续组建了一批大型企业集团，企业内部改革和转换经营机制的工作进一步加强。通过兼并破产、改组联合、债转股和加强管理等措施，国有及国有控股大中型企业中的亏损户有了显著减少。1999年，纺织行业提前一年实现了三年脱困目标，其他行业也出现了增盈或减亏的好势头。到2000年，中央确定的国有企业改革和脱困的目标得到胜利实现。

　　与国有企业深化改革相联系，下岗职工基本生活保障和再就业工作也受到中共中央、国务院的高度重视，制定和采取了一系列政策措施，以妥善解决下岗职工的困难和再就业问题。1998年5月14日至16日，中共中央、国务院在北京召开国有企业下岗职工基本生活保障和再就业工作会议。江泽民在会上指出：这项工作不仅是重大的经济问题，也是重大的政治问题，不仅是现实的紧迫问题，也是长远的战略问题。要求各级党委和政府，一定要把它作为一个头等大事抓紧抓好。

　　政企分开的工作也加快了步伐。1999年，中共中央作出了中央党政机关与所办经济实体和管理的直属企业脱钩的决策,并迅速得到落实。金融体制改革和防范金融风险的工作继续加强,撤销了人民银行省级银行,设置跨省区的九家分行,关闭了个别问题严重的金融机构,金融秩序进一步好转。中共中央、国务院组织有关部门,集中力量在全国范围内开展了大规模的反走私联合行动,严厉打击骗汇、逃汇、套汇的犯罪活动,取得显著成效。这些重大措施,有效地保证了社会主义市场经济的健康发展,受到人民群众普遍拥护。

面对世纪之交的机遇和挑战,以江泽民为核心的党中央准确把握国际大局和国内大局的新变动,根据邓小平关于中国现代化建设"两个大局"的战略思想,适时地作出了西部大开发的战略决策。1999年6月17日,江泽民在西北五省区国有企业改革和发展座谈会上指出:"现在我们正处在世纪之交,应该向全党和全国人民明确提出,必须不失时机地加快中西部地区的发展,特别是抓紧研究西部大开发。"[1]同年9月举行的党的十五届四中全会明确提出:国家要实施西部大开发战略。在中共中央、国务院的统一部署下,西部大开发战略进入到实施阶段。这一面向新世纪的重大决策,对于推动国民经济的持续增长、促进各地区经济协调发展、最终实现现共同富裕,对于加强民族团结、维护社会稳定和巩固国防,都具有十分重要的意义。

1999年,各项建设都取得了新的成就。整个国民经济继续朝着好的方向发展,国内生产总值增长率达到预期目标,大多数行业经济效益明显回升,国家财政收入总额首次突破万亿元,达到11377亿元,金融运行平稳,外贸出口开始大幅度回升,人民币汇率稳定,国家外汇储备继续增加,人民生活水平得到进一步提高。1999年10月1日,在北京天安门广

---

[1] 江泽民:《在西北五省区国有企业改革和发展座谈会上的讲话》,《人民日报》1999年6月19日。

场举行盛大的中华人民共和国成立50周年庆祝大会,并举行阅兵式。江泽民等党和国家领导人检阅了改革开放和现代化建设的丰硕成果。江泽民在大会上讲话说:"实践已经充分证明,只有社会主义才能救中国,只有社会主义才能发展中国。实践也充分证明,建设有中国特色社会主义,是实现中国经济繁荣和社会全面进步的康庄大道。""奋斗就会有艰辛,艰辛孕育新的发展。这是一个普遍规律。中国的未来是无限光明的。让我们高举马克思列宁主义、毛泽东思想、邓小平理论的伟大旗帜,朝着辉煌的目标奋勇前进!一个富强民主文明的社会主义现代化中国必将出现在世界的东方。"[1]

1999年,中共中央还统揽全局,针对国内外的一系列突发事件,领导全国人民及时进行了三项重大政治斗争:一是针对以李登辉为首的台湾分裂势力鼓吹"两国论"的嚣张气焰,立即组织全国各界开展了批判"两国论"的斗争,坚决打击了破坏祖国统一的分裂行径。二是针对少数人利用"法轮功"散布歪理邪说、严重侵蚀人们思想、聚众扰乱社会公共秩序、破坏改革发展稳定局面的事件,及时取缔"法轮功"邪教组织,发动社会各界展开强大舆论攻势,揭批"法轮功"邪教的罪行,加强了思想政治工作,维护了社会稳定。三是针对以美国为首的北约集团袭击中国驻南斯拉夫使馆,造成人员伤亡、馆舍严重损毁的野蛮行径,立即向美国当局及北约国家领导人进行严正交涉,并组织社会各界进行了大规模的声讨和抗议活动,极大地激发起全国人民的爱国热情和为振兴祖国而努力奋斗的信念。这些斗争的开展,对教育和团结全国人民具有深远的政治意义,为改革开放和现代化建设创造了良好的社会环境。

在世纪之交,党对复杂多变的国际形势继续保持了清醒的认识,坚持

---

[1] 江泽民:《在庆祝中华人民共和国成立五十周年大会上的讲话》,《人民日报》(海外版)1999年10月2日。

奉行独立自主的和平外交政策，积极发展与世界各国的友好合作关系，开展了积极主动和卓有成效的外交活动。通过江泽民等党和国家领导人的一系列出访和外国领导人的来访，同许多国家都确定了面向21世纪发展双边关系的原则。特别是1997年和1998年，中国国家主席江泽民和美国总统克林顿成功实现了互访，双方决定共同建立面向21世纪的建设性战略伙伴关系。在国际事务中，中国政府继续坚持公正立场，积极维护和平和稳定，对少数反华势力干涉中国内政、侵犯中国主权的企图，进行了有力回击。中国的国际地位和威望更加提高，为进入新世纪的改革开放和现代化建设事业赢得了有利的国际环境。

面向新的世纪，在建立社会主义市场经济体制的过程中，如何把中国共产党建设成为能够经受住各种风险、始终走在时代前列的马克思主义政党，是一个崭新的课题。从1995年起，江泽民多次提出干部要讲学习、讲政治、讲正气。为适应改革开放和现代化建设事业跨世纪发展的需要，提高党的执政水平和领导水平，按照中共中央的部署，从1999年开始，全党在县以上党政领导班子和领导干部中，集中时间分期分批开展了以"讲学习、讲政治、讲正气"为内容的三讲教育。江泽民等中央政治局常委分别到一个县调查研究，并亲自主持动员，推动了"三讲"教育的深入进行。通过这一教育，有效地解决了在党性和党风方面存在的一些突出问题，明显提高了各级领导干部的思想政治素质，同时也为不断加强党的自身建设这一跨世纪工程进行了创造性的新探索，为把改革开放和社会主义现代化建设事业胜利推向21世纪提供了重要保证。

2000年2月，江泽民在广东考察工作及参加高州市领导干部"三讲"教育会议时，提出了"三个代表"重要思想。江泽民指出："要把中国的事情办好，关键取决于我们党，取决于党的思想、作风、组织、纪律状况和战斗力、领导水平。只要我们党始终成为中国先进社会生产力的发展要求、中国先进文化的前进方向、中国最广大人民的根本利益的忠实代表，我们党就能永远立于不败之地，永远得到全国各族人民的衷心拥护并带领人民不断前进。"[1]"三个代表"的重要论述在 2 月 26 日见报后，在党内外产生了强烈反响。接着，江泽民又考察了江苏、浙江、宁夏、甘肃的党的建设，进一步阐述了党的建设问题，推动了"三个代表"重要思想的学习。

"三个代表"是中国共产党的立党之本、执政之基、力量之源。这一重要思想，为中国共产党面向新世纪进一步巩固、加强、提高自己，提供了强大的思想武器，为全面推进党的建设新的伟大工程，把党建设成为有中国特色社会主义事业的坚强领导核心，指明了前进的方向。按照"三个代表"的要求，全党进一步加强了自身建设，为在允满希望与挑战的 21 世纪把建设有中国特色社会主义伟大事业胜利推向前进，做好了充分的准备。

---

[1]《江泽民在广东考察工作强调：紧密结合新的历史条件加强党的建设　始终带领全国人民促进生产力的发展》，《人民日报》2000 年 2 月 26 日第 1 版。

第九章
全面建设小康社会

由计划经济体制向社会主义市场经济体制的转变，实现了改革开放新的历史性突破，打开了我国经济、政治和文化发展的崭新局面。到2000年年底，国民经济和社会发展的第九个五年计划胜利完成，社会主义市场经济体制初步建立，人民生活总体上实现了由温饱到小康的历史性跨越。党的十六大提出了全面建设小康社会的奋斗目标，党的十七大对我国发展提出了新的更高要求。

站起来 富起来 强起来

一 总体小康的实现

党的十五大以后,全党和全国各族人民高举邓小平理论伟大旗帜,加快建立社会主义市场经济体制的改革步伐,努力促进国民经济持续快速健康发展,全面推进中国特色社会主义伟大事业,取得了改革开放和社会主义现代化建设新的辉煌成就。到2000年年底,国民经济和社会发展的第九个五年计划胜利完成,社会主义市场经济体制初步建立,人民生活总体上实现了由温饱到小康的历史性跨越。

1997年后,由于党中央的正确决策,我国克服了亚洲金融危机和世界经济波动带来的不利影响,保持了经济持续较快增长。"九五"期间,我国国内生产总值一直保持着稳定增长,2000年达到99214.6亿元,人均7858元。[1]继1995年提前实现国民生产总值比1980年翻两番的目标之后,又在我国人口增长3亿左右的情况下超额完成了党的十四届五中全会提出的人均国民生产总值比1980年翻两番的任务。在经济持续增长和效益不断提高的基础上,国家财政收入连年增加,2000年达到13395亿元,五年累计超过5万亿元。[2]我国主要工农业产品产量位居世界前列,经济总量

---

[1] 参见国家统计局编:《中国统计年鉴-2006》,中国统计出版社2006年版,第57页,表3-1:国内生产总值。

[2] 参见国家统计局编:《中国统计年鉴-2006》,中国统计出版社2006年版,第281页,表8-1:国家财政收支总额及增长速度。

由世界第九位跃居第六位。[1]

到 2000 年年底，我国社会主义市场经济体制已经初步建立。国有企业改革稳步推进，公有制经济进一步壮大。大多数国有大中型骨干企业通过优化结构、深化改革，经营状况明显改善，摆脱了长期亏损的局面，初步建立起现代企业制度。国有小型企业放开搞活的步伐加快并取得明显成效。国有企业管理体制和经营机制发生深刻变化，企业优胜劣汰的竞争机制初步形成，开创了国有企业改革和发展的新局面。个体、私营等非公有制经济发展较快。财税、金融、流通、住房和政府机构改革继续深化。市场体系建设全面展开，政府职能转变步伐加快，适应市场经济的宏观调控体系初步形成。资本、劳动力、技术等生产要素市场加速发展，市场调节比重不断增加，国民经济市场化程度进一步提高，市场在资源配置中的基础性作用明显增强。

适应经济全球化的趋势，我国对外开放水平进一步提高。开放型经济快速发展，全方位、多层次、宽领域的对外开放格局基本形成。随着对外开放领域的拓展，我国对外贸易不断扩大，利用外资数量和质量不断提高。2000 年，我国进出口贸易总额达 4743 亿美元，在世界贸易中的排名由 1995 年的第十一位提升至第八位。[2] 在对外贸易中，出口商品的结构得到进一步优化，在实现由初级产品为主向加工产品为主的转变后，又实现了从一般加工产品为主向机电产品为主的转变。"九五"期间累计实际利用外资 2898 亿美元，比"八五"时期增长 80%。[3] 国家外汇储备超过 1600

---

[1] 参见国家统计局编：《中国统计年鉴-2006》，中国统计出版社 2006 年版，第 1028 页，附录 2-6：中国主要指标居世界位次。

[2] 同上。

[3] 根据《中国统计年鉴-2006》表 18-14（利用外资概况，第 752 页），计算得出："九五"时期累计实际利用外资 2898 亿美元，"八五"时期为 1611 亿美元，增长 80%；"九五"时期外商直接投资 2135 亿美元，"八五"时期为 1142 亿美元，增长 87%。

亿美元[1]，位居世界第二。外商投资领域不断拓宽，外商直接投资的科技含量增加，跨国公司来华投资增多。

政治体制改革稳步推进，社会主义民主政治和精神文明建设成效显著。人民代表大会制度、中国共产党领导的多党合作和政治协商制度、民族区域自治制度不断完善，基层民主活力增强。爱国统一战线发展壮大，民族、宗教和侨务工作取得新进展。依法治国基本方略切实贯彻，社会治安综合治理取得新成效。

科技、教育、文化、卫生、体育等事业全面进步，群众精神文化生活日益丰富。"九五"时期，科技经费投入累计达5828亿元，是"八五"时期的1.9倍，平均每年取得科技成果3万余项。[2]航空航天、信息、新材料和生物工程等高科技领域取得一批重要成果。"神舟"号飞船试验飞行成功，载人航天事业迈出重要步伐。数字高清晰度电视、稀土材料应用和生物技术等重大科研成果产业化取得重要进展。全国普及九年义务教育的人口覆盖率从1995年的36.2%增加到2000年的85%。[3]大中城市文化设施建设加快，广播电视覆盖网进一步扩大，到2000年年底，全国广播人口覆盖率达92.5%，电视人口覆盖率达93.7%。[4]医疗保健体制和卫生体制改革迈出较大步伐，城镇社区卫生服务、农村合作医疗和初级卫生保险体系进一步健全，人民群众健康水平有新的提高。

城乡居民收入稳步增长。"九五"期间，社会商品零售总额年均增长

---

[1] 参见国家统计局编：《中国统计年鉴-2006》，中国统计出版社2006年版，第787页，表20-12：黄金和外汇储备。

[2] 中共中央党史研究室第三研究部：《中国改革开放30年》，辽宁人民出版社2008年版，第420页。

[3] 同上。

[4] 参见国家统计局编：《中国统计年鉴-2002》，中国统计出版社2002年版，第758页，表21-9：广播、电视事业发展情况。

10.6%[1]，市场商品供应充裕丰富，有效供给水平明显提高，长期困扰中国人民的商品短缺状况基本结束。市场供求关系实现了由卖方市场向买方市场的历史性转变。2000年，城镇居民人均可支配收入和农村居民人均纯收入分别达到6280元和2253.4元，剔除价格变动因素，"九五"期间年均增长5.7%和4.7%。[2]"八七"扶贫攻坚目标基本实现，农村贫困人口从1995年的6500万减少到2000年的2500万。[3]与此同时，社会保障体系的基本框架初步形成，以城镇职工基本养老保险、失业保险、城镇职工基本医疗保险为主要内容的社会保险制度初步确立。

基础设施建设不断加强，生态环境有较大改善。"九五"期间，全社会固定资产投资总规模达13.87亿元[4]，集中力量办成了一些多年想办而没有办成的大事。我国基础产业和基础设施建设长期滞后的局面大为改观，能源、交通、通信和原材料的"瓶颈"制约得到缓解，经济发展的后劲大为增强。与此同时，生态环境建设力度加大，大河大湖的水污染防治、大气污染防治等工作全面展开，并取得阶段性成果。

随着"九五"计划的完成，我国生产力水平又迈上一个大台阶，综合国力得到增强，人民生活总体上达到小康水平。在此基础上，党中央就继续推进我国经济社会发展作出新的部署。2000年10月，党的十五届五中全会通过了《中共中央关于制定国民经济和社会发展第十个五年计划的建议》，提出：从新世纪开始，我国将进入全面建设小康社会并加快推进现代化的新的发展阶段；今后五到十年，要以发展为主题，以结构调整为主线，以改革开放和科技进步为动力，以提高人民生活水平为根本出发点，全面推进经济发展和社会进步。根据这个建议，国务院制定了《国民经济

---

[1] 中共中央党史研究室第三研究部：《中国改革开放30年》，辽宁人民出版社2008年版，第419页。

[2] 同上。

[3] 同上。

[4] 同上。

和社会发展第十个五年计划纲要》。2001年3月,九届全国人大四次会议批准了这个纲要,从而为进入新世纪后的改革开放和现代化建设明确了奋斗目标和指导方针。

二　全面建设小康社会的目标要求

随着"十五"计划的全面付诸实施,面对进入新世纪后新的形势和任务,党的十六大高举邓小平理论伟大旗帜,全面贯彻"三个代表"重要思想,制定了全面建设小康社会的宏伟纲领。

2001年9月,党的十五届六中全会通过《关于召开党的第十六次全国代表大会的决议》。在筹备十六大期间,江泽民明确指出:"党的十六大,将进一步制定党和国家在新世纪之初的行动纲领,进一步统一全党和全国各族人民的思想,坚定信心,鼓舞干劲,同心同德地向现代化建设第三步战略目标前进,使社会主义中国在风云变幻的国际局势中保持高度稳定和强大生机,使我们党不断增强创造力、凝聚力、战斗力,始终走在时代前列,确保实现中国的现代化和中华民族的伟大复兴。"[1]

2002年11月8日至14日,中国共产党第十六次全国代表大会在北京召开。大会正式代表2114人,特邀代表40人,代表全党6600多万党员。大会通过了江泽民代表第十五届中央委员会所作的《全面建设小康社会,开创中国特色社会主义事业新局面》的报告,通过了《中国共产党章程(修正案)》和中央纪律检查委员会的工作报告,选举产生了新一届中央委员会和中央纪律检查委员会。

党的十六大是党在新世纪新阶段召开的第一次全国代表大会。大会的

---

[1]《人民日报》2002年11月21日第1版。

主题是：高举邓小平理论伟大旗帜，全面贯彻"三个代表"重要思想，继往开来，与时俱进，全面建设小康社会，加快推进社会主义现代化，为开创中国特色社会主义事业新局面而奋斗。围绕这一主题，江泽民在报告中深刻分析了党面临的国际国内形势，科学总结了十三届四中全会以来十三年的基本经验，进一步阐明了贯彻"三个代表"重要思想的根本要求，提出了全面建设小康社会的奋斗目标，并对建设中国特色社会主义经济、政治、文化和党的建设等各项工作作出全面部署，鲜明地回答了在新世纪新阶段中国共产党举什么旗、走什么路、实现什么样的目标等重大问题。

报告指出，当人类社会跨入21世纪的时候，我国进入全面建设小康社会、加快推进社会主义现代化的新的发展阶段。国际局势正在发生深刻变化。世界多极化和经济全球化的趋势在曲折中发展，科技进步日新月异，综合国力竞争日趋激烈。形势逼人，不进则退。我们党必须坚定地站在时代潮流的前头，团结和带领全国各族人民，实现推进现代化建设、完成祖国统一、维护世界和平与促进共同发展这三大历史任务，在中国特色社会主义道路上实现中华民族的伟大复兴。这是历史和时代赋予我们党的庄严使命。

报告进一步阐明了"三个代表"重要思想的历史地位、精神实质和根本要求。报告指出："三个代表"重要思想，是在科学判断党的历史方位的基础上提出来的，是对马克思列宁主义、毛泽东思想和邓小平理论的继承和发展，反映了当代世界和中国的发展变化对党和国家工作的新要求，是加强和改进党的建设、推进我国社会主义自我完善和发展的强大理论武器，是全党集体智慧的结晶，是党必须长期坚持的指导思想。全党要把这一重要思想贯彻到社会主义现代化建设的各个领域，体现在党的建设的各个方面。大会通过的党章修正案，把"三个代表"重要思想作为党的行动指南写入党章，使"三个代表"重要思想同马克思列宁主义、毛泽东思想、邓小平理论一道，成为党必须长期坚持的指导思想。这是大会作出的一个历史性决策，也是一个历史性贡献。

报告总结了过去五年的工作和过去十三年的基本经验，指出：十五大以来的五年，是我们高举邓小平理论伟大旗帜不断开拓创新的五年，是我们经受住各种困难和风险的考验、继续沿着中国特色社会主义道路胜利前进的五年。五年来，我们走过了很不平凡的历程，在改革发展稳定、内政外交国防、治党治国治军各方面都取得了巨大成就，这主要表现在：克服亚洲金融危机和世界经济波动对我国的不利影响，保持了经济较快增长；经济结构战略性调整取得成效，建设了一大批水利、交通、通信、能源和环保等基础设施工程；"九五"计划胜利完成，"十五"计划开局良好；社会主义市场经济体制初步建立；公有制经济进一步壮大，国有企业改革稳步推进，个体、私营等非公有制经济较快发展；市场体系建设全面展开，宏观调控体系不断完善，政府职能转变步伐加快；我国加入世贸组织，对外开放进入新阶段。民主法制建设继续推进，政治体制改革迈出新步伐；科技、教育、文化、卫生、体育和计划生育等事业全面进步。国防和军队建设迈出新步伐。城乡居民收入稳步增长。城乡市场繁荣，商品供应充裕，居民生活质量提高，衣食住用行都有较大改善。社会保障体系建设成效明显。"八七"扶贫攻坚计划基本完成。祖国统一大业取得新进展。对外工作开创新局面。党的思想、组织、作风建设全面推进，思想政治工作得到加强，廉政建设和反腐败斗争深入开展，取得新的明显成效。

报告强调，五年来的成就，是在改革开放特别是1989年十三届四中全会以来的实践基础上取得的。这十三年来，国际局势风云变幻，我国改革开放和现代化建设的进程波澜壮阔。经过全党和全国各族人民的共同努力，我们胜利实现了现代化建设"三步走"战略的第一步、第二步目标，人民生活总体上达到小康水平。2001年，我国国内生产总值达到95933亿元，比1989年增长近两倍，经济总量已居世界第六位。人民生活总体上实现了由温饱到小康的历史性跨越。这是社会主义制度的伟大胜利，是中华民族发展史上一个新的里程碑。

根据全面开创中国特色社会主义事业新局面的要求，报告提出了全面建设小康社会的奋斗目标，并从经济、政治、文化等方面勾画了宏伟蓝图。报告指出：必须看到，我国正处于并将长期处于社会主义初级阶段，现在达到的小康还是低水平的、不全面的、发展很不平衡的小康（根据国家统计局研究的成果，2000年末全国初步达到小康水平的人口是75%左右），人民日益增长的物质文化需要同落后的社会生产之间的矛盾仍然是我国社会的主要矛盾。我国生产力和科技、教育还比较落后，实现工业化和现代化还有很长的路要走；城乡二元经济结构还没有改变，地区差距扩大的趋势尚未扭转，贫困人口还为数不少；人口总量继续增加，老龄人口比重上升，就业和社会保障压力增大；生态环境、自然资源和经济社会发展的矛盾日益突出；我们仍然面临发达国家在经济科技等方面占优势的压力；经济体制和其他方面的管理体制还不完善；民主法制建设和思想道德建设等方面还存在一些不容忽视的问题。巩固和提高目前达到的小康水平，还需要进行长时期的艰苦奋斗。综观全局，21世纪头20年，对我国来说是一个必须紧紧抓住并且可以大有作为的重要战略机遇期。根据党的十五大提出的到2010年、建党一百年和新中国成立一百年的发展目标，我们要在本世纪头20年，集中力量，全面建设惠及十几亿人口的更高水平的小康社会，使经济更加发展、民主更加健全、科教更加进步、文化更加繁荣、社会更加和谐、人民生活更加殷实。这是实现现代化建设第三步战略目标必经的承上启下的发展阶段，也是完善社会主义市场经济体制和扩大对外开放的关键阶段。经过这个阶段的建设，再继续奋斗几十年，到本世纪中叶基本实现现代化，把我国建成富强、民主、文明的社会主义国家。

全面建设小康社会的目标是：

（一）在优化结构和提高效益的基础上，国内生产总值到2020年力争比2000年翻两番，综合国力和国际竞争力明显增强。基本实现工业化，建成完善的社会主义市场经济体制和更具活力、更加开放的经济体系。城镇人口的比重有较大幅度提高，工农差别、城乡差别和地区差别扩大的趋势逐步扭转。社会保障体系比较健全，社会就业比较充分，家庭财产普遍增加，人民过上更加富足的生活。

（二）社会主义民主更加完善，社会主义法制更加完备，依法治国基本方略得到全面落实，人民的政治、经济和文化权益得到切实尊重和保障。基层民主更加健全，社会秩序良好，人民安居乐业。

（三）全民族的思想道德素质、科学文化素质和健康素质明显提高，形成比较完善的现代国民教育体系、科技和文化创新体系、全民健身和医疗卫生体系。人民享有接受良好教育的机会，基本普及高中阶段教育，消除文盲。形成全民学习、终身学习的学习型社会，促进人的全面发展。

（四）可持续发展能力不断增强，生态环境得到改善，资源利用效率显著提高，促进人与自然的和谐，推动整个社会走上生产发展、生活富裕、生态良好的文明发展道路。

报告还提出，这次大会确立的全面建设小康社会的目标，是中国特色社会主义经济、政治、文化全面发展的目标，是与加快推进现代化相统一的目标，符合我国国情和现代化建设的实际，符合人民的愿望，意义十分重大。为完成党在新世纪新阶段的这个奋斗目标，发展要有新思路，改革要有新突破，开放要有新局面，各项工作要有新举措。各地各部门都要从实际出发，采取切实有效的措施，努力实现这个目标。有条件的地方可以发展得更快一些，在全面建设小康社会的基础上，率先基本实现现代化。可以肯定，实现了全面建设小康社会的目标，我们的祖国必将更加繁荣富强，人民的生活必将更加幸福美好，中国特色社会主义必将进一步显示出巨大的优越性。

大会顺利实现了中央领导集体的新老交替。新选进中央委员会的成员占一半以上，全部是新中国成立后参加工作的，平均年龄55.4岁，具有大专以上文化程度的占98.6%，标志着党和国家的事业后继有人、充满希望。

党的十六届一中全会选举胡锦涛、吴邦国、温家宝、贾庆林、曾庆红、黄菊、吴官正、李长春、罗干为中央政治局常委，胡锦涛为中央委员会总书记。决定江泽民为中央军事委员会主席。批准吴官正为中央纪律检查委员会书记。

2003年3月，十届全国人大一次会议选举胡锦涛为国家主席，江泽民为国家中央军事委员会主席，吴邦国为十届全国人大常委会委员长，温家宝为国务院总理。2004年9月，党的十六届四中全会同意江泽民辞去中共中央军事委员会主席职务，决定胡锦涛任中共中央军事委员会主席。2005年3月，十届全国人大三次会议选举胡锦涛为国家中央军事委员会主席。

党的十六大以团结的大会、胜利的大会、奋进的大会和继往开来的大会载入史册。十六大以后，在以胡锦涛为总书记的党中央领导下，全党和全国人民踏上了全面建设小康社会的新征程。

三　树立和落实科学发展观

按照党的十六大确定的部署，以胡锦涛为总书记的党中央带领全党和全国人民，面对复杂多变的国际环境和改革发展的艰巨任务，高举邓小平理论和"三个代表"重要思想的伟大旗帜，坚持改革开放，继续开拓前进。同时，根据新的形势和任务，在深刻总结历史经验的基础上，提出了科学发展观等重大战略思想，制定和实施了一系列促进科学发展的决策。

2002年12月5日至6日，胡锦涛率领中央书记处的同志到西柏坡学习考察，回顾党带领人民进行伟大革命斗争的历史，重温毛泽东在党的七届二中全会上的重要讲话，号召全党特别是领导干部要牢记毛泽东关于"两个务必"的告诫，大力发扬艰苦奋斗的作风，为实现党的十六大确定的目标开拓进取、团结奋斗。

正当全党全国人民意气风发地为实现全面建设小康社会宏伟目标而奋斗的时候，2003年春，我国遭遇了一场突如其来的非典疫情。面对这场严峻考验，全党全国人民在党中央和国务院的坚强领导下，坚持一手抓防治非典疫情、一手抓经济建设这个中心不动摇，夺取了抗击非典和促进发展的双胜利。

通过抗击非典斗争，党更加深刻地认识到我国经济发展和社会发展、城市发展和农村发展还不够协调等突出矛盾。2003年7月28日，胡锦涛在全国防治非典工作会议上讲话指出：从今后的工作来说，"我们要更好地坚持全面发展、协调发展、可持续发展的发展观，更加自觉地坚持推动社会主义物质文明、政治文明、精神文明协调发展,坚持在经济社会发展的基础上促进人的全面发展,坚持促进人和自然的和谐。在促进发展的进程中,我们不仅要关注经济指标,而且要关注人文指标、资源指标和环境指标,不仅要增加促进经济增长的投入,而且要增加促进社会发展的投入,增加保护资源和环境的投入。各地区各部门都要把促进经济社会协调发展摆到更加突出的位置,在发展规划中加以体现,在工作部署中加以落实"[1]。此后,胡锦涛在江西、湖南视察时又反复强调"要牢固树立协调发展、全面发展、可持续发展的科学发展观,积极探索符合实际的发展新路子"。

2003年10月,党的十六届三中全会通过了《中共中央关于完善社会主义市场经济体制若干问题的决定》。该决定指出:为适应经济全球化和科技进步加快的国际环境,适应全面建设小康社会的新形势,必须加快推进改革,进一步解放和发展生产力,为经济发展和社会全面进步注入强大动力;要按照统筹城乡发展、统筹区域发展、统筹经济社会发展、统筹人与自然和谐发展、统筹国内发展和对外开放的要求,更大程度地发挥市场在资源配置中的基础性作用,增强企业活力和竞争力,健全国家宏观调控,完善政府在社会管理和公共服务方面的职能,为全面建设小康社会提供强有力的体制保障;深化经济体制改革,必须坚持社会主义市场经济的改革方向,坚持尊重群众的首创精神,坚持正确处理改革、发展、稳定的关系,坚持以人为本,树立全面、协调、可持续的发展观,促进经济社会和人的全面发展。该决定阐明了科学发展观的基本要求,是指导我国今后一个时期经济体制改革的纲领性文件。

科学发展观的提出,是党对20多年来改革开放实践的经验总结,反

---

[1] 中央文献研究室编:《十六大以来重要文献选编》(上),中央文献出版社2005年版,第395—397页。

映了中国共产党对发展问题的新认识,体现了全面建设小康社会的迫切要求,既顺应时代发展潮流,又符合当代中国国情。为切实贯彻落实科学发展观,党中央、国务院相继作出一系列重大决策,推动经济社会实现又好又快发展。

从2003年下半年开始,面对经济运行中出现的一些新的不稳定、不健康因素,党中央进一步加强和完善了宏观调控。其中主要是解决两个问题:一是针对粮食播种面积连续五年减少、粮食产量持续下降的局面,进一步加强农业,促进粮食生产;二是针对固定资产投资总量增长过快,积极改善投资结构。经过采取有针对性的调控措施,抑制了经济运行中的不健康不稳定因素,避免了经济发展大的起落,保持了国民经济持续快速增长的势头。2006年12月,中央经济工作会议进一步提出"又好又快"发展的方针,更加体现了贯彻落实科学发展观的客观要求,促进了经济与社会、人与自然之间的和谐发展。

为实现全面建设小康社会的奋斗目标,贯彻落实科学发展观,党中央把农业、农村、农民问题作为全党工作的重中之重,放在更加突出的位置。2004年12月,胡锦涛在中央经济工作会议上提出:我国现在总体上已到了以工促农、以城带乡的发展阶段。在着眼城乡统筹发展的基础上,2004年以后,中央连续颁发有关"三农"问题的"一号文件",就完善农村税费改革、增加农民收入、提高农业综合生产能力、深化农村改革等作出部署,提出一系列支农、惠农政策,加快了社会主义新农村建设的步伐。2005年10月,党的十六届五中全会提出建设"生产发展、生活宽裕、乡风文明、村容整洁、管理民主"的社会主义新农村的历史任务。2005年12月29日,十届全国人大常委会第十九次会议决定,自2006年1月1日起废止一届全国人大常委会于1958年6月3日通过的《中华人民共和国农业税条例》。农业税的取消,终结了中国历史上存在两千多年的皇粮国税,极大地调动了农民积极性,有力推动了社会主义新农村建设。

制定"十一五"规划,是实现全面建设小康社会目标的重要部署。为此,党的十六届五中全会通过了《中共中央关于制定国民经济和社会发展第十一个五规划的建议》。该建议提出,"十一五"期间的主要目标是:在优化结构、提高效益和降低消耗的基础上,实现2010年人均国内生产总值比2000年翻一番;资源利用效率显著提高,单位国内生产总值能源消耗比"十五"期末降低20%左右,生态环境恶化的趋势基本遏制,耕地减少过多状况得到有效控制;形成一批拥有自主知识产权和知名品牌、国际竞争力较强的优势企业;社会主义市场经济体制比较完善,开放型经济达到新水平,国际收支基本平衡;普及和巩固九年义务教育,城镇就业岗位持续增加,社会保障体系比较健全,贫困人口继续减少;城乡居民收入水平和生活质量普遍提高,价格总水平基本稳定,居住、交通、教育、文化、卫生和环境等方面的条件有较大改善;民主法制建设和精神文明建设取得新进展,社会治安和安全生产状况进一步好转,构建和谐社会取得新进步。该建议的鲜明特点,是坚持以科学发展观统领经济社会发展全局,充分体现了全面贯彻落实科学发展观的基本要求。

在实施西部大开发战略的基础上,党中央继续推动区域协调发展,逐步形成了区域协调发展战略。2003年3月21日,温家宝在国务院全体会议上提出加大西部开发力度、实现区域优势互补和共同发展,支持老工业基地加快调整、改造和振兴。党的十六届五中全会进一步明确了我国区域发展的总体战略,强调要继续推进西部大开发,振兴东北地区等老工业基地,促进中部地区崛起,鼓励东部地区率先发展,形成合理的区域发展格局。随后,国务院制定的"十一五"规划纲要对促进区域协调发展作出了具体部署,标志着我国区域协调发展战略基本形成。

四　构建社会主义和谐社会

贯彻落实科学发展观的一项根本任务，就是要实现社会和谐。这是中国特色社会主义事业总体布局和全面建设小康社会的内在要求，也是广大人民群众的根本利益和共同愿望。党的十六大报告第一次把"社会更加和谐"作为党的重要奋斗目标。随着改革和发展的不断深入，构建社会主义和谐社会的任务得到逐步落实。

改革开放以来，我国经济体制深刻变革，社会结构深刻变动，利益格局深刻调整，思想观念深刻变化。这种空前的社会变革，给我国发展进步带来了巨大活力，也必然带来这样那样的矛盾和问题，实现社会和谐的任务更加突出。十六大以后，党根据国际国内形势发生的新变化，全面分析了我国发展面临的机遇和挑战，深化了对社会和谐在中国特色社会主义事业中重要地位和重要作用的认识。

2004年9月，党的十六届四中全会明确提出构建社会主义和谐社会的任务，把提高构建社会主义和谐社会的能力确定为加强党的执政能力建设的重要内容。2005年2月，在党中央举办的省部级主要领导干部"提高构建社会主义和谐社会能力"专题研讨班上，胡锦涛发表讲话，提出了构建民主法治、公平正义、诚信友爱、充满活力、安定有序、人与自然和谐相处的社会主义和谐社会的总目标。2005年10月，党的十六届五中全会把构建社会主义和谐社会确定为贯彻落实科学发展观的一项重大任务，并提出了工作要求和政策措施。

在此基础上，2006年10月，党的十六届六中全会通过了《中共中央关于构建社会主义和谐社会若干重大问题的决定》。该决定全面把握我国发展的阶段性特征，深刻分析了影响我国社会和谐的突出矛盾和问题，明确提出了当前和今后一个时期构建社会主义和谐社会的指导思想、目标任务和工作部署。该决定提出，必须坚持以马克思列宁主义、毛泽东思想、邓小平理论和"三个代表"重要思想为指导，坚持以科学发展观统领经济社会发展全局，按照民主法制、公平正义、诚信友爱、充满活力、安定有序、人与自然和谐相处的总要求，以解决人民群众最关心、最直接、最现实的利益问题为重点，着力发展社会事业、促进社会公平正义、建设和谐文化、完善社会管理、增强社会创造活力，走共同富裕道路，推动社会建设与经济建设、政治建设、文化建设协调发展。

该决定指出，到2020年，构建社会主义和谐社会的目标和主要任务是：社会主义民主法制更加完善，依法治国基本方略得到全面落实，人民的权益得到切实尊重和保障；城乡、区域发展差距扩大的趋势逐步扭转，合理有序的收入分配格局基本形成，家庭财产普遍增加，人民过上更加富足的生活；社会就业比较充分，覆盖城乡居民的社会保障体系基本建立；基本公共服务体系更加完备，政府管理和服务水平有较大提高；全民族的思想道德素质、科学文化素质和健康素质明显提高，良好道德风尚、和谐人际关系进一步形成；全社会创造活力显著增强，创新型国家基本建成；社会管理体系更加完善，社会秩序良好；资源利用效率显著提高，生态环境明显好转；实现全面建设惠及十几亿人口的更高水平的小康社会的目标，努力形成全体人民各尽其能、各得其所而又和谐相处的局面。

该决定从五个方面对构建社会主义和谐社会作出部署：一是坚持协调发展，加强社会事业建设；二是加强制度建设，保障社会公平正义；三是建设和谐文化，巩固社会和谐的思想道德基础；四是完善社会管理，保持社会安定有序；五是激发社会活力，增进社会团结和睦。

构建社会主义和谐社会战略任务的提出，使中国特色社会主义事业的总体布局由社会主义经济建设、政治建设、文化建设三位一体发展为社会主义经济建设、政治建设、文化建设、社会建设四位一体，从而使中国特色社会主义发展模式更加清晰。这是党在探索社会主义社会建设方面取得的又一个新的认识成果。

在贯彻十六届六中全会精神的过程中，各地区各部门按照党中央的要求，紧密结合全面建设小康社会的实践，实施了一系列促进社会和谐的重大措施。

在促进协调发展方面，坚持用发展的办法解决前进中的问题，不断为社会和谐创造雄厚的物质基础，同时，更加注重解决发展不平衡问题，推动经济社会协调发展。通过扎实推进社会主义新农村建设，促进城乡协调发展；通过落实区域发展总体战略，促进区域协调发展；通过实施积极的就业政策，发展和谐的劳动关系；通过坚持优先发展教育，促进教育公平；通过加强医疗卫生服务，提高人民健康水平；通过加快发展文化事业和文化产业，满足人民群众文化需求；通过加强环境治理保护，促进人与自然相和谐。

在保障社会公平正义方面，加强制度建设，保证人民在政治、经济、文化、社会等方面的权利和利益，引导公民依法行使权利、履行义务。坚持完善民主权利保障制度，巩固人民当家作主的政治地位；坚持完善法律制度，夯实社会和谐的法制基础；坚持完善司法体制机制，加强社会和谐的司法保障；坚持完善公共财政制度，逐步实现基本公共服务均等化；坚持完善收入分配制度，规范收入分配秩序；坚持完善社会保障制度，保障群众基本生活。

在建设和谐文化方面，坚持马克思主义在意识形态领域的指导地位，牢牢把握社会主义先进文化的前进方向。弘扬民族优秀文化传统，借鉴人类有益文明成果，倡导和谐理念，培育和谐精神，进一步形成全社会共同的理想信念和道德规范。不断推进社会主义核心价值体系建设，形成全民族奋发向上的精神力量和团结和睦的精神纽带；树立社会主义荣辱观，培育文明道德风尚；坚持正确导向，营造积极健康的思想舆论氛围；广泛开展和谐创建活动，形成人人促进和谐的局面。

在完善社会管理方面，创新社会管理体制，提高社会管理水平，健全党委领导、政府负责、社会协同、公众参与的社会管理格局。建设服务型政府，强化社会管理和公共服务职能；推进社区建设，完善基层服务和管理网络；健全社会组织，增强服务社会功能；统筹协调各方面利益关系，妥善处理社会矛盾；完善应急管理体制机制，有效应对各种风险；加强社会治安综合治理，增强人民群众的安全感。

在增进社会团结和睦方面，最大限度地激发社会活力，促进政党关系、民族关系、宗教关系、阶层关系、海内外同胞关系的和谐。巩固和壮大最广泛的爱国统一战线，充分调动各方面积极性。加强海内外中华儿女的团结，为实现中华民族的伟大复兴而奋斗；坚持走和平发展道路，营造良好外部环境。

经过全党和全国人民的共同努力，构建社会主义和谐社会的各项工作有条不紊地向前推进，不断取得新的成效。

五 加强党的执政能力建设和先进性建设

国际国内形势的重大变化，改革发展稳定的繁重任务，对党的建设提出了新的要求。为适应新的形势、任务和要求，党中央及时提出了加强党的执政能力建设和先进性建设的重大任务，并以此为重点坚持推进党的建设新的伟大工程。

党的十六大着眼于中国特色社会主义事业的长远发展，根据党的执政条件和社会环境发生的深刻变化，向全党明确提出了加强党的执政能力建设、提高党的领导水平和执政能力的要求。

2004年9月，党的十六届四中全会着重研究加强党的执政能力建设问题，通过了《中共中央关于加强党的执政能力建设的决定》。这是党的历史上第一个全面总结党的执政经验、指导全党加强执政能力建设的纲领性文件。

该决定指出，党的执政能力，就是党提出和运用正确的理论、路线、方针、政策和策略，领导制定和实施宪法和法律，采取科学的领导制度和领导方式，动员和组织人民依法管理国家和社会事务、经济和文化事业，有效治党治国治军，建设社会主义现代化国家的本领。加强党的执政能力建设的指导思想是：必须坚持以马克思列宁主义、毛泽东思想、邓小平理论和"三个代表"重要思想为指导，全面贯彻党的基本路线、基本纲领、基本经验，以保持党同人民群众的血肉联系为核心，以建设高素质干部队伍为关键，以改革和完善党的领导体制和工作机制为重点，以加强党的基层组织和党员队伍建设为基础,努力体现时代性、把握规律性、富于创造性。加强党的执政能力建设的总体目标是:通过全党共同努力,使党始终成为立党为公、执政为民的执政党,成为科学执政、民主执政、依法执政的执政党,成为求真务实、开拓创新、勤政高效、清正廉洁的执政党,归根到底成为始终做到"三个代表"、永远保持先进性、经得住各种风浪考验的马克思主义执政党,带领全国各族人民实现国家富强、民族振兴、社会和谐、人民幸福。当前和今后一个时期,加强党的执政能力建设的主要任务是:按照推动社会主义物质文明、政治文明、精神文明协调发展的要求,不断提高驾驭社会主义市场经济的能力、发展社会主义民主政治的能力、建设社会主义先进文化的能力、构建社会主义和谐社会的能力、应对国际局势和处理国际事务的能力。这五个方面的能力建设,关系改革发展稳定、内政外交国防、治党治国治军各个方面,是对党的执政能力建设提出的明确要求。

为切实加强党的执政能力建设,确保党始终走在时代前列,更好地肩负起历史使命,党中央把加强党的先进性建设摆到更加突出的地位。根据党的十六大的部署,2004年11月7日,党中央下发《关于在全党开展以实践"三个代表"重要思想为主要内容的保持共产党员先进性教育活动的意见》。该意见提出,保持共产党员先进性教育活动,从目标要求上,就是要提高党员素质,加强基层组织,服务人民群众,促进各项工作。从总体进程上,这次保持共产党员先进性教育活动分三批进行,每批半年左右时间。第一批是县及县以上党政机关和部分企事业单位,第二批是城市基层和乡镇机关,第三批是农村和部分党政机关。在方法步骤上,整个教育活动分学习动员、分析评议和整改提高三个阶段进行。

从2005年1月开始,保持共产党员先进性教育活动陆续展开。在党中央坚强领导下,中央先进性教育活动领导小组周密部署,各级党组织精心组织,广大党员积极参与,人民群众大力支持,使这次先进性教育活动实现了预期目标，取得了显著成效。广大党员受到了一次深刻的马克思主义教育，进一步坚定了理想信念，提高了素质能力，增强了实践"三个代表"重要思想、落实科学发展观的自觉性。基层党组织的创造力、凝聚力、战斗力进一步提高，一些软弱涣散和不够健全的基层党组织得到整顿和加强，党的工作覆盖面明显扩大，党执政的组织基础更加巩固。党组织和党员服务群众的行动更加自觉，党员干部的作风进一步改进，人民群众关心的一些重点问题得到初步解决，党群干群关系进一步密切。各地区各部门按照科学发展观的要求，进一步理清了发展思路，努力解决影响改革发展稳定的一些主要问题，积极促进经济社会又快又好发展。各级党组织在加强党员经常性教育管理、做好党员联系和服务群众工作、加强和改进流动党员管理、建立健全基层党的建设工作责任制等方面形成了一些务实管用的新制度，推动了保持共产党员先进性长效机制建设。

这次先进性教育活动，是党在新的历史条件下用发展着的马克思主义武装全党的一项重大举措，是加强党的执政能力建设和先进性建设的一次成功实践。党坚持不懈地加强先进性建设，不断取得重要成果，为党更好地完成执政使命提供了重要保证。

2006 年 6 月 30 日，胡锦涛在庆祝中国共产党成立 85 周年暨总结保持共产党员先进性教育活动大会上，总结了党的先进性建设的宝贵经验，要求全党要紧密结合贯彻落实科学发展观的实践，紧密结合构建社会主义和谐社会的实践，紧密结合党的执政能力建设的实践，紧密结合保持党同人民群众血肉联系的实践，进一步推进党的先进性建设。

保持党的先进性，一个不可忽视的重要方面就是克服党内的腐败现象。党的十六大以后，以胡锦涛为总书记的党中央十分注重反腐败制度的建设和创新，着力从源头上预防和解决腐败问题。党的十六届三中全会首次提出，要建立健全与社会主义市场经济体制相适应的教育、监督、制度并重的惩治和预防腐败体系。十六届四中全会又提出了新形势下党风廉政建设和反腐败斗争的十六字方针，即"标本兼治、综合治理、惩防并举、注重预防"，要求抓紧建立教育、制度、监督并重的惩治和预防腐败体系。2005年1月，中共中央印发《建立健全教育、制度、监督并重的惩治和预防腐败体系实施纲要》，要求各级党委和政府切实把反腐倡廉的各项工作落到实处。

在推动反腐倡廉制度体系建设过程中，党和国家还先后出台了一系列法规，不断充实和完善反腐倡廉制度体系的内容。2003年12月，党中央颁布实施《中国共产党党内监督条例（试行）》和《中国共产党纪律处分条例》。2004年9月，党中央颁布实施《中国共产党党员权利保障条例》。中央办公厅也先后印发了《党政领导干部选拔任用工作监督检查办法（试行）》《公开选拔党政领导干部工作暂行规定》等法规。2005年7月，中央纪委讨论通过《关于纪委协助党委组织协调反腐败工作的规定（试行）》。2007年4月，国务院公布《行政机关公务员处分条例》。此外，中央纪委还会同有关部门先后制定了《关于中共中央纪委、中共中央组织部巡视工作的暂行规定》《关于中共中央纪委派驻纪检组履行监督职责的意见》等一系列配套规定。这些法规和规定的出台，初步形成了以党章为核心、以监督条例为主干、以一系列配套规定为重要补充的党内监督法规制度体系。

建立健全惩治和预防腐败体系，是党中央在总结历史经验、科学判断形势的基础上作出的重大决策，是党对执政规律和反腐倡廉工作规律认识的进一步深化。这一体系的建立和逐步完善，同保持共产党员先进性教育活动相互促进，有效地加强了党的执政能力建设和先进性建设，增强了党在发展社会主义市场经济条件下拒腐防变的能力和抵御风险的能力。

六　全面建设小康社会新征程

党的十六大以后，全党和全国各族人民团结奋斗，加快推进和深化各项改革，积极扩大对外开放，不断加强和改善宏观调控，切实转变经济发展方式，努力克服各种困难，取得了全面建设小康社会新的重大成就。在新的历史起点上，党的十七大继续高举中国特色社会主义伟大旗帜，以邓小平理论和"三个代表"重要思想为指导，深入贯彻落实科学发展观，为夺取全面建设小康社会新胜利作出新的发展部署。

面对进入新世纪后中国和世界发生的广泛而深刻的变化，党中央清醒地认识到，中国的改革和发展还面临着一些突出困难和问题，主要是：经济增长的资源环境代价过大；城乡、区域、经济社会发展仍然不平衡；农业稳定发展和农民持续增收难度加大；劳动就业、社会保障、收入分配、教育卫生、居民住房、安全生产、司法和社会治安等方面关系群众切身利益的问题仍然较多，部分低收入群众生活比较困难；思想道德建设有待加强；党的执政能力同新形势新任务不完全适应，对改革、发展、稳定中一些重大实际问题的调查研究不够深入；一些基层党组织软弱涣散；少数党员干部作风不正，形式主义、官僚主义问题比较突出，奢侈浪费、消极腐败现象仍然比较严重。

党中央高度重视这些问题，并从深入贯彻落实科学发展观、努力构建和谐社会、进一步完善社会主义市场经济体制等方面入手，着力解决这些问题。2007年6月25日，胡锦涛在中央党校省部级干部进修班发表重要讲话,科学分析了我国面临的新形势新任务,全面阐述了以邓小平理论和"三个代表"重要思想为指导、深入贯彻科学发展观的基本要求,深刻回答了党和国家未来发展的一系列重大理论和实践问题,从政治、思想和理论上为十七大的召开做了准备。

2007年10月15日至21日,中国共产党第十七次全国代表大会在北京召开。出席大会的正式代表2216人,特邀代表57人,代表全党7300多万党员。这次大会的主题是:高举中国特色社会主义伟大旗帜,以邓小平理论和"三个代表"重要思想为指导,深入贯彻落实科学发展观,继续解放思想,坚持改革开放,推动科学发展,促进社会和谐,为夺取全面建设小康社会新胜利而奋斗。大会通过了胡锦涛代表第十六届中央委员会所作的《高举中国特色社会主义伟大旗帜,为夺取全面建设小康社会新胜利而奋斗》的报告,批准了中央纪律检查委员会工作报告,审议通过了《中国共产党章程(修正案)》,选举产生了新一届中央委员会和中央纪律检查委员会。

胡锦涛在报告中深刻分析了国际国内形势的新变化,鲜明地回答了党在改革发展关键阶段举什么旗、走什么路,以什么样的精神状态、朝着什么样的发展目标继续前进等重大问题。

报告对改革开放的伟大历史进程和宝贵经验作了精辟概括,指出:新时期最鲜明的特点是改革开放,最显著的成就是快速发展,最突出的标志是与时俱进。事实雄辩地证明,改革开放是决定当代中国命运的关键抉择,是发展中国特色社会主义、实现中华民族伟大复兴的必由之路;只有社会主义才能救中国,只有改革开放才能发展中国、发展社会主义、发展马克思主义。

在回顾历史进程的基础上,报告强调,改革开放以来我们取得一切成绩和进步的根本原因,归结起来就是:开辟了中国特色社会主义道路,形成了中国特色社会主义理论体系。高举中国特色社会主义伟大旗帜,最根本的就是要坚持这条道路和这个理论体系。

报告对科学发展观的内涵和根本要求作了进一步阐述，指出：科学发展观，第一要义是发展，核心是以人为本，基本要求是全面协调可持续，根本方法是统筹兼顾。科学发展观是立足社会主义初级阶段基本国情、总结我国发展实践、借鉴国外发展经验、适应新的发展要求提出来的，是对党的三代中央领导集体关于发展的重要思想的继承和发展，是马克思主义关于发展的世界观和方法论的集中体现，是同马克思列宁主义、毛泽东思想、邓小平理论和"三个代表"重要思想既一脉相承又与时俱进的科学理论，是我国经济社会发展的重要指导方针，是发展中国特色社会主义必须长期坚持和贯彻的重大战略思想。

根据贯彻落实科学发展观的要求，报告适应国内外形势的新变化，顺应各族人民过上更好生活的新期待，把握经济社会发展趋势和规律，坚持中国特色社会主义的基本纲领，在党的十六大确立的全面建设小康社会目标基础上，对我国发展提出了新的更高要求。具体内容是：

第一，增强发展协调性，努力实现经济又好又快发展。在优化结构、提高效益、降低消耗、保护环境的基础上，实现人均国内生产总值到2020年比2000年翻两番。社会主义市场经济体制更加完善。自主创新能力显著提高，科技进步对经济增长的贡献率大幅上升，进入创新型国家行列。居民消费率稳步提高，形成消费、投资、出口协调拉动的增长格局。城乡、区域协调互动发展机制和主体功能区布局基本形成。社会主义新农村建设取得重大进展。城镇人口比重明显增加。

第二，扩大社会主义民主，更好地保障人民权益和社会公平正义。公民政治参与有序扩大。依法治国基本方略深入落实，全社会法制观念进一步增强，法治政府建设取得新成效。基层民主制度更加完善。政府提供基本公共服务的能力显著增强。

第三，加强文化建设，明显提高全民族文明素质。社会主义核心价值体系深入人心,良好的思想道德风尚进一步弘扬。覆盖全社会的公共文化服务体系基本建立,文化产业占国民经济比重明显提高、国际竞争力显著增强,适应人民需要的文化产品更加丰富。

第四,加快发展社会事业,全面改善人民生活。现代国民教育体系更加完善,终身教育体系基本形成,全民受教育程度和创新人才培养水平明显提高。社会就业更加充分。覆盖城乡居民的社会保障体系基本建立,人人享有基本生活保障。合理有序的收入分配格局基本形成,中等收入者占多数,绝对贫困现象基本消除。人人享有基本医疗卫生服务。社会管理体系更加健全。

第五,建设生态文明,基本形成节约能源资源和保护生态环境的产业结构、增长方式、消费模式。循环经济形成较大规模,可再生能源比重显著上升。主要污染物排放得到有效控制,生态环境质量明显改善。生态文明观念在全社会牢固树立。

十七大报告描绘的宏伟蓝图,为继续推动党和国家事业发展指明了方向,是党团结带领全国各族人民坚定不移走中国特色社会主义道路、在新的历史起点上继续发展中国特色社会主义的行动纲领。

大会一致同意将科学发展观写入党章,一致同意在党章中把党的基本路线中的奋斗目标表述为"把我国建设成为富强民主文明和谐的社会主义现代化国家"。大会认为,把科学发展观和经济建设、政治建设、文化建设、社会建设四位一体的中国特色社会主义事业总体布局写入党章,对于夺取全面建设小康社会新胜利、开创中国特色社会主义事业新局面具有重大意义。

2017年10月22日,党的十七届一中全会选举胡锦涛、吴邦国、温家宝、贾庆林、李长春、习近平、李克强、贺国强等为中央政治局常委,胡锦涛为中央委员会总书记。决定胡锦涛为中共中央军事委员会主席。批准贺国强为中央纪律检查委员会书记。

党的十七大号召全党，继续高举中国特色社会主义伟大旗帜，倍加珍惜、长期坚持和不断发展党历经艰辛开创的中国特色社会主义道路和中国特色社会主义理论体系，始终坚持"一个中心、两个基本点"的基本路线，战胜前进道路上一切困难和风险，奋力夺取全面建设小康社会新胜利，进一步开创中国特色社会主义事业新局面。

党的十七大之后，全党和全国人民在以胡锦涛为总书记的党中央带领下开始了新的奋斗征程。改革开放继续深化，社会主义经济建设、政治建设、文化建设、社会建设、生态文明建设全面推进，并在应对国际国内复杂局势的各种考验中取得了一系列重大胜利。

2008年初，我国南方部分地区发生严重低温雨雪冰冻灾害；5月12日，四川汶川发生里氏8.0级特大地震。面对特大自然灾害，党中央和国务院立即作出有效部署，调集各方面力量抢险救灾，保护人民群众生命财产安全。党和国家及军队领导人亲赴第一线指挥，解放军和武警官兵迅即奔赴灾区展开救援，全党全军全国各族人民万众一心、众志成城、全力以赴，形成了抗御灾害的强大力量。在党中央、国务院、中央军委的坚强领导下，中国人民终于战胜了特大自然灾害，并且在抢险救灾斗争中再次显示了中华民族的优良传统和伟大精神。

在抗御自然灾害的同时，党中央团结带领全党全国各族人民，继续推进改革开放和各项建设事业，取得新的重大进展。根据国际经济环境的新变化和我国经济形势的新情况，党中央和国务院及时采取措施，把保持经济平稳较快发展、控制物价过快上涨作为宏观调控的首要任务，着力解决经济运行中的突出矛盾和问题，避免出现经济大起大落；继续推进重要领域和关键环节的改革，着力构建充满活力、富有效率、更加开放、有利于科学发展的体制机制；坚持对外开放基本国策，把"引进来"和"走出去"结合起来，拓展对外开放广度和深度，提高对外经济工作质量和水平；扎实推进社会主义核心价值体系建设，深入开展学习中国特色社会主义理论体系的宣传普及活动，弘扬以爱国主义为核心的民族精神和以改革创新为核心的时代精神，推进马克思主义理论研究和建设工程；坚持统筹经济社会发展，着力保障和改善民生，解决教育、劳动就业、社会保障、医疗卫生、劳动安全等方面存在的突出问题，健全基层社会管理体制，推动和谐社会建设。

2008年2月，党的十七届二中全会通过《关于深化行政管理体制改革的意见》，明确提出到2020年建立比较完善的中国特色社会主义行政管理体制的总目标，要求实现政府职能向创造良好发展环境、提供优质公共服务、维护社会公平正义的根本转变，实现政府组织机构和人员编制向科学化、规范化、法制化的根本转变，实现行政运行机制和政府管理方式向规范有序、公开透明、便民高效的根本转变。全会还通过《国务院机构改革方案》，确定这次国务院机构改革的主要任务是：围绕转变政府职能和理顺部门职责关系，探索实行职能有机统一的大部门体制，合理配置宏观调控部门职能，加强能源环境管理机构，整合完善工业和信息化、交通运输行业管理体制，以改善民生为重点加强与整合社会管理和公共服务部门。该方案经十一届全国人大一次会议审议批准后正式实施。

举办奥运会，是中华民族的百年期盼，是海内外中华儿女的共同心愿，也是我国对国际社会的郑重承诺。在接连遭遇重大自然灾害和反华势力干扰破坏的情况下，党中央强调，不论遇到什么困难和挑战，都要顺应全国各族人民的共同心愿，履行对国际社会的郑重承诺，确保办成一届有特色、高水平的运动会。经过全党全军全国各族人民共同努力，北京奥运会、残奥会取得圆满成功，我国体育健儿取得金牌榜第一的优异成绩，充分表达了"同一个世界，同一个梦想"的主题，充分体现了团结、友谊、和平的奥林匹克精神，充分展现了我国改革开放和社会主义现代化建设的成就，充分展示了中国人民昂扬向上的精神风貌，增进了中国人民与世界各国人民的相互了解和友谊。我国自行研制的神舟系列飞船航天飞行圆满成功，实现了我国空间技术发展具有里程碑意义的重大跨越，标志着我国成为世界上第三个独立掌握空间出舱关键技术的国家，对全国人民产生了极大的精神鼓舞。

在深化农村经营体制改革方面，集体林权制度改革迈出较大步伐。党中央、国务院于2008年6月8日下发了《关于全面推进集体林权制度改革的意见》。该意见提出，用五年左右时间基本完成明晰产权、承包到户的改革任务。在此基础上，通过深化改革、完善政策、健全服务、规范管理，逐步形成集体林业的良性发展机制，实现资源增长、农民增收、生态良好、林区和谐的目标。该意见还明确规定，实行集体林地家庭承包经营，林地的承包期为70年，承包期届满，可以按照国家有关规定继续承包。为进一步推进农村改革，10月9日至12日，党的十七届三中全会通过了《中共中央关于推进农村改革发展若干重大问题的决定》。该决定明确了新形势下推进农村改革发展的指导思想、目标任务、重大原则，提出了推进农村改革发展的总体思路、加强农村制度建设的重大任务、发展现代农业的重大举措、发展农村公共事业的重大安排，对进一步推进农村改革发展作出了全面部署。

2008年下半年，国际形势发生新的复杂变化，世界经济增长放缓，全球通货膨胀压力加大，由美国次贷危机引发的国际金融危机迅速蔓延。为规避国际金融危机带来的风险，2008年11月5日，国务院召开常务会议，决定实行积极的财政政策和适度宽松的货币政策，确定了进一步扩大内需、促进经济平稳较快增长的十项措施。12月8日至10日，中央召开经济工作会议，提出2009年经济工作的总体要求是：立足扩大国内需求，保持经济平稳较快增长，加快发展方式转变和结构调整，提高可持续发展能力，深化改革开放，增强经济社会发展活力和动力，加强社会建设，解决涉及群众利益的难点热点问题，促进经济社会又好又快发展。2009年3月，十一届全国人大二次会议审议批准的政府工作报告提出，2009年政府工作的主要任务是：以应对国际金融危机、促进经济平稳较快发展为主线，统筹兼顾、突出重点，全面实施促进经济平稳较快发展的一揽子计划。大规模增加政府投资，实施总额4万亿元的两年投资计划，扩大国内需求；大范围实施调整振兴产业规划，提高国民经济整体竞争力；大力推进自主创新，加强科技支撑，增强发展后劲；大幅度提高社会保障水平，扩大城乡就业，促进社会事业发展。党中央和国务院的一系列决策迅速取得明显成效，我国经济继续保持了平稳较快的增长势头。

2009年是新世纪以来我国经济发展最为困难的一年。国际金融危机扩散蔓延，世界经济深度衰退，我国经济受到严重冲击，出口大幅下降，不少企业经营困难，有的甚至停产倒闭，失业人员大量增加，农民工大批返乡，经济增速陡然下滑。在异常困难的情况下，全国各族人民在中国共产党的坚强领导下，从容应对国际金融危机冲击，在世界率先实现经济回升向好，改革开放和社会主义现代化建设取得新的重大成就。国内生产总值达到34.05万亿元，比上年增长9.1%；[1]财政收入6.85万亿元，比上年增长11.7%；粮食产量53082万吨，再创历史新高，实现连续六年增产；城镇新增就业1102万人；城镇居民人均可支配收入17175元，农村居民人均纯收入5153元，分别增长9.8%和8.5%。[2]我国在全面建设小康社会道路上又迈出坚实的一步。

进入新世纪，党中央继续坚持国防建设与经济建设协调发展的方针，全面推进国防和军队现代化建设。同时在发展对外关系方面，积极倡导和谐世界的理念，不断开创外交工作的新局面，并继续推进了祖国和平统一大业。

2004年9月20日，新任中央军委主席胡锦涛在中央军委扩大会议上

---

[1] 国家统计局：《关于2009年年度国内生产总值（GDP）数据修订的公告》，2010年7月2日。

[2] 温家宝总理2010年3月5日在十一届全国人大三次会议上作的政府工作报告。

讲话指出：在全面建设小康社会的征程上，我军使命光荣、任务艰巨，要坚持以新时期军事战略方针统揽全局，加速我军现代化建设，要适应军队现代化发展的要求，加强依法治军、从严治军，建立正规的战备、训练、工作和生活秩序，不断提高我军的正规化水平。[1]同年底，在军队一次重要会议上，胡锦涛主席着眼于实现党的三大历史任务、维护国家和民族的根本利益，明确提出新世纪新阶段我军肩负的历史使命，这就是："要为党巩固执政地位提供重要的力量保证，为维护国家发展的重要战略机遇期提供坚强的安全保障，为维护国家利益提供有力的战略支撑，为维护世界和平与促进共同发展发挥重要作用。"[2]这是对新形势下我军地位作用、职能任务、发展目标的高度概括和科学总结，是人民军队历史使命的又一次与时俱进。

2005年3月13日，胡锦涛在十届全国人大三次会议解放军代表团全体会议上指出：全军同志要正确认识形势，坚决履行新世纪新阶段我军的历史使命，牢固树立大局意识，大力弘扬求真务实精神，把军队建设和改革的各项工作落到实处，努力开创国防和军队现代化建设的新局面，为全面建设小康社会贡献力量。[3]2007年8月1日，胡锦涛在庆祝中国人民解放军建军80周年暨全军英雄模范代表大会上讲话时又强调："切实履行好这一历史使命，是党的重托、人民的期望。人民解放军的全部工作，都要围绕有效履行这一历史使命来展开，各项建设都要围绕提高履行历史使命的能力来进行。"[4]

在继续推进国防和军队现代化建设的前进道路上，党中央和中央军委坚持党对军队的绝对领导，把思想政治建设摆在军队各项建设的首位，增

---

[1]《人民日报》2004年9月21日第1版。
[2] 参见解放军总政治部编《宣传提纲》、军事科学院《忠诚》课题组编18集文献电视纪录片《忠诚》脚本以及相关学术刊物《南京政治学院学报》2007年第1期等。
[3]《人民日报》2005年3月14日第1版。
[4]《人民日报》2007年8月2日第1版。

强全军官兵高举旗帜、听党指挥的自觉性和坚定性。扎实推进军事斗争准备，精心组织战略战役演练，集中力量推进重点武器装备建设，重视抓好综合保障和国防动员工作。加强经常性战备工作，维护边防、海防、空防安全。落实军队编制调整改革，继20世纪80年代中期百万大裁军和90年代中后期裁军50万之后，决定到2005年前再裁减军队员额20万。坚持从严治军，重视军事立法工作，严格按条令条例管理教育部队，推进人才战略工程，提高正规化水平，确保军队高度稳定和集中统一。

面对深刻变化的国际形势，党高举和平、发展、合作的旗帜，坚持独立自主的和平外交政策，按照大国是关键、周边是首要、发展中国家是基础、多边是重要舞台的外交总体布局，全方位开展对外工作，为全面建设小康社会营造了良好的国际环境。

在积极推动同各大国关系稳定发展方面：加强同美国在经贸、能源、科技、卫生、反恐、防扩散、执法等领域的交流合作，妥善处理分歧，努力扩大利益交汇点，维护中美关系总体上稳定发展的势头；深化中俄战略协作伙伴关系，加强双边合作和双方在上海合作组织等多边框架内的合作，加强双方在重大国际和地区问题上的协调，深化两国经贸、投资、能源、科技等领域的交流合作；推动中欧全面合作，在国际和地区问题上增加共识，加强双边贸易和双方在科技、文化、教育领域的交流合作，不断充实中欧全面战略伙伴关系的内涵；促进中日两国人民的友好，推进各领域的交流和合作。

在周边外交方面：推进东亚区域合作，加入《东南亚友好合作条约》，实施推进中国—东盟战略伙伴关系行动计划，建立"十加一"合作机制，启动中国—东盟自由贸易区建设进程，在区域合作进程中发挥重要作用；推动上海合作组织深化反恐合作，采取主动措施推进成员国在经贸、能源资源、科技、基础设施建设等方面的合作；同印度建立面向和平与繁荣的战略合作伙伴关系，签订关于解决中印边界问题政治指导原则的协定。

加强同发展中国家的团结合作，巩固同越南、朝鲜、老挝、古巴的传统友谊，推进同巴西、印度、南非、墨西哥等发展中国家的对话和协调。

重视和支持联合国在维护世界和平、促进共同发展方面发挥核心作用。积极参与联合国改革方案的沟通和磋商，主动参与非传统安全领域的双边和多边合作，利用联合国等多边机构的资源，增强我国防范和应对各种安全威胁的能力。坚持实事求是、量力而行，妥善处理国际敏感问题和突发事件。在解决朝核问题、伊拉克问题和推动中东和平进程方面，发挥建设性作用。中国作为一个负责任的大国，在国际事务中正发挥着越来越大的作用。

党和政府还利用各种双边和多边场合，阐明我国坚持走和平发展道路的决心，积极倡导和推动建设"和谐世界"。2005年4月22日，国家主席胡锦涛在雅加达亚非首脑会议上首次提出建设"和谐世界"的主张。强调推动经济发展、改善人民生活始终是中国的中心任务，中国的发展主要依靠自己的力量，不会对任何人构成威胁，只会给世界带来更多的发展机遇和更广阔的市场，同时，中国坚持对外开放的基本国策，愿意同世界各国开展互利合作，共同致力于建设一个持久和平、共同繁荣的和谐世界。主张政治上相互尊重、平等协商，共同推进国际关系民主化；经济上相互合作、优势互补，共同推动经济全球化朝着均衡、普惠、共赢方向发展；文化上相互借鉴、求同存异，尊重世界多样性，共同促进人类文明繁荣进步；安全上相互信任、加强合作，坚持用和平方式而不是战争手段解决国际争端，共同维护世界和平稳定；环保上相互帮助、协力推进，共同呵护人类赖以生存的地球家园。

香港和澳门回归祖国后，党中央、国务院坚定不移地贯彻"一国两制""港人治港""澳人治澳"和高度自治的方针，严格按照香港基本法和澳门基本法办事，全力支持香港和澳门两个特别行政区行政长官和政府的工作，广泛团结港澳各界人士，共同维护和促进香港和澳门的繁荣、稳定和发展。

中央对香港与澳门的繁荣和稳定给予了全力支持，不仅采取有力措施帮助香港、澳门成功地摆脱了亚洲金融危机带来的消极影响，而且通过进一步加强内地与港澳的联系，开展多领域的交流与合作，实施泛珠三角区域合作等一系列政策措施，促进港澳同内地的共同发展，为香港和澳门的繁荣与稳定提供了更广阔的发展空间。在中央政府和大陆同胞的支持下，香港和澳门经济更加繁荣，民主有序发展，民众安居乐业，社会保持稳定。广大港澳同胞以主人翁的姿态关心祖国、热爱港澳，呈现出奋发向上的精神风貌。

实现祖国的完全统一，是海内外中华儿女的共同心愿。港澳回归之后，海峡两岸关系更加受到中国共产党和全体中国人民的关注。党中央根据海峡两岸关系和台湾形势的变化，在原有政策基础上又提出了一些新主张，采取了一些新举措，推动两岸关系不断取得新进展。

2005年3月4日，胡锦涛就新形势下发展两岸关系提出四点意见，强调坚持一个中国原则决不动摇，争取和平统一的努力决不放弃，贯彻寄希望于台湾人民的方针决不改变，反对"台独"分裂活动决不妥协。四个"决不"的主张，在海峡两岸和国际社会产生了重大反响，受到普遍欢迎和高度评价。3月14日，十届全国人大三次会议高票通过《反分裂国家法》，将中央关于解决台湾问题、反对分裂祖国的大政方针以法律的形式固定下来。这部法律的制定和通过，既充分体现了中国共产党以最大诚意、尽最大努力争取和平统一的一贯立场，也表明了中国共产党和中国人民维护国家统一与领土完整的坚定决心。

在党中央正确方针的推动下，经过多方努力，两岸间的政党交流成功开启。2005年，台湾中国国民党主席连战、亲民党主席宋楚瑜以及新党主席郁慕明相继率团访问大陆。胡锦涛总书记分别同他们会见、会谈，共同发表公报，达成了坚持"九二共识"、反对"台独"、谋求台海和平稳定、促进两岸关系发展等多项共识。在中国共产党和中国国民党两党有关方面先后举办的三届两岸经贸文化论坛上，大陆方面共推出 48 项促进两岸交流合作、惠及台湾同胞的政策措施。中国共产党和亲民党有关方面也举办了两岸民间精英论坛。通过两岸政党的广泛交流与合作，进一步打开了遏制"台独"分裂活动、促进两岸关系发展的新局面。2007 年 9 月，第 62 届联合国大会以压倒性多数否决了陈水扁当局唆使极少数国家提出的所谓"台湾加入联合国"提案。2008 年 3 月，台湾举行地方领导人选举，在"台独"道路上越走越远的陈水扁当局终于被台湾人民所抛弃，国民党重新取得执政地位，两岸关系出现了有利于和平发展的新变化。

七　在全党开展学习实践科学发展观活动

把中国特色社会主义伟大事业不断推向前进，关键是要以改革创新精神全面推进党的建设新的伟大工程，在国内外形势深刻变化的条件下不断提高党的执政能力、保持和发展党的先进性，使党始终成为中国特色社会主义事业的坚强领导核心。

根据党的十七大作出的部署，党中央坚持以党的执政能力建设和先进性建设为主线，以改革创新为动力，全面加强党的思想建设、组织建设、作风建设、制度建设和反腐倡廉建设，加紧建立健全保证党科学执政、民主执政、依法执政的体制机制，努力解决党内存在的突出矛盾和问题：一是加强理论武装工作，推动广大党员特别是各级领导干部自觉用中国特色社会主义理论体系指导客观世界和主观世界的改造；二是加强领导班子和干部队伍建设，强调德才兼备、以德为先的用人标准，对全国党政领导班子、后备干部队伍建设作出规划；三是加强人才工作，研究全国人才队伍建设中长期规划；四是加强基层党的建设，落实保持共产党员先进性的长效机制；五是加强党内民主建设，推进党务公开，充分发挥党员在党内事务中的参与、管理、监督作用；六是制定和实施今后五年建立健全惩治和预防腐败体系工作规划，不断把党风廉政建设和反腐败斗争引向深入。

党的十七大决定在全党开展深入学习实践科学发展观活动，这是用中国特色社会主义理论体系武装全党的重大举措，是深入推进改革开放、推动经济社会又好又快发展、促进社会和谐稳定的迫切需要，是提高党的执政能力、保持和发展党的先进性的必然要求。根据中央统一要求和部署，学习实践活动从2008年3月开始试点、同年9月全面启动，自上而下分三批进行，到2010年2月底基本结束，共有370多万个党组织、7500多万名党员参加。这次学习实践活动，紧紧围绕党员干部受教育、科学发展上水平、人民群众得实惠的总要求，牢牢把握坚持解放思想、突出实践特色、贯彻群众路线、正面教育为主的原则，主题鲜明，领导有力，组织严密，措施得当。经过全党共同努力，学习实践活动基本实现了提高思想认识、解决突出问题、创新体制机制、促进科学发展、加强基层组织的目标。一是广大党员、干部受到深刻的马克思主义教育，贯彻落实科学发展观的自觉性和坚定性明显增强，加强党性修养和作风建设的自觉性明显提高，对事关本地区本部门本单位科学发展重大问题的认识进一步深化，领导和推动科学发展能力进一步提高。二是科学发展水平得到有效提升，进一步理清了本地区本部门本单位科学发展思路，制定了一批推动科学发展的政策措施，解决了一批影响和制约科学发展的突出问题，建立健全了一批保障和促进科学发展的体制机制。三是人民群众得到更多实惠，有力推动了中央惠民利民政策的落实，解决了大量涉及群众切身利益的实际问题，密切了党群关系、干群关系，促进了社会和谐稳定。四是党的基层组织建设得到明显加强，扩大了党的组织和党的工作覆盖面，丰富了党组织和党员发挥作用的有效途径和方法，改进了基层党的建设领导体制和工作机制。

在新中国成立60周年之际，党中央于2009年9月召开十七届四中全会，进一步研究和部署以改革创新精神推进党的建设新的伟大工程，通过了《中共中央关于加强和改进新形势下党的建设若干重大问题的决定》。该决定深刻分析了加强和改进新形势下党的建设的重要性和紧迫性，系统总结了党在全国范围内执政60年来加强和改进自身建设的基本经验，对加强和改进新形势下党的建设作出全面规划，强调必须全面贯彻党的十七大关于党的建设的总体部署，按照党章要求，着眼于继续解放思想、坚持改革开放、推动科学发展、促进社会和谐，着眼于提高党的执政能力、保持和发展党的先进性，着眼于增强全党为党和人民的事业不懈奋斗的使命感和责任感，着眼于保持党同人民群众的血肉联系，突出重点，突破难点，全面推进思想建设、组织建设、作风建设、制度建设和反腐倡廉建设，提高党的建设科学化水平，进一步把党建设成为立党为公、执政为民，求真务实、改革创新，艰苦奋斗、清正廉洁，富有活力、团结和谐的马克思主义执政党，确保党始终是中国工人阶级的先锋队，同时也是中国人民和中华民族的先锋队。

全会对新形势下加强和改进党的建设作出了战略部署：一是建设马克思主义学习型政党、提高全党思想政治水平。按照科学理论武装、具有世界眼光、善于把握规律、富有创新精神的标准，把建设马克思主义学习型政党作为重大而紧迫的战略任务抓紧抓好。主要任务是：推进马克思主义中国化、时代化、大众化；用中国特色社会主义理论体系武装全党；开展社会主义核心价值体系学习教育；建设学习型党组织。二是坚持和健全民主集中制、积极发展党内民主。坚持民主基础上的集中和集中指导下的民主相结合，以保障党员民主权利为根本，以加强党内基层民主建设为基础，切实推进党内民主，广泛凝聚全党意愿和主张，充分发挥各级党组织和广大党员的积极性、主动性、创造性，坚决维护党的集中统一；坚持以党内民主带动人民民主，以党的坚强团结保证全国各族人民的大团结。三是深化干部人事制度改革、建设善于推动科学发展和促进社会和谐的高素质干部队伍。坚持党管干部原则，全面贯彻干部队伍革命化、年轻化、知识化、专业化方针，坚持五湖四海、拓宽视野选拔干部，广辟途径培养干部，满腔热情爱护干部，严格要求管理干部，把各方面优秀人才集聚到党和国家的事业中来。四是做好抓基层打基础工作、夯实党执政的组织基础。坚持围绕中心、服务大局、拓宽领域、强化功能，进一步巩固和加强党的基层组织，着力扩大覆盖面、增强生机活力，使党的基层组织充分发挥推动发展、服务群众、凝聚人心、促进和谐的作用，使广大党员牢记宗旨、心系群众。五是弘扬党的优良作风、保持党同人民群众的血肉联系。在全党大力弘扬理论联系实际、密切联系群众、批评和自我批评的作风，始终谦虚谨慎、艰苦奋斗，以思想教育、完善制度、集中整顿、严肃纪律为抓手，下大气力解决突出问题，以优良党风促政风带民风，形成凝聚党心民心的强大力量。六是加快推进惩治和预防腐败体系建设、深入开展反腐败斗争。把反腐倡廉建设放在更加突出的位置，坚持标本兼治、综合治理、惩防并举、注重预防的方针，严格执行党风廉政建设责任制，在坚决惩治腐败的同时加大教育、监督、改革、制度创新力度，更有效地预防腐败，不断取得反腐败斗争新成效。

全会强调，加强和改进新形势下党的建设，是全党的重大政治责任。各级党组织要认真贯彻全会决定精神，坚持党要管党、从严治党，全面落实党建工作责任制，加强党建工作调查研究，全面认识和自觉运用马克思主义执政党建设规律，推动党的建设创新，确保党的建设各项部署落到实处，努力在以科学理论指导党的建设、以科学制度保障党的建设、以科学方法推进党的建设上见到成效，不断提高党的建设科学化水平。

这次全会的召开，对于全面贯彻党的十七大精神、深入贯彻落实科学发展观、保持经济平稳较快发展、夺取全面建设小康社会新胜利、开创中国特色社会主义事业新局面，具有重大而深远的意义。

八 "十一五"计划的完成和"十二五"规划的制定

"十一五"时期,在党的领导下我国走向又好又快发展。国家先后制定和实施了中长期科技、人才、教育规划纲要,确立在经济社会发展中人才优先发展的战略布局,努力实现各类人才队伍协调发展。不断加大科技投入,基础研究和前沿技术研究得到加强,取得高性能计算机、第三代移动通信、超级杂交水稻等一批重大创新成果,突破了一批关键技术。2008年8月1日,我国第一条高速铁路京津城际铁路开通,到"十一五"期末的2010年,我国高速铁路投入运营里程已达7000多公里,成为世界高铁运营里程最长、速度最快的国家。坐在时速350公里的国产"和谐"号列车上,仅需29分钟就能从北京来到天津。高科技改变了中国人的生活,科技创新支撑和引领经济社会发展的能力明显增强。2008年9月27日,神舟七号飞船航天员翟志刚在太空向祖国报告:"我已出舱,感觉良好。"实现了中国人的第一次太空漫步。我国航天技术达到了一个新水平。

在推动实施区域协调发展总体战略的基础上,我国还重点研究部署了推进西藏、新疆跨越式发展和长治久安的工作,并对加快四川、云南、甘肃、青海藏区经济社会发展作出全面部署。2010年1月,中央召开第五次西藏工作座谈会,研究制定推动西藏经济社会发展的重大政策举措,强调坚持走有中国特色、西藏特点的发展路子,紧紧抓住发展和稳定两件大事,确保西藏各族人民物质文化生活水平不断提高,努力建设团结、民主、富裕、文明、和谐的社会主义西藏。2010年5月,中央召开新疆工作座谈会，出台推进新疆跨越式发展和长治久安的重大政策举措，实施稳疆兴疆、富民固边战略，强调始终把推动科学发展作为解决一切问题的基础，始终把保障和改善民生作为全部工作的出发点和落脚点，始终把加强民族团结作为长治久安的根本保障。在中央正确部署、全国人民大力支援下，经过西藏、新疆人民的共同努力，推进西藏、新疆跨越式发展和长治久安工作开始全面有序展开。

经过五年的努力奋斗，我国胜利完成了"十一五"规划确定的主要目标和任务，社会生产力快速发展，综合国力大幅提升，人民生活明显改善，国际地位和影响力显著提高，社会主义经济建设、政治建设、文化建设、社会建设以及生态文明建设和党的建设取得重大进展，全面建设小康社会取得重大成就，谱写了中国特色社会主义事业新篇章。

"潮平两岸阔，风正一帆悬"。在"十一五"规划的各项任务即将完成时，党中央开始就"十二五"时期的改革发展和社会主义现代化建设进行科学谋划，研究部署。

2009年2月，胡锦涛总书记先后主持召开中央政治局常务委员会会议、中央政治局会议讨论决定，党的十七届五中全会将要研究关于制定国民经济和社会发展的第十二个五年规划的建议问题。"十二五"规划建议的起草工作由此正式启动。

2009年10月，党中央直接部署"十二五"时期30个重大课题，组织有关方面专家进行深入研究，国内67个部门，政治、经济、文化、社会等方面1万多名专家参与研究。2010年2月，党中央作出决定：成立党的十七届五中全会文件起草组，在中央政治局常委会直接领导下，负责文件起草工作。

2010年，胡锦涛总书记等中央政治局常委的足迹遍及长城内外、大江南北，就"十二五"时期我国经济社会发展进行深入细致的调查研究，广泛听取基层干部群众意见和建议。7月22日，胡锦涛总书记主持召开中央政治局会议，第一次审议"十二五"规划建议稿并发表讲话。他在讲话中强调，制定"十二五"规划，必须适应国内外形势新变化，顺应各族人民过上更好生活新期待，坚持科学发展，加快转变经济发展方式，不断深化改革开放，切实保障和改善民生，巩固和扩大应对国际金融危机冲击的成果，促进经济长期平稳较快发展，为全面建成小康社会打下具有决定性意义的基础。

2010年10月15日至18日，党的十七届五中全会在北京召开。全会通过的《关于制定国民经济和社会发展的第十二个五年规划的建议》强调，"十二五"时期是全面建设小康社会的关键时期，是深化改革开放、加快转变经济发展方式的攻坚时期。我国发展仍处于可以大有作为的重要战略机遇期，既面临难得的历史机遇，也面对诸多可以预见和难以预见的风险挑战。全会号召：要适应国内外形势的新变化，顺应各族人民过上更好生活的新期待，以科学发展为主题，以加快转变经济发展方式为主线，深化改革开放，保障和改善民生，巩固和扩大应对国际金融危机冲击的成果，促进经济长期平稳较快发展和社会和谐稳定，为全面建成小康社会打下具有决定性意义的基础。明确以科学发展为主题、以加快转变经济发展方式为主线，符合党心民心，符合时代潮流，符合现代化建设的要求。

十七届五中全会深入总结了"十一五"时期我国发展的成就和经验，综合考虑了未来国际国内的发展趋势和条件，提出了今后五年我国发展的目标和任务：经济平稳较快发展，经济结构战略性调整取得重大进展，城乡居民收入普遍较快增加，社会建设明显加强，改革开放不断深化，使我国转变经济发展方式取得实质性进展，综合国力、国际竞争力、抵御风险能力显著提高，人民物质文化生活明显改善，全面建成小康社会的基础更加牢固。这些目标和任务，突出了保持经济平稳较快发展、推进经济结构战略性调整、提高人民生活质量和水平、深化改革开放等方面的要求，涉及经济建设、政治建设、文化建设、社会建设以及生态文明建设各个方面，为推动"十二五"时期的科学发展描绘了宏伟蓝图，既鼓舞人心又艰巨繁重，需要全党同志全力以赴，确保这些目标如期实现。

宏伟蓝图已展开，崇高使命在召唤。全党全国各族人民紧密团结在以胡锦涛为总书记的党中央周围，更加坚定地推进科学发展，更加主动地加快转变经济发展方式，更加奋发有力地推进我国改革开放和社会主义现代化建设，正在为建设更高水平的小康社会而努力奋斗。

第三篇

强起来

第十章
中国特色社会主义进入新时代

党的十八大以后,面对世界经济复苏乏力、局部冲突和动荡频发、全球性问题加剧的外部环境,面对我国经济发展进入新常态等一系列深刻变化,以习近平同志为核心的党中央坚持稳中求进的工作总基调,迎难而上、开拓进取,取得了改革开放和社会主义现代化建设的历史性成就。同时,以巨大的政治勇气和强烈的责任担当,提出了一系列新理念、新思想、新战略,出台了一系列重大方针政策,推出了一系列重大举措,推进了一系列重大工作,解决了许多长期想解决而没有解决的难题,办成了许多过去想办而没有办成的大事,推动党和国家事业发生了历史性变革。这些历史性成就和历史性变革,对党和国家事业发展具有重大而深远的影响,标志着中国特色社会主义进入了新时代,中华民族迎来了从站起来、富起来到强起来的伟大飞跃。

站起来 富起来 强起来

一 提出"两个一百年"奋斗目标

2010年,是我国改革开放和社会主义现代化建设进程中的一个重要历史节点。这一年,我国国内生产总值达到397983亿元,比上年增长10.3%,国内生产总值增长速度明显快于世界主要国家或地区。[1]根据日本政府公布的2010年年度国内生产总值数据,我国已经超过日本成为世界第二大经济体。[2]同时,这一年我国的经济总量是2000年的两番多[3],大大超过了1997年党的十五大提出的21世纪"第一个十年实现国民生产总值比2000年翻一番"的预期目标。2011年,我国经济继续保持平稳较快增长,国内生产总值达到47.3万亿元。这标志着我国综合国力已有大幅提升。在这样的基础上,2012年11月召开的党的十八大满怀信心地进一步重申了党的十五大提出的两个一百年奋斗目标(新"三步走"战略的第二、第三步目标)——在中国共产党成立一百年时全面建成小康社会,在新中国成立一百年时建成富强民主文明和谐的社会主义现代化国家。

2012年11月8日至14日,中国共产党第十八次全国代表大会在北京召开。这是在我国进入全面建成小康社会决定性阶段召开的一次十分重

---

[1] 此前国际货币基金组织公布的数据表明,2010年世界经济增速预计将为5.0%。其中美国为2.8%,欧元区为1.8%,日本为4.3%。在新兴和发展中经济体中,俄罗斯为3.7%,印度为9.7%,巴西为7.5%。

[2] 根据国际货币基金组织的数字,2010年日本GDP为5.39万亿美元,而中国的GDP为5.75万亿美元。

[3] 2000年我国国内生产总值为99214.6亿元。

要的大会。大会的主题是：高举中国特色社会主义伟大旗帜，以邓小平理论、"三个代表"重要思想、科学发展观为指导，解放思想，改革开放，凝聚力量，攻坚克难，坚定不移沿着中国特色社会主义道路前进，为全面建成小康社会而奋斗。这个主题，回答了举什么旗、走什么路、以什么样的精神状态、朝着什么样的目标前进的问题。

自从党的十六大提出全面建设小康社会的目标和任务后，党中央紧紧抓住和用好我国发展的重要战略机遇期，坚定不移推进全面建设小康社会进程，奋力把中国特色社会主义推进到新的发展阶段。特别是党的十七大以后的五年，党中央先后召开七次全会，分别就深化行政管理体制改革、推进农村改革发展、加强和改进新形势下党的建设、制定"十二五"规划、推进文化改革发展等关系全局的重大问题作出决定和部署，胜利完成了"十一五"规划，顺利实施了"十二五"规划，各方面工作都取得新的重大成就。经济平稳较快发展，改革开放取得重大进展，人民生活水平显著提高，民主法制建设迈出新步伐，文化建设迈上新台阶，社会建设取得新进步，国防和军队建设开创新局面，港澳台工作进一步加强，外交工作取得新成就，党的建设全面加强。期间，我国成功举办北京奥运会、残奥会和上海世博会，夺取了抗击汶川特大地震等严重自然灾害和灾后恢复重建的重大胜利，妥善处置了一系列重大突发事件。尤其是2008年以后，国际金融危机使我国发展遭遇严重困难，党中央科学判断、果断决策，采取一系列重大举措，在全球率先实现经济企稳回升，积累了有效应对外部经济风险冲击、保持经济平稳较快发展的重要经验。可以说，在十分复杂的国内外形势下，党和人民经受住严峻考验，巩固和发展了改革开放和社会主义现代化建设大局，提高了我国国际地位，彰显了中国特色社会主义的巨大优越性和强大生命力，增强了中国人民和中华民族的自豪感和凝聚力。

但是，在前进道路上还有不少困难和问题，主要是：发展中不平衡、不协调、不可持续问题依然突出,科技创新能力不强,产业结构不合理,农业基础依然薄弱,资源环境约束加剧,制约科学发展的体制机制障碍较多,深化改革开放和转变经济发展方式任务艰巨;城乡区域发展差距和居民收入分配差距依然较大;社会矛盾明显增多,教育、就业、社会保障、医疗、住房、生态环境、食品药品安全、安全生产、社会治安、执法司法等关系群众切身利益的问题较多,部分群众生活比较困难;一些领域存在道德失范、诚信缺失现象;一些干部领导科学发展能力不强,一些基层党组织软弱涣散,少数党员干部理想信念动摇、宗旨意识淡薄,形式主义、官僚主义问题突出,奢侈浪费现象严重;一些领域消极腐败现象易发多发,反腐败斗争形势依然严峻。

党的十八大正确分析和判断了国际国内形势变化新特点,认为世情、国情、党情继续发生深刻变化,我国面临的发展机遇和风险挑战前所未有,必须更加奋发有为、兢兢业业地工作,继续推动科学发展、促进社会和谐,继续改善人民生活、增进人民福祉,完成时代赋予的光荣而艰巨的任务。

十八大报告总结了党的十六大以后十年的奋斗历程,认为最重要的就是勇于推进实践基础上的理论创新,形成和贯彻了科学发展观。科学发展观是马克思主义同当代中国实际和时代特征相结合的产物,是马克思主义关于发展的世界观和方法论的集中体现,对新形势下实现什么样的发展、怎样发展等重大问题作出了新的科学回答,把我们党对中国特色社会主义规律的认识提高到新的水平,开辟了当代中国马克思主义发展新境界。它是中国特色社会主义理论体系的最新成果,是中国共产党集体智慧的结晶,是指导党和国家全部工作的强大思想武器。科学发展观同马克思列宁主义、毛泽东思想、邓小平理论、"三个代表"重要思想一道,是党必须长期坚持的指导思想。面向未来,深入贯彻落实科学发展观,对坚持和发展中国特色社会主义具有重大的现实意义和深远的历史意义,必须把科学发展观贯彻到我国现代化建设全过程，体现到党的建设的各个方面。

十八大报告强调了"坚定不移走中国特色社会主义道路"的重要性，指出：道路关乎党的命脉，关乎国家前途、民族命运、人民幸福。在改革开放30多年一以贯之的接力探索中，我们坚定不移高举中国特色社会主义伟大旗帜，既不走封闭僵化的老路，也不走改旗易帜的邪路。中国特色社会主义道路，中国特色社会主义理论体系，中国特色社会主义制度，是党和人民90多年奋斗、创造、积累的根本成就，必须倍加珍惜、始终坚持、不断发展。只要我们胸怀理想、坚定信念，不动摇、不懈怠、不折腾，顽强奋斗、艰苦奋斗、不懈奋斗，就一定能在中国共产党成立一百年时全面建成小康社会，就一定能在新中国成立一百年时建成富强民主文明和谐的社会主义现代化国家。全党要坚定这样的道路自信、理论自信、制度自信！

十八大报告着眼于实现中华民族伟大复兴，进一步明确了全面建成小康社会和全面深化改革开放新的目标要求。这就是：

（一）经济持续健康发展。转变经济发展方式取得重大进展，在发展平衡性、协调性、可持续性明显增强的基础上，实现国内生产总值和城乡居民人均收入比2010年翻一番。科技进步对经济增长的贡献率大幅上升，我国进入创新型国家行列。工业化基本实现，信息化水平大幅提升，城镇化质量明显提高，农业现代化和社会主义新农村建设成效显著，区域协调发展机制基本形成。对外开放水平进一步提高，国际竞争力明显增强。

（二）人民民主不断扩大。民主制度更加完善，民主形式更加丰富，人民的积极性、主动性、创造性进一步发挥。依法治国基本方略全面落实，法治政府基本建成，司法公信力不断提高，人权得到切实尊重和保障。

（三）文化软实力显著增强。社会主义核心价值体系深入人心，公民文明素质和社会文明程度明显提高。文化产品更加丰富，公共文化服务体系基本建成，文化产业成为国民经济支柱性产业，中华文化走出去迈出了更大步伐，社会主义文化强国建设基础更加坚实。

（四）人民生活水平全面提高。基本公共服务均等化总体实现。全民受教育程度和创新人才培养水平明显提高，我国进入人才强国和人力资源强国行列，教育现代化基本实现。就业更加充分。收入分配差距缩小，中等收入群体持续扩大，扶贫对象大幅减少。社会保障全民覆盖，人人享有基本医疗卫生服务。住房保障体系基本形成。社会和谐稳定。

（五）资源节约型、环境友好型社会建设取得重大进展。主体功能区布局基本形成，资源循环利用体系初步建立。单位国内生产总值能源消耗和二氧化碳排放大幅下降，主要污染物排放总量显著减少。森林覆盖率提高，生态系统稳定性增强，人居环境明显改善。

十八大报告还强调指出：全面建成小康社会，必须以更大的政治勇气和智慧，不失时机地深化重要领域改革，坚决破除一切妨碍科学发展的思想观念和体制机制弊端，构建系统完备、科学规范、运行有效的制度体系，使各方面制度更加成熟、更加定型。为此，党的十八大将中国特色社会主义事业总体布局从"四位一体"扩展为"五位一体"，并进一步强调：要加快完善社会主义市场经济体制，完善公有制为主体、多种所有制经济共同发展的基本经济制度，完善按劳分配为主体、多种分配方式并存的分配制度，更大程度更广范围发挥市场在资源配置中的基础性作用，完善宏观调控体系，完善开放型经济体系，推动经济更有效率、更加公平、更可持续发展。加快推进社会主义民主政治制度化、规范化、程序化，从各层次各领域扩大公民有序的政治参与，实现国家各项工作法治化。加快完善文化管理体制和文化生产经营机制，基本建立现代文化市场体系，健全国有文化资产管理体制，形成有利于创新创造的文化发展环境。加快形成科学有效的社会管理体制，完善社会保障体系，健全基层公共服务和社会管理网络，建立确保社会既充满活力又和谐有序的体制机制。加快建立生态文明制度，健全国土空间开发、资源节约、生态环境保护的体制机制，推动形成人与自然和谐发展的现代化建设新格局。这"五位一体"的总体布局，对应着全国人民在经济、政治、文化、社会、生态方面的五大权益。特别是通过生态文明建设，我们党和国家将在实现当代人利益的同时，给自然留下更多修复空间，给农业留下更多良田，给子孙后代留下天蓝、地绿、水净的美好家园。这表明，党对中国特色社会主义建设规律的认识和实践都达到了新的水平。

同时，十八大报告对党的建设也作出了"五位一体"的总体部署，强调：全党要增强紧迫感和责任感，牢牢把握加强党的执政能力建设、先进性和纯洁性建设这条主线，坚持解放思想、改革创新，坚持党要管党、从严治党，全面加强党的思想建设、组织建设、作风建设、反腐倡廉建设、制度建设，增强自我净化、自我完善、自我革新、自我提高能力，建设学习型、服务型、创新型的马克思主义执政党，确保党始终成为中国特色社会主义事业的坚强领导核心。

2012年11月15日，党的十八届一中全会选举习近平为中央委员会总书记，决定习近平为中央军事委员会主席。

二　全面深化改革

党的十八大统一提出了全面建成小康社会和全面深化改革开放的目标,强调必须以更大的政治勇气和智慧,不失时机深化重要领域改革,坚决破除一切妨碍科学发展的思想观念和体制机制弊端,构建系统完备、科学规范、运行有效的制度体系,使各方面制度更加成熟更加定型。

以习近平同志为核心的党中央认为,要完成党的十八大提出的各项战略目标和工作部署,必须抓紧推进全面改革,并且从历史经验和现实需要的高度反复强调:改革开放是决定当代中国命运的关键一招,也是决定实现"两个一百年"奋斗目标、实现中华民族伟大复兴的关键一招;实践发展永无止境,解放思想永无止境,改革开放也永无止境,停顿和倒退没有出路,改革开放只有进行时、没有完成时;面对新形势新任务,我们必须通过全面深化改革,着力解决我国发展面临的一系列突出矛盾和问题,不断推进中国特色社会主义制度自我完善和发展。

2013年11月9日至12日,党的十八届三中全会在北京举行。全会审议通过了《中共中央关于全面深化改革若干重大问题的决定》。习近平就该决定讨论稿向全会作了说明。回顾新时期历史可以发现,改革开放以来历次三中全会都研究讨论过深化改革的问题,都是在释放一个重要信号,就是我们党将坚定不移高举改革开放的旗帜,坚定不移坚持党的十一届三中全会以来的理论和路线方针政策。说到底,就是要回答在新的历史条件下举什么旗、走什么路的问题。党的十八届三中全会以全面深化改革为主要议题，是我们党坚持以邓小平理论、"三个代表"重要思想、科学发展观为指导，在新形势下坚定不移贯彻党的基本路线、基本纲领、基本经验、基本要求，坚定不移高举改革开放大旗的重要宣示和重要体现。

全会充分肯定党的十八大以来中央政治局的工作，高度评价党的十一届三中全会召开35年来改革开放的成功实践和伟大成就，研究了全面深化改革若干重大问题，认为面对新形势新任务，全面建成小康社会，进而建成富强民主文明和谐的社会主义现代化国家、实现中华民族伟大复兴的中国梦，必须在新的历史起点上全面深化改革。

全会指出，全面深化改革的总目标是完善和发展中国特色社会主义制度，推进国家治理体系和治理能力现代化。必须更加注重改革的系统性、整体性、协同性，加快发展社会主义市场经济、民主政治、先进文化、和谐社会、生态文明，让一切劳动、知识、技术、管理、资本的活力竞相迸发，让一切创造社会财富的源泉充分涌流，让发展成果更多更公平惠及全体人民。为此，要紧紧围绕使市场在资源配置中起决定性作用来深化经济体制改革，坚持和完善基本经济制度，加快完善现代市场体系、宏观调控体系、开放型经济体系，加快转变经济发展方式，加快建设创新型国家，推动经济更有效率、更加公平、更可持续发展；紧紧围绕坚持党的领导、人民当家作主、依法治国有机统一来深化政治体制改革，加快推进社会主义民主政治制度化、规范化、程序化，建设社会主义法治国家，发展更加广泛、更加充分、更加健全的人民民主；紧紧围绕建设社会主义核心价值体系、社会主义文化强国来深化文化体制改革，加快完善文化管理体制和文化生产经营机制，建立健全现代公共文化服务体系、现代文化市场体系，推动社会主义文化大发展大繁荣；紧紧围绕更好保障和改善民生、促进社会公平正义来深化社会体制改革，改革收入分配制度，促进共同富裕，推进社会领域制度创新，推进基本公共服务均等化，加快形成科学有效的社会治理体制，确保社会既充满活力又和谐有序；紧紧围绕建设美丽中国深化生态文明体制改革，加快建立生态文明制度，健全国土空间开发、资源节约利用、生态环境保护的体制机制，推动形成人与自然和谐发展的现代化建设新格局；紧紧围绕提高科学执政、民主执政、依法执政水平来深化党的建设制度改革，加强民主集中制建设，完善党的领导体制和执政方式，保持党的先进性和纯洁性，为改革开放和社会主义现代化建设提供坚强的政治保证。

全会强调，经济体制改革是全面深化改革的重点，核心问题是处理好政府和市场的关系，使市场在资源配置中起决定性作用和更好地发挥政府作用。

全会认为，改革开放的成功实践为全面深化改革提供了重要经验，必须长期坚持。最重要的是坚持党的领导，贯彻党的基本路线，不走封闭僵化的老路，不走改旗易帜的邪路，坚定走中国特色社会主义道路，始终确保改革的正确方向；坚持解放思想、实事求是、与时俱进、求真务实，一切从实际出发，总结国内成功做法，借鉴国外有益经验，勇于推进理论和实践创新；坚持以人为本，尊重人民主体地位，发挥群众首创精神，紧紧依靠人民推动改革，促进人的全面发展；坚持正确处理改革发展稳定的关系，胆子要大、步子要稳，加强顶层设计和摸着石头过河相结合，整体推进和重点突破相促进，提高改革决策的科学性，广泛凝聚共识，形成改革合力。

全会要求，到2020年，在重要领域和关键环节改革上取得决定性成果，形成系统完备、科学规范、运行有效的制度体系，使各方面制度更加成熟更加定型。为此，全会对全面深化改革作出系统部署，强调坚持和完善基本经济制度、加快完善现代市场体系、加快转变政府职能、深化财税体制改革、健全城乡发展一体化体制机制、构建开放型经济新体制、加强社会主义民主政治制度建设、推进法治中国建设、强化权力运行制约和监督体系、推进文化体制机制创新、推进社会事业改革创新、创新社会治理体制、加快生态文明制度建设、深化国防和军队改革、加强和改善党对全面深化改革的领导。

完善社会主义市场经济体制是一个长期发展的过程，不可能一蹴而就、一劳永逸。中国改革由浅入深、由易到难的发展趋势表明，越往后难啃的硬骨头越多，改革的难度越大。以党的十八届三中全会为标志，中国改革进入完善社会主义市场经济体制的攻坚阶段。十八届三中全会通过的《中共中央关于全面深化改革若干重大问题的决定》，围绕进一步形成公平竞争的发展环境、增强经济社会发展活力、提高政府效率和效能、实现社会公平正义、促进社会和谐稳定、提高党的领导水平和执政能力等重大课题，深刻剖析了我国改革发展稳定面临的重大理论和实践问题，提出了全面深化改革的指导思想、目标任务、重大原则，合理布局了全面深化改革的战略重点、优先顺序、主攻方向、工作机制、推进方式和时间表、路线图，形成了改革理论和政策的一系列新的重大突破。可以说，十八届三中全会及其决定，是全面深化改革的又一次总部署、总动员，是新一届中央领导集体施政方针的集中展示，也是当代中国改革发展的又一个里程碑，必将对推动中国特色社会主义事业发展产生重大而深远的影响。

《中共中央关于全面深化改革若干重大问题的决定》内涵丰富，亮点很多，其中以下四个方面的内容值得高度关注：

一是提出了新的重大理论观点，对全面深化改革具有重要指导意义。以经济体制改革为例，该决定提出，要"使市场在资源配置中起决定性作用和更好发挥政府作用"。这一重要论断，抓住了社会主义市场经济体制的本质特征，表明党对我国社会主义市场经济内涵的认识有了质的提升，是思想解放的重大突破，也是深化经济体制改革以及引领其他领域改革的基本方针。从党的十四大以来的 20 多年间，对政府和市场关系，我们党一直在根据实践拓展和认识深化寻找新的科学定位。党的十五大提出"使市场在国家宏观调控下对资源配置起基础性作用"，党的十六大提出"在更大程度上发挥市场在资源配置中的基础性作用"，党的十七大提出"从制度上更好发挥市场在资源配置中的基础性作用"，党的十八大提出"更大程度更广范围发挥市场在资源配置中的基础性作用"。但是，这些不同表述主要是对市场作用进行量的调整、程度的加强，没有质的变化。实践证明，市场决定资源配置是市场经济的一般规律，市场经济本质上就是市场决定资源配置的经济。健全社会主义市场经济体制必须遵循这条规律，着力解决市场体系不完善、政府干预过多和监管不到位问题。作出"使市场在资源配置中起决定性作用"的定位，有利于在全党全社会树立关于政府和市场关系的正确观念，有利于转变经济发展方式，有利于转变政府职能，有利于抑制消极腐败现象。

二是高度重视改革的系统性、整体性、协同性，对全面深化改革作出了系统部署。该决定强调，要坚持正确处理改革发展稳定关系，胆子要大、步子要稳，加强顶层设计和摸着石头过河相结合，整体推进和重点突破相促进，提高改革决策科学性，广泛凝聚共识，形成改革合力。据此，该决定对全面深化改革作出系统部署，强调要紧紧围绕使市场在资源配置中起决定性作用来深化经济体制改革，紧紧围绕坚持党的领导、人民当家作主、依法治国有机统一来深化政治体制改革，紧紧围绕建设社会主义核心价值体系、社会主义文化强国来深化文化体制改革，紧紧围绕更好保障和改善民生、促进社会公平正义来深化社会体制改革，紧紧围绕建设美丽中国来深化生态文明体制改革，紧紧围绕提高科学执政、民主执政、依法执政水平来深化党的建设制度改革。

三是更加注重改革的顶层设计和统筹规划，为全面深化改革提供了组织保障。全面深化改革是一个复杂的系统工程，单靠某一个或某几个部门往往力不从心，这就需要建立更高层面的领导机制。为此，该决定提出，中央成立全面深化改革领导小组，负责改革总体设计、统筹协调、整体推进、督促落实。这是为了更好发挥党总揽全局、协调各方的领导核心作用，保证改革顺利推进和各项改革任务落实。领导小组的主要职责是：统一部署全国性重大改革，统筹推进各领域改革，协调各方力量形成推进改革合力，加强督促检查，推动全面落实改革目标任务。同时，设立国家安全委员会，加强对国家安全工作的集中统一领导。国家安全委员会主要职责是制定和实施国家安全战略，推进国家安全法治建设，制定国家安全工作方针政策，研究解决国家安全工作中的重大问题。

四是突出强调制度建设，丰富了我国改革开放和社会主义现代化建设的内涵。该决定提出，全面深化改革的总目标是完善和发展中国特色社会主义制度，推进国家治理体系和治理能力现代化。围绕这个总目标，该决定还分别提出了坚持和完善基本经济制度，加快推进社会主义民主政治制度化、规范化、程序化，加快完善文化管理体制和文化生产经营机制，改革收入分配制度，推进社会领域制度创新，加快建立生态文明制度，完善党的领导体制和执政方式等制度建设的具体任务，要求到2020年，在重要领域和关键环节改革上取得决定性成果，完成该决定提出的改革任务，形成系统完备、科学规范、运行有效的制度体系，使各方面制度更加成熟更加定型。从制度层面和国家治理体系及能力现代化的角度提出全面深化改革的总目标，这是该决定的一大亮点和突出贡献，表明我们党对中国特色社会主义制度和现代化建设内涵的认识变得更加丰富了，这对于凝聚全党全社会思想共识和行动智慧，以更大决心冲破思想观念的束缚、突破利益固化的藩篱，推动中国特色社会主义制度自我完善和发展，顺利实现全面建成小康社会进而实现中华民族伟大复兴的中国梦，具有重大而深远的历史意义。

三　全面依法治国

法律是治国之重器，法治是国家治理体系和治理能力的重要依托。全面推进依法治国，是解决党和国家事业发展面临的一系列重大问题，解放和增强社会活力、促进社会公平正义、维护社会和谐稳定、确保党和国家长治久安的根本要求。要推动我国经济社会持续健康发展，不断开拓中国特色社会主义事业更加广阔的发展前景，就必须全面推进社会主义法治国家建设，从法治上为解决这些问题提供制度化方案。

党的十八大提出，法治是治国理政的基本方式，要加快建设社会主义法治国家，全面推进依法治国；到2020年，依法治国基本方略全面落实，法治政府基本建成，司法公信力不断提高，人权得到切实尊重和保障。党的十八届三中全会进一步提出，建设法治中国，必须坚持依法治国、依法执政、依法行政共同推进，坚持法治国家、法治政府、法治社会一体建设。全面贯彻落实这些部署和要求，关系到加快建设社会主义法治国家，关系到落实全面深化改革顶层设计，关系到中国特色社会主义事业长远发展。

与此同时，全面建成小康社会进入决定性阶段，改革进入攻坚期和深水区。我们党面对的改革发展稳定任务之重前所未有、矛盾风险挑战之多前所未有，依法治国在党和国家工作全局中的地位更加突出、作用更加重大。全面推进依法治国是关系我们党执政兴国、关系人民幸福安康、关系党和国家长治久安的重大战略问题，是完善和发展中国特色社会主义制度、推进国家治理体系和治理能力现代化的重要方面。要实现党的十八大和十八届三中全会作出的一系列战略部署，全面建成小康社会、实现中华民族伟大复兴的中国梦，全面深化改革、完善和发展中国特色社会主义制度，就必须在全面推进依法治国上作出总体部署、采取切实措施、迈出坚实步伐。

基于这样的考虑，2014年1月中央政治局决定，党的十八届四中全会重点研究全面推进依法治国问题，并作出决定。中央政治局认为，全面推进依法治国涉及改革发展稳定、治党治国治军、内政外交国防等各个领域，必须立足全局和长远来统筹谋划。全会决定应该旗帜鲜明就法治建设的重大理论和实践问题作出回答，既充分肯定我国社会主义法治建设的成就和经验，又针对现实问题提出富有改革创新精神的新观点新举措；既抓住法治建设的关键，又体现党和国家事业发展全局要求；既高屋建瓴、搞好顶层设计，又脚踏实地、做到切实管用；既讲近功，又求长效。

2014年10月20日至23日，党的十八届四中全会在北京举行。全会听取和讨论了习近平受中央政治局委托作的工作报告，审议通过了《中共中央关于全面推进依法治国若干重大问题的决定》。习近平就该决定讨论稿向全会作了说明。

全会充分肯定党的十八届三中全会以来中央政治局的工作，高度评价长期以来特别是党的十一届三中全会以来我国社会主义法治建设取得的历史性成就，研究了全面推进依法治国若干重大问题，认为全面建成小康社会、实现中华民族伟大复兴的中国梦，全面深化改革、完善和发展中国特色社会主义制度，提高党的执政能力和执政水平，必须全面推进依法治国。

全会提出，全面推进依法治国，总目标是建设中国特色社会主义法治体系，建设社会主义法治国家。这就是：在中国共产党领导下，坚持中国特色社会主义制度，贯彻中国特色社会主义法治理论，形成完备的法律规范体系、高效的法治实施体系、严密的法治监督体系、有力的法治保障体系，形成完善的党内法规体系，坚持依法治国、依法执政、依法行政共同推进,坚持法治国家、法治政府、法治社会一体建设,实现科学立法、严格执法、公正司法、全民守法,促进国家治理体系和治理能力现代化。要实现这个总目标,必须坚持中国共产党的领导,坚持人民主体地位,坚持法律面前人人平等,坚持依法治国和以德治国相结合,坚持从中国实际出发。

全会强调,党的领导是中国特色社会主义最本质的特征,是社会主义法治最根本的保证。把党的领导贯彻到依法治国全过程和各方面,是我国社会主义法治建设的一条基本经验。我国宪法确立了中国共产党的领导地位。坚持党的领导,是社会主义法治的根本要求,是党和国家的根本所在、命脉所在,是全国各族人民的利益所系、幸福所系,是全面推进依法治国的题中应有之义。党的领导和社会主义法治是一致的,社会主义法治必须坚持党的领导,党的领导必须依靠社会主义法治。只有在党的领导下依法治国、厉行法治,人民当家作主才能充分实现,国家和社会生活法治化才能有序推进。依法执政,既要求党依据宪法法律治国理政,也要求党依据党内法规管党治党。

全会明确了全面推进依法治国的重大任务,这就是:完善以宪法为核心的中国特色社会主义法律体系,加强宪法实施;深入推进依法行政,加快建设法治政府;保证公正司法,提高司法公信力;增强全民法治观念,推进法治社会建设;加强法治工作队伍建设;加强和改进党对全面推进依法治国的领导。

全会通过的《中共中央关于全面推进依法治国若干重大问题的决定》,坚持了五个原则,突出了十个问题。习近平总书记就这些问题作了充分和详细的说明[1],对深刻理解《决定》内容和精神至关重要。

---

[1] 习近平:《关于〈中共中央关于全面推进依法治国若干重大问题的决定〉的说明》,见中共中央文献研究室编《十八大以来重要文献选编》(中),中央文献出版社2016年版,第140–154页。

五个原则是:(1)贯彻党的十八大和十八届三中全会精神,贯彻党的十八大以来党中央工作部署,体现全面建成小康社会、全面深化改革、全面推进依法治国这"三个全面"的逻辑联系。(2)围绕中国特色社会主义事业总体布局,体现推进各领域改革发展对提高法治水平的要求,而不是就法治论法治。(3)反映目前法治工作基本格局,从立法、执法、司法、守法四个方面作出工作部署。(4)坚持改革方向、问题导向,适应推进国家治理体系和治理能力现代化要求,直面法治建设领域突出问题,回应人民群众期待,力争提出对依法治国具有重要意义的改革举措。(5)立足我国国情,从实际出发,坚持走中国特色社会主义法治道路,既与时俱进、体现时代精神,又不照抄照搬别国模式。

十个问题分别是:

第一,党的领导和依法治国的关系。党和法治的关系是法治建设的核心问题。党的领导是中国特色社会主义最本质的特征,是社会主义法治最根本的保证。中国特色社会主义制度是中国特色社会主义法治体系的根本制度基础,是全面推进依法治国的根本制度保障。中国特色社会主义法治理论是中国特色社会主义法治体系的理论指导和学理支撑,是全面推进依法治国的行动指南。这三个方面实质上是中国特色社会主义法治道路的核心要义,规定和确保了中国特色社会主义法治体系的制度属性和前进方向。全会决定围绕加强和改进党对全面推进依法治国的领导提出"三统一""四善于"[1],并作出了系统部署。

第二,全面推进依法治国的总目标。提出这个总目标,既明确了全面

---

[1] "三统一""四善于"是指:必须坚持党领导立法、保证执法、支持司法、带头守法,把依法治国基本方略同依法执政基本方式统一起来,把党总揽全局、协调各方同人大、政府、政协、审判机关、检察机关依法依章程履行职能、开展工作统一起来,把党领导人民制定和实施宪法法律同党坚持在宪法法律范围内活动统一起来,善于使党的主张通过法定程序成为国家意志,善于使党组织推荐的人选通过法定程序成为国家政权机关的领导人员,善于通过国家政权机关实施党对国家和社会的领导,善于运用民主集中制原则维护中央权威、维护全党全国团结统一。

推进依法治国的性质和方向,又突出了全面推进依法治国的工作重点和总抓手:一是向国内外鲜明宣示我们党和国家将坚定不移走中国特色社会主义法治道路,因为这是我国社会主义法治建设成就和经验的集中体现,是建设社会主义法治国家的唯一正确道路。二是明确全面推进依法治国的总抓手,这个总抓手就是建设中国特色社会主义法治体系。依法治国各项工作都要围绕这个总抓手来谋划、来推进。三是建设中国特色社会主义法治体系、建设社会主义法治国家,是实现国家治理体系和治理能力现代化的必然要求,也是全面深化改革的必然要求,有利于在法治轨道上推进国家治理体系和治理能力现代化,有利于在全面深化改革总体框架内全面推进依法治国各项工作,有利于在法治轨道上不断深化改革。

第三,健全宪法实施和监督制度。完善全国人大及其常委会宪法监督制度,健全宪法解释程序机制;加强备案审查制度和能力建设,依法撤销和纠正违宪违法的规范性文件;将每年12月4日定为国家宪法日;在全社会普遍开展宪法教育,弘扬宪法精神。该决定规定,凡经人大及其常委会选举或者决定任命的国家工作人员正式就职时公开向宪法宣誓。这样做,有利于彰显宪法权威,增强公职人员宪法观念,激励公职人员忠于和维护宪法,也有利于在全社会增强宪法意识、树立宪法权威。

第四,完善立法体制。进一步提高立法质量和立法效率,全面反映客观规律和人民意愿,增强解决实际问题的有效性、针对性、可操作性。完善科学立法、民主立法机制,创新公众参与立法方式,广泛听取各方面意见和建议。努力形成国家法律法规和党内法规制度相辅相成、相互促进、相互保障的格局。

第五,加快建设法治政府。各级政府是执法主体,必须坚持在党的领导下、在法治轨道上开展工作,加快建设职能科学、权责法定、执法严明、公开公正、廉洁高效、守法诚信的法治政府。对此,该决定提出了一些重要的具体措施,这些措施都有很强的针对性,也同党的十八届三中全会精神一脉相承，对法治政府建设十分紧要。

第六，提高司法公信力。该决定指出，公正是法治的生命线；司法公正对社会公正具有重要引领作用，司法不公对社会公正具有致命破坏作用。党的十八届三中全会针对司法领域存在的一些司法人员作风不正、办案不廉，办金钱案、关系案、人情案，"吃了原告吃被告"等突出问题，提出了一系列改革举措，并且针对司法体制不完善、司法职权配置和权力运行机制不科学、人权司法保障制度不健司法不公的深层次原因，有序推进全司法体制和运行机制改革。在此基础上，该决定对保障司法公正作出了更深入的部署，确保依法独立公正行使审判权和检察权，优化司法职权配置，保障人民群众参与司法。该决定还就加强人权司法保障和加强对司法活动的监督提出了重要改革措施。

第七，最高人民法院设立巡回法庭，审理跨行政区域重大行政和民商事案件。这样做，有利于审判机关重心下移、就地解决纠纷、方便当事人诉讼，有利于最高人民法院本部集中精力制定司法政策和司法解释、审理对统一法律适用有重大指导意义的案件。

第八，探索设立跨行政区划的人民法院和人民检察院。这有利于排除对审判工作和检察工作的干扰、保障法院和检察院依法独立公正行使审判权和检察权，有利于构建普通案件在行政区划法院审理、特殊案件在跨行政区划法院审理的诉讼格局。

第九，探索建立检察机关提起公益诉讼制度。作出这项规定，目的就是要使检察机关对在执法办案中发现的行政机关及其工作人员的违法行为及时提出建议并督促其纠正。这项改革主要从建立督促起诉制度、完善检察建议工作机制等入手。由检察机关提起公益诉讼，有利于优化司法职权配置、完善行政诉讼制度，也有利于推进法治政府建设。

第十，推进以审判为中心的诉讼制度改革。充分发挥审判特别是庭审的作用，是确保案件处理质量和司法公正的重要环节。作出这项规定，目的是促使办案人员树立办案必须经得起法律检验的理念，确保侦查、审查起诉的案件事实证据经得起法律检验，保证庭审在查明事实、认定证据、保护诉权、公正裁判中发挥决定性作用。这项改革有利于促使办案人员增强责任意识，通过法庭审判的程序公正实现案件裁判的实体公正，有效防范冤假错案产生。

全面推进依法治国是一个系统工程，是国家治理领域一场广泛而深刻的革命。全会决定直面我国法治建设领域的突出问题，立足我国社会主义法治建设实际，明确提出了全面推进依法治国的指导思想、总目标、基本原则，提出了关于依法治国的一系列新观点、新举措，回答了党的领导和依法治国的关系等一系列重大理论和实践问题，对科学立法、严格执法、公正司法、全民守法、法治队伍建设、加强和改进党对全面推进依法治国的领导作出了全面部署，有针对性地回应了人民群众呼声和社会关切。该决定还鲜明提出坚持走中国特色社会主义法治道路、建设中国特色社会主义法治体系的重大论断，明确建设社会主义法治国家的性质、方向、道路、抓手，必将有力推进社会主义法治国家建设。

四　全面建成小康社会

2016年至2020年是我国实施国民经济和社会发展第十三个五年规划（"十三五"）的时期，也是全面建成小康社会、实现我们党确定的"两个一百年"奋斗目标中第一个百年奋斗目标的决胜阶段。制定和实施好"十三五"规划建议，阐明党和国家战略意图，明确发展的指导思想、基本原则、目标要求、基本理念、重大举措，描绘好未来五年国家发展蓝图，事关全面建成小康社会、全面深化改革、全面依法治国、全面从严治党战略布局的协调推进，事关我国经济社会持续健康发展，事关社会主义现代化建设大局。

为制定好"十三五"规划，2015年1月，中共中央政治局决定，党的十八届五中全会审议"十三五"规划建议，并成立由习近平总书记担任组长，李克强总理、张高丽副总理担任副组长，有关部门和地方负责同志参加的文件起草组，在中央政治局常委会领导下承担建议稿起草工作。1月28日，党中央发出《关于对党的十八届五中全会研究"十三五"规划建议征求意见的通知》，在党内一定范围征求意见和建议。2月10日，文件起草组召开第一次全体会议，建议稿起草工作正式启动。

文件起草组成立后，深入开展专题调研，广泛征求各方意见。在征求意见过程中，大家普遍认为，"十三五"时期我国发展仍处于可以大有作为的重要战略机遇期，但战略机遇期内涵发生深刻变化，我国发展既面临许多有利条件，也面临不少风险挑战。希望通过制定建议，明确

"十三五"时期我国经济社会发展的基本思路、主要目标,特别是要以新的发展理念推动发展,提出一些具有标志性的重大战略、重大工程、重大举措,着力解决突出问题和明显短板,确保如期全面建成小康社会,保持经济社会持续健康发展。为此,各方面提出了许多好的意见和建议,主要有以下六个方面:一是建议对"十三五"时期我国发展面临的机遇和挑战作出更加深入和更具前瞻性的分析概括。二是建议进一步突出人民群众普遍关心的就业、教育、社保、住房、医疗等民生指标。三是建议抓住新一轮科技革命带来的机遇,将优势资源集聚到重点领域,力求在关键核心技术上取得突破。四是建议进一步提高绿色指标在"十三五"规划全部指标中的权重,把保障人民健康和改善环境质量作为更具约束性的硬指标。五是建议重视促进内陆地区特别是中西部地区对外开放。六是建议更加注重通过改善二次分配促进社会公平,明确精准扶贫、精准脱贫的政策举措,把更多公共资源用于完善社会保障体系。文件起草组在起草过程中,充分考虑、认真吸收了各方面意见和建议。

建议稿的起草,充分考虑了"十三五"时期我国经济社会发展的趋势和要求:一是"十三五"规划作为我国经济发展进入新常态后的第一个五年规划,必须适应新常态、把握新常态、引领新常态。二是面对经济社会发展新趋势新机遇和新矛盾新挑战,谋划"十三五"时期经济社会发展,必须确立新的发展理念,用新的发展理念引领发展行动。为此,建议稿提出了创新、协调、绿色、开放、共享的发展理念,并以这五大发展理念为主线对建议稿进行谋篇布局。这五大发展理念,是"十三五"乃至更长时期我国发展思路、发展方向、发展着力点的集中体现,也是改革开放30多年来我国发展经验的集中体现,反映出我们党对我国发展规律的新认识。三是"十三五"规划作为全面建成小康社会的收官规划,必须紧紧扭住全面建成小康社会存在的短板,在补齐短板上多用力,着力提高发展的协调性和平衡性。

建议稿形成后，中央政治局决定下发党内一定范围征求意见，包括征求党内部分老同志意见，还专门听取了民主党派中央、全国工商联负责人和无党派人士意见。其间，中央政治局常委会召开三次会议、中央政治局召开两次会议分别审议建议稿。各地区各部门对建议稿给予充分肯定，认为建议稿体现了"四个全面"战略布局和"五位一体"总体布局，反映了党的十八大以来党中央的决策部署，顺应了我国经济发展新常态的内在要求，有很强的思想性、战略性、前瞻性、指导性。建议稿坚持问题导向，聚焦突出问题和明显短板，回应人民群众诉求和期盼，提出一系列新的重大战略和重要举措，对保持经济社会持续健康发展具有重要推动作用。

建议稿提出了一系列新的发展要求和重大举措。比如：关于经济保持中高速增长，建议稿提出今后五年经济保持中高速增长的目标，确保到2020年实现国内生产总值和城乡居民人均收入比2010年翻一番的目标；关于户籍人口城镇化率加快提高，建议稿提出要加快落实中央确定的使1亿左右农民工和其他常住人口在城镇定居落户的目标；关于我国现行标准下农村贫困人口实现脱贫、贫困县全部摘帽、解决区域性整体贫困，建议稿提出通过实施脱贫攻坚工程，实施精准扶贫、精准脱贫，实现7017万农村贫困人口脱贫目标；关于实施一批国家重大科技项目和在重大创新领域组建一批国家实验室，建议稿提出以国家目标和战略需求为导向，瞄准国际科技前沿，布局一批体量更大、学科交叉融合、综合集成的国家实验室，优化配置人财物资源，形成协同创新新格局，形成代表国家水平、国际同行认可、在国际上拥有话语权的科技创新实力，成为抢占国际科技制高点的重要战略创新力量。此外，建议稿还提出加强统筹协调、改革并完善适应现代金融市场发展的金融监管框架，实行能源和水资源消耗、建设用地等总量和强度双控行动，探索实行耕地轮作休耕制度试点，实行省以下环保机构监测监察执法垂直管理制度，全面实施一对夫妇可生育两个孩子政策，等等。

站起来 富起来 强起来

2015年10月26日至29日,中国共产党第十八届中央委员会第五次全体会议在北京举行。全会听取和讨论了习近平受中央政治局委托作的工作报告,审议通过了《中共中央关于制定国民经济和社会发展第十三个五年规划的建议》。习近平就该建议讨论稿向全会作了说明。

全会深入分析了"十三五"时期我国发展环境的基本特征,认为我国发展仍处于可以大有作为的重要战略机遇期,也面临诸多矛盾叠加、风险隐患增多的严峻挑战。我们要准确把握战略机遇期内涵的深刻变化,更加有效地应对各种风险和挑战,继续集中力量把自己的事情办好,不断开拓发展新境界。

全会提出了"十三五"时期我国发展的指导思想:高举中国特色社会主义伟大旗帜,全面贯彻党的十八大和十八届三中、四中全会精神,以马克思列宁主义、毛泽东思想、邓小平理论、"三个代表"重要思想、科学发展观为指导,深入贯彻习近平总书记系列重要讲话精神,坚持全面建成小康社会、全面深化改革、全面依法治国、全面从严治党的战略布局,坚持发展是第一要务,以提高发展质量和效益为中心,加快形成引领经济发展新常态的体制机制和发展方式,保持战略定力,坚持稳中求进,统筹推进经济建设、政治建设、文化建设、社会建设、生态文明建设和党的建设,确保如期全面建成小康社会,为实现第二个百年奋斗目标、实现中华民族伟大复兴的中国梦奠定更加坚实的基础。

全会强调,如期实现全面建成小康社会奋斗目标,推动经济社会持续健康发展,必须遵循以下原则:坚持人民主体地位,坚持科学发展,坚持深化改革,坚持依法治国,坚持统筹国内国际两个大局,坚持党的领导。

全会提出了全面建成小康社会新的目标要求:经济保持中高速增长,在提高发展平衡性、包容性、可持续性的基础上,到2020年国内生产总值和城乡居民人均收入比2010年翻一番,产业迈向中高端水平,消费对经济增长贡献明显加大,户籍人口城镇化率加快提高。农业现代化取得明显进展，人民生活水平和质量普遍提高，我国现行标准下农村贫困人口实现脱贫，贫困县全部摘帽，解决区域性整体贫困问题。国民素质和社会文明程度显著提高。生态环境质量总体改善。各方面制度更加成熟更加定型，国家治理体系和治理能力现代化取得重大进展。

全会强调，实现"十三五"时期发展目标，破解发展难题，厚植发展优势，必须牢固树立并切实贯彻创新、协调、绿色、开放、共享的发展理念。这是关系我国发展全局的一场深刻变革。全党同志要充分认识这场变革的重大现实意义和深远历史意义。

全会分析了当前形势和任务，强调当前和今后一个时期，全党全国的一项重要政治任务，就是深入贯彻落实全会精神，把该建议确定的各项决策部署和工作要求落到实处。全党要把思想统一到全会精神上来，认清形势，坚定信心，继续顽强奋斗，团结带领全国各族人民协调推进"四个全面"战略布局，如期完成全面建成小康社会的战略任务。要坚持全面从严治党、依规治党，深入推进党风廉政建设和反腐败斗争，巩固反腐败斗争成果，健全改进作风长效机制，着力构建不敢腐、不能腐、不想腐的体制机制，着力解决一些干部不作为、乱作为等问题，积极营造风清气正的政治生态，形成敢于担当、奋发有为的精神状态，努力实现干部清正、政府清廉、政治清明，为经济社会发展提供坚强政治保证。

根据《中共中央关于制定国民经济和社会发展第十三个五年规划的建议》，国务院组织专门力量制定了《中华人民共和国国民经济和社会发展第十三个五年规划纲要》。规划纲要共分20篇80章6.6万余字，阐明了国家战略意图，明确了经济社会发展宏伟目标、主要任务和重大举措，内容极其丰富，并且实现了和各专项规划、地方规划的有效衔接，促进全国发展一盘棋；也实现了规划落实和年度工作部署的有效衔接，确保在"十三五"起步之时有一个良好开局，完成未来五年任务目标一步一个脚印走、一坡一坎过。

2016年3月16日，十二届全国人大四次会议表决通过了关于国民经济和社会发展第十三个五年规划纲要的决议。决议指出，会议同意全国人大财政经济委员会的审查结果报告，决定批准这个规划纲要。会议认为，"十三五"规划纲要全面贯彻了《中共中央关于制定国民经济和社会发展第十三个五年规划的建议》的精神，提出的"十三五"时期经济社会发展的主要目标、重点任务和重大举措，符合我国国情和实际，体现了全国各族人民的共同意愿，反映了时代发展的客观要求，经过努力是完全可以实现的。

"十三五"规划纲要是市场主体的行为导向，是政府履行职责的重要依据，也是全国各族人民的共同愿景。实现"十三五"时期经济社会发展的各项目标和任务，前景值得期待，也需要全党和全国各族人民的共同努力。

五　全面从严治党

2012年11月15日上午，在十八届中央政治局常委与中外记者见面会上，习近平总书记掷地有声地提出："打铁还需自身硬。我们的责任就是同全党同志一道，坚持党要管党、从严治党，切实解决自身存在的突出问题，切实改进工作作风，密切联系群众，使我们党始终成为中国特色社会主义事业的坚强领导核心。"[1]这是习近平总书记在履新的第一天向全党发出的从严治党"动员令"。此后，党中央坚持把从严治党摆在突出位置，作出了一系列重大部署：

（一）加强思想理论武装。连续举办七期省部级干部专题研讨班，举办省部级主要领导干部学习贯彻十八届三中、四中全会精神专题研讨班，对县处级以上领导干部开展集中轮训。通过学习培训，广大党员干部进一步加深了对习近平总书记系列重要讲话科学内涵、精神实质的理解，坚定了"三个自信"，思想更加统一、步调更加一致。深入开展理想信念教育，将其列入党校、行政学院和干部学院教学培训的重要内容，作为干部参加学习培训的必修课。注重用好红色教育资源，充分发挥正反典型的教育警示作用，增强教育的针对性和有效性。大力加强党性党风党纪教育，组织党员干部认真学习党章，牢固树立党章意识。加强党的纪律特别是政治纪律、政治规矩教育，引导党员干部牢记和遵守中央提出的"五个

---

[1]《习近平谈治国理政》，外文出版社2014年版，第4—5页。

必须、五个决不允许"等要求。严肃党内政治生活，重新拿起批评和自我批评武器，开展积极健康的思想斗争，增强党内政治生活的政治性、原则性、战斗性。

（二）聚焦"四风"狠抓作风建设。及时制定和严格实施八项规定，这是新一届党中央加强作风建设的切入口和动员令。中央领导同志带头示范，各地区各部门迅速行动，经过两年多的持续努力，八项规定精神深入人心，成为作风建设的代名词，所规范的内容大大拓展，正由最初的改进考察调研、精简会议文件、规范出访活动等方面，不断向推进公车改革、治理超标办公用房、规范高级干部公有住房管理、清理"裸官"和"吃空饷"、清理整治高尔夫球场等诸多领域拓展延伸。扎实开展党的群众路线教育实践活动，对党内思想之尘、作风之弊、行为之垢进行了一次大排查大检修大扫除，广大党员干部受到马克思主义群众观点的深刻教育，贯彻党的群众路线的自觉性和坚定性明显增强；"四风"问题得到有力整治，一大批多年积累的矛盾和问题得到有效化解；打通联系服务群众的"最后一公里"，党的执政基础更加稳固。深入推进"三严三实"专题教育，贯彻从严标准、突出问题导向、坚持以上率下，组织开展集中学习、专题党课、专题研讨、查摆整改，不断巩固拓展作风建设的成果。

（三）选拔忠诚、干净、担当的好干部。落实新时期好干部标准，修订《干部任用条例》，着力破解"唯票、唯分、唯GDP、唯年龄"问题。在解决唯票问题方面，强化党组织领导和把关作用，改进民主推荐、民主测评，把得票作为干部选拔任用的重要参考而不是唯一依据。在解决唯分问题方面，印发了完善竞争性选拔干部方式的指导意见，要求从实际需要出发合理确定竞争性选拔的职位、数量和范围，不是所有的岗位都搞竞争性选拔；竞争性选拔要坚持实践标准、实绩依据、实干导向，不能只看分数。在解决唯GDP问题方面，重点改进地方党政领导班子和领导干部政绩考核工作，把有质量有效益可持续的经济发展，以及民生改善、社会和谐、文化建设、生态文明建设、党的建设等作为考核的重要内容，加大资源消耗、环境保护、安全生产、债务状况等约束性指标的权重，对那些违背科学发展要求，拍脑袋决策、拍胸脯蛮干造成恶劣影响的干部，实行终身追责。在解决唯年龄问题方面，坚决纠正一些地方简单以年龄划杠、任职年龄层层递减的现象，充分调动各年龄段干部的积极性。严把干部考察任用关，坚决防止"带病提拔"。改进干部考察工作，注重近距离接触干部，通过延伸考察、走访有关部门等办法，拓宽发现问题的渠道。强化任前审查核实，实行干部档案"凡提必审"、个人有关事项报告"凡提必核"、纪检监察机关的意见"凡提必听"、反映考察对象有关问题的信访举报"凡提必查"。结合巡视开展选人用人专项检查，建立干部选拔任用工作纪实和责任倒查制度，严厉查处选人用人不正之风和腐败现象。改进年轻干部培养选拔工作。制定实施加强和改进培养选拔优秀年轻干部的意见，进一步拓宽来源、优化结构、改进方式、提高质量。组织开展新一轮省部级后备干部推荐考察工作，发现和举荐了一大批优秀干部。推进干部能上能下，形成能者上、庸者下、劣者汰的用人机制。制定《推进领导干部能上能下若干规定（试行）》，集中规范"下"的六种渠道，重点明确调整不适宜担任现职干部的十种情形，新增对领导干部进行问责的五种情形，为解决干部"下"的问题提供了比较系统完善的方案，在推动干部能上能下上迈出了实质性步伐。

（四）从严管理监督干部。完善从严管理干部队伍制度体系，先后制定实施了规范党政领导干部在企业兼职（任职）、个人有关事项报告抽查核实、配偶已移居国（境）外的国家工作人员任职岗位管理等一系列制度规定。开展突出问题专项整治。集中清理超职数配备干部，全国超配的 4 万多名副处级以上领导干部中，整改消化了 2.5 万多名，完成 62.7%；集中清理"裸官"，全国共清理副处级以上"裸官"3961 人，对不符合要求的 1061 人进行了岗位调整；开展领导干部个人有关事项报告抽查核实，有1790名拟提拔为处级以上干部考察对象，因抽查核实发现问题被取消提拔资格。清理整顿领导干部社会化培训，对参加高收费培训的3094名干部督促退学，23个高收费项目停办；开展干部档案专项审核，省管干部档案审核基本完成，对273名档案存在问题的干部作了处理。严格日常管理监督，制定和落实对领导干部进行提醒、函询和诫勉的实施细则，使干部时刻感到管理就在身边、管理无处不在。在从严管理的同时，注重关心关爱干部特别是基层干部，制定出台县以下机关公务员职务与职级并行制度的意见，提高老少边穷地区、特殊岗位以及基层干部待遇。2015年的"七一"，推选表彰了百名优秀县委书记，激励广大干部奋发有为、干事创业。

（五）建设学习型、服务型、创新型基层党组织。加强基层服务型党组织建设，进一步突出政治功能，强化服务功能。健全县乡村三级便民服务网络，选派300多万名干部到基层挂职任职、担任第一书记，推动970多万名在职党员到社区报到为群众服务，新建、扩建基层党组织活动场所5.8万个。适应经济社会发展变化，加强农村、社区党的建设，总结推广浙江、吉林等地经验，构建城乡统筹的基层党建新格局。制定实施加强社会组织党建工作意见，印发《关于在深化国有企业改革中坚持党的领导加强党的建设的若干意见》。加大软弱涣散基层党组织整顿力度，全国共排查软弱涣散村党组织5.8万个，已整顿转化94%；排查软弱涣散社区党组织5200多个，已整顿转化95%。加强对党员队伍总体规模的调控，适当控制党员数量增长过快势头。党员总数净增幅从2012年的3.1%下降到2014年的1.28%。坚持党员发展标准，切实提升发展党员的质量。严格党员教育管理，制定实施党员教育培训工作五年规划，综合运用远程教育、共产党员网和微信易信等信息化平台，扩大教育覆盖面，增强针对性和及时性；结合群众路线教育实践活动，稳妥处置不合格党员，各地共认定不合格党员7.9万多名，其中作出组织处置6.2万多名。健全落实党建工作责任制，全面开展市县乡党委书记抓基层党建述职评议考核，使基层党建由"软任务"变成了"硬指标"，强化各级党组织书记管党治党的主责主业意识。

（六）出重拳反腐败。依纪依法严惩腐败，查处严重违纪违法案件取得重大进展。党的十八大以来，共立案查处中管干部超过100人，对周永康、徐才厚、令计划、郭伯雄、苏荣等高级领导干部严重违纪问题进行立案审查，对山西省、中石油等地方和单位多年积累的严重腐败问题进行严肃处理，彰显了我们党反对腐败的坚定决心和坚强意志。加强和改进巡视工作，制定中央巡视工作五年规划，确定中央巡视工作方针，修订颁布巡视工作条例，推动了巡视工作扎实有效开展，充分发挥了震慑、遏制和治本作用，成为反腐败斗争的一把"利剑"。落实党委（党组）主体责任和纪委（纪检组）监督责任，加大追责问责力度，对山西发生塌方式腐败负有责任的省委班子进行了改组性质的调整，严肃处理了湖南衡阳破坏选举案、四川南充拉票贿选案的有关责任人。大力推动纪检体制改革，强化上级纪委对下级纪委的领导，推进纪检机关转职能、转方式、转作风，强化监督执纪问责；全面落实中央纪委向中央一级党和国家机关派驻纪检机构，充分发挥"派"的权威和"驻"的优势。

（七）把权力关在制度的笼子里。加强党内法规制度建设。修订党内法规制定条例，编制党内法规制定工作第一个五年规划，首次开展党内法规清理，制定出台34件重要党内法规，其中条例5件、规则6件、规定14件、细则9件。扎实推进党的建设制度改革。按照中央全面深化改革总体部署，成立党的建设制度改革专项小组，由中央组织部牵头。专项小组统筹近期和中长期改革任务，制定实施《深化党的建设制度改革实施方案》，从深化党的组织制度、干部人事制度、基层组织建设制度、人才发展体制机制改革四个方面，提出了55项具体改革任务。截至2015年10月，已出台38项改革举措，其他改革举措也计划在2017年前完成。切实增强制度执行力。中央改革办专门成立了督察局，对重点改革文件执行情况进行督察。把党内法规执行纳入党委督察重要内容，建立健全党内法规执行检查常态化机制，坚决维护制度的严肃性和权威性。[1]

2016年10月24日至27日，党的十八届六中全会在北京举行。全会听取和讨论了习近平受中央政治局委托作的工作报告，审议通过了《关于新形势下党内政治生活的若干准则》和《中国共产党党内监督条例》。习近平就准则讨论稿和条例讨论稿向全会作了说明。全会闭幕时，习近平总书记发表重要讲话，就贯彻落实全会精神、做好当前党和国家各项工作提出明确要求。

全会高度评价全面从严治党取得的成就，认为党的十八大以来，以习近平同志为核心的党中央身体力行、率先垂范，坚定推进全面从严治党，坚持思想建党和制度治党紧密结合，集中整饬党风，严厉惩治腐败，净化党内政治生态，党内政治生活展现新气象，赢得了党心民心，为开创党和国家事业新局面提供了重要保证。

全会通过的准则和条例，全面贯彻党的十八大和十八届三中、四中、五中全会精神，以党章为根本遵循，深刻总结党的建设历史经验，直面当前党内政治生活和党内监督存在的突出矛盾和问题，围绕严肃党内政治生活提出明确要求，围绕加强党内监督作出具体规定，为新形势下加强和规范党内政治生活、加强党内监督提供了根本遵循。全会总结了我们党开展党内政治生活的历史经验，分析了全面从严治党面临的形势和任务，认为办好中国的事情，关键在党，关键在党要管党、从严治党。党要管党必须从党内政治生活管起，从严治党必须从党内政治生活严起。为更好进行具有许多新的历史特点的伟大斗争、推进党的建设新的伟大工程、推进中国特色社会主义伟大事业，经受"四大考验"、克服"四种危险"，有必要

---

[1]《经济日报》2015年10月14日。

制定一部新形势下党内政治生活的准则。全会强调，加强和规范党内政治生活、加强党内监督是全党的共同任务，必须全党一起动手。各级党委（党组）要全面履行领导责任，着力解决突出问题，把加强和规范党内政治生活、加强党内监督各项任务落到实处。

全会明确习近平总书记的核心地位，正式提出"以习近平同志为核心的党中央"，为维护党中央权威、维护党的团结和集中统一领导，对全党全军全国各族人民更好地凝聚力量抓住机遇、战胜挑战，对全党团结一心、不忘初心、继续前进，对保证党和国家兴旺发达、长治久安，具有十分重大而深远的意义。一个国家、一个政党，领导核心至关重要。党的十八大以来，习近平总书记带领全党全军全国各族人民开创了中国特色社会主义伟大事业和党的建设新的伟大工程新局面，在改革发展稳定、内政外交国防、治党治国治军等方面取得了一系列具有重大现实意义和深远历史意义的成就，实现了党和国家事业继往开来，赢得了全党全军全国各族人民衷心拥护，受到国际社会高度赞誉。习近平总书记在新的伟大斗争实践中已经成为党中央的核心、全党的核心。全会上，大家围绕"以习近平同志为核心的党中央"进行了热烈讨论，发言踊跃，一致赞成在十八届六中全会文件中正式提出"以习近平同志为核心的党中央"，一致认为明确习近平总书记的核心地位，是全党的共同意志，是全党全军全国各族人民的共同心愿，是党和国家根本利益所在，是坚持和加强党的领导的根本保证，是进行具有许多新的历史特点的伟大斗争、坚持和发展中国特色社会主义伟大事业、推进党的建设新的伟大工程的迫切需要。大家一致表示要坚决拥护和衷心服从党中央的核心、全党的核心，坚决维护党中央的权威，坚决从思想上政治上行动上同以习近平同志为核心的党中央保持高度一致，坚决把党中央决策部署贯彻落实到改革发展稳定各项工作中去。

全面从严治党，是新一届中央领导集体治国理政最鲜明的特征。它与全面建成小康社会、全面深化改革、全面依法治国一起构成了"四个全面"战略布局并且为其他"三个全面"提供政治引领和组织保证。这充分说明,以习近平同志为核心的党中央毫不动摇坚持和发展中国特色社会主义,勇于开拓、善于创新,进一步深化了对共产党执政规律、社会主义建设规律、人类社会发展规律的认识,为在中国道路上实现中华民族伟大复兴的中国梦,开辟了更加广阔和灿烂的发展前景。

六　开创中国外交新局面

党的十八大以后，以习近平同志为核心的党中央继续高举和平、发展、合作、共赢的旗帜，坚定奉行独立自主的和平外交政策和互利共赢的开放战略，致力于维护世界和平、促进共同发展，推动开放型经济发展取得新成就，进一步开创了中国外交和对外开放的新局面，使中国特色社会主义道路展现出更加广阔的发展前景。

一是用"亲、诚、惠、容"理念经略和塑造周边。倡导和坚持与邻为善、以邻为伴，坚持睦邻、安邻、富邻，突出体现亲、诚、惠、容的理念。强调要坚持睦邻友好，守望相助；讲平等、重感情；常见面，多走动；多做得人心、暖人心的事，使周边国家对我们更友善、更亲近、更认同、更支持，增强亲和力、感召力、影响力；要诚心诚意对待周边国家，争取更多朋友和伙伴；要本着互惠互利的原则同周边国家开展合作，编织更加紧密的共同利益网络，把双方利益融合提升到更高水平，让周边国家得益于我国发展，使我国也从周边国家共同发展中获得裨益和助力；要倡导包容的思想，强调亚太之大容得下大家共同发展，以更加开放的胸襟和更加积极的态度促进地区合作。

在实践中，提出通过坚持讲信修睦、坚持合作共赢、坚持守望相助、坚持心心相印、坚持开放包容和"2+7"合作框架发展与东盟的关系[1]，打造更加紧密的中国—东盟命运共同体。在朝鲜半岛，以处理推进半岛无核化、维持半岛稳定和维护中朝友好关系三个目标之间的关系为关键，将半岛无核化置于首位，推动中朝关系向正常关系加睦邻友好发展。顺势加强中韩关系，提出中韩成为实现共同发展的伙伴、致力地区和平的伙伴、携手振兴亚洲的伙伴、促进世界繁荣的伙伴。坚决反对日本背信弃义、损害中国领土主权的行为，强烈敦促日本正视中日关系的严峻局面，承认钓鱼岛主权争议，纠正侵犯中国主权的错误做法，回到谈判解决钓鱼岛问题的轨道上来。同时，坚决反对日本歪曲历史和破坏战后国际秩序的图谋。处理南海问题，赞成并倡导"双轨思路"，有关争议由直接当事国通过友好协商谈判寻求和平解决，而南海的和平与稳定则由中国与东盟国家共同维护。

二是积极推动建立长期稳定健康发展的新型大国关系。继续深化中俄全面战略协作伙伴关系，重点加大相互政治支持，坚定支持对方维护国家主权、安全、发展利益的努力，走符合本国国情的发展道路。全面扩大务实合作，把两国高水平的政治关系优势转化为实际成果。密切在国际和地区事务中协调配合，维护联合国宪章宗旨和原则及国际关系基本准则，维护"二战"成果和战后国际秩序，维护国际公平正义，促进世界和平、稳定、繁荣。中俄关系的新进展为大国间和谐共处树立了典范，在国际关系中为促进地区乃至世界和平与安全发挥着重要的稳定作用。

推动中美建立不对抗不冲突、相互尊重、合作共赢的新型大国关系，强调要增进互信、把握方向，相互尊重、聚同化异，平等互利、深化合作，着眼民众、加深友谊，力争打破大国冲突对抗的传统规律，开创大

---

[1] "2+7合作框架"中，"2"为两点政治共识：推进合作的根本在深化战略互信，拓展睦邻友好；深化合作的关键是聚焦经济发展，扩大互利共赢。"7"为七个领域的合作：积极探讨签署中国—东盟国家睦邻友好合作条约；启动中国—东盟自贸区升级版谈判；加快互联互通基础设施建设；加强本地区金融合作和风险防范；稳步推进海上合作；加强安全领域交流与合作；密切人文、科技、环保等交流。

国关系发展新模式。加强与发展中欧关系,强调中国和欧盟要做和平伙伴,带头走和平发展道路;要做增长伙伴,相互提供发展机遇;要做改革的伙伴,相互借鉴、相互支持;要做文明伙伴,为彼此进步提供更多营养。

三是以正确义利观和新框架深化与发展中国家合作。以"真、实、亲、诚"和"461"框架[1]打造中非合作升级版。以"1+2+3"合作格局[2]深化中阿天然合作伙伴关系。以"1+3+6"合作新框架[3]构建中拉关系五位一体新格局,强调要坚持平等相待,始终真诚相助;坚持互利合作,促进共同发展;坚持交流互鉴,巩固世代友好;坚持国际协作,维护共同权益;坚持整体合作,促进双边关系。坚持同金砖国家做好朋友、好兄弟、好伙伴,发扬金砖国家独特的合作伙伴精神,推动金砖国家形成更紧密、更全面、更牢固的伙伴关系。强调坚持开放、包容、合作、共赢;协调经济发展、社会发展、环境保护,拓展更大经济发展空间,开展全方位经济合作;扎实推动务实合作,确保金砖国家开发银行尽快启动,推动应急储备安排尽早投入运作,更多发挥工商理事会、智库理事会作用;塑造有利外部发展环境;推动金砖国家在经济总量、对外贸易、国际投资等方面占全球比重继续上升,完善全球经济治理,把增加发展中国家代表性和发言权的有关共识和决定落到实处,加强全球宏观经济政策协调,防范主要经济

---

[1] "真"字是指中国要做非洲国家的真朋友;"实"指中国要把对非承诺落到实处;"亲"是指中国人民对非洲人民保持友好亲近;"诚"是指坦诚相待,妥善解决中非关系中出现的问题与挑战。"4"是要牢牢把握四项原则:真诚平等相待、增进团结互信、共谋包容发展、创新务实合作;"6"是积极推进六大工程:产业合作工程、金融合作工程、减贫合作工程、生态环保合作工程、人文交流合作工程、和平安全合作工程;"1"是用好中非合作论坛这一个重要平台。

[2] "1"是以能源合作为主轴。"2"是以基础设施建设、贸易和投资便利化为两翼。"3"是以核能、航天卫星、新能源三大高新领域为突破口,努力提升中阿务实合作层次。

[3] "1"是"一个规划",即以实现包容性增长和可持续发展为目标,制定《中国与拉美和加勒比国家合作规划(2015—2019)》,实现各自发展战略对接。"3"是"三大引擎",即以贸易、投资、金融合作为动力,推动中拉美务实合作全面发展。"6"为"六大领域",即以能源资源、基础设施建设、农业、制造业、科技创新、信息技术为合作重点。

体经济政策变动给金砖国家带来负面外溢效应；做世界和平的维护者、全球安全的促进者、国际安全秩序的建设者，将共同打击恐怖主义和维护网络安全作为重点合作领域，倡导新的安全观，共同维护以联合国为核心的国际安全合作体系。

四是积极开展多边外交。支持联合国、二十国集团、上海合作组织、金砖国家等发挥积极作用，推动国际秩序和国际体系朝着公正合理的方向发展。在联合国、APEC 会议、中国—东盟峰会、金砖国家峰会、上合组织会议、朝核问题六方会谈机制、伊核问题国际会议机制以及博鳌亚洲论坛等各种多边场合，中国领导人充分利用多边机制的舞台作用，展示中国外交的新理念、新风格。

五是扎实推进公共外交和人文交流，维护我国海外合法权益。重视公共外交，讲好中国故事，传播好中国声音，向世界展现一个真实、立体、全面的中国。开展同各国政党和政治组织的友好往来，加强人大、政协、地方、民间团体的对外交流，夯实国家关系发展社会基础。多领域、多渠道、多层次开展民间对外友好交流，广交朋友、广结善缘，以诚感人、以心暖人、以情动人，引导国外机构和优秀人才以各种方式参与中国现代化建设。

六是积极推动构建人类命运共同体。党的十八大以后，习近平同志站在人类历史发展进程的高度，以大国领袖的责任担当，正确把握国际形势的深刻变化，顺应和平发展、合作共赢的时代潮流，深入思考"建设一个什么样的世界、如何建设这个世界"等关乎人类前途命运的重大课题，高瞻远瞩地提出构建人类命运共同体的重大倡议，并作出重要论述。2013 年 3 月 23 日，习近平主席在莫斯科国际关系学院演讲时，第一次明确提出这一理念。他说："这个世界，各国相互联系、相互依存的程度空前加深，人类生活在同一个地球村里，生活在历史和现实交汇的同一个时空里，越来越成为你中有我、我中有你的命运共同体。"[1]3月25日，他在访问坦桑尼亚时又谈到：过去半个多世纪的"这段历史告诉我们，中非从来都是命运共同体，共同的历史遭遇、共同的发展任务、共同的战略利益把我们紧紧联系在一起"[2]。2015年3月，他在博鳌亚州论坛的演讲中，提出"通过迈向亚洲命运共同体，推动建设人类命运共同体"的"四个坚持"，即：坚持各国相互尊重、平等相待，坚持合作共赢、共同发展，坚持实现共同、综合、合作、可持续的安全，坚持不同文明兼容并蓄、交流互鉴。同年9月，习近平主席在纽约联合国总部发表重要讲话指出："当今世界，各国相互依存、休戚与共。我们要继承和弘扬联合国宪章的宗旨和原则，构建以合作共赢为核心的新型国际关系，打造人类命运共同体。"[3]构建人类命运共同体，必须积极推动与各国合作共赢，摒弃"你输我赢，非赢即输"的陈旧思维。在经济上，强调寻求共同利益，主张共同发展和繁荣；在政治上，强调相互尊重、平等相待；在安全上，强调既重视自身安全，又重视共同安全，推动各方朝着互利共赢、共同安全的目标相向而行；在文化上，强调包容互鉴、共生共存，主张"各美其美，美美与共"。坚持共同发展的大方向，结成利益共同体；构建融合发展的大格局，形成命运共同体；维护和平发展的大环境，打造责任共同体。积极倡导共同、综合、合作、可持续的亚洲安全观，创新安全理念，搭建地区安全和合作新架构，努力走出一条共建、共享、共赢的亚洲安全之路。倡导理性、协调、并进的核安全观，坚持发展和安全并重，以确保安全为前提发展核能事业；权利和义务并重，以尊重各国权益为基础推进国际核安全进程；自主和协作

---

[1] 习近平：《顺应时代前进潮流　促进世界和平发展——在莫斯科国际关系学院的演讲》，《人民日报》（海外版）2013年3月25日第2版。

[2]《中非永远做可靠朋友和真诚伙伴——习近平在坦桑尼亚尼雷尔国际会议中心发表演讲》，《人民日报》2013年3月26日第1版。

[3]《携手构建合作共赢新伙伴　同心打造人类命运共同体——习近平在七十届联合国大会一般性辩论时的讲话》，《人民日报》2015年9月29日第1版。

并重，以互利共赢为途径寻求普遍核安全；治标和治本并重，以消除根源为目标全面推进核安全努力。倡导本着相互尊重和相互信任的原则，通过积极有效的国际合作，共同构建和平、安全、开放、合作的网络空间，建立多边、民主、透明的国际互联网治理体系。

中国在对外开放方面，实施更加积极主动的开放战略，以开放促改革促发展促创新，推动内需与外需、出口与进口、"引进来"与"走出去"、东部与中西部协调发展，对外开放再上新台阶，开放型经济对经济社会发展的贡献日益突出。具体如下：

一是中国贸易大国地位得到巩固和提升，连续两年成为世界货物贸易第一大国。受全球市场需求低迷、发达国家"再工业化"、贸易保护主义抬头等因素叠加影响，国际贸易呈现金融危机以来的低速增长态势，我国外贸增速放缓，但仍然高于全球平均水平。2011年至2014年，货物贸易年均增速为9.7%，高于全球同期4.2个百分点，货物贸易占全球份额由2010年的10.4%上升到2014年的12.4%。服务贸易保持快速发展，服务进出口总额从2010年的3624亿美元增至2014年的6043亿美元，年均增长13.6%，世界排名从第四位上升至第二位。

二是中国利用外资水平不断提高，连续23年位居发展中国家首位。面对全球外国投资总体下降的形势，中国坚持利用外资"三个不会变"，不断优化投资环境，利用外资实现稳定发展。"十二五"前四年，我国累计实际利用外资4974.7亿美元，年均增长2.9%，2014年首次位居世界第一。外资结构进一步优化，服务业利用外资比重达55.4%，高于制造业22个百分点；产业梯度转移成效明显，2014年中西部利用外资占比达18.1%，比"十一五"末提高了3.1个百分点。跨国公司在华设立的地区总部、研发中心等机构超过2000家，研发、设计、物流等高端环节加快向我国转移。

三是中国走出去步伐加快，对外投资连续三年位居世界第三。2011年以来，我国走出去的层次、水平和效益进一步提升，对外直接投资由2010

年的 688.1 亿美元增加至 2014 年的 1231.2 亿美元，年均增长 15.7%，世界排名由第六位升至第三位，双向投资首次接近平衡，标志着我国从输出产品向输出资本转变。对外承包工程完成营业额年均增速为 11.5%，正从偏重工程总承包和土建施工向项目融资、设计咨询、运营维护、后期管理等高附加值领域拓展；对外输出劳务人员年均增速为 8.1%。

四是中国多双边经贸关系取得新成果，参与国际经济治理的话语权和主导权增强。面对国际政治经济格局深刻调整，话语权和主导权争夺更趋激烈，中国积极参与二十国集团、金砖国家等机制建设，充分利用联合国、亚太经合组织、亚欧会议等平台，成功举办了 APEC 北京峰会，引导国际经济秩序朝于我有利方向发展；坚定维护多边贸易体制在全球贸易投资自由化进程中的主渠道地位，推动世贸组织多哈回合谈判达成"早期收获"协议，积极推动制定多边投资规则；自由贸易区战略加快实施，上合组织、泛北部湾、大湄公河、中亚、东盟东部增长区、大图们倡议等区域次区域合作不断深入，多边、双边、区域开放合作齐头并进，取得了积极成效，为我国经济社会发展营造了有利外部环境。

自贸试验区建设主要任务是推动体制机制创新，探索我国对外开放的新路径和新模式，为全面深化改革、扩大开放积累经验。国务院批准设立上海、广东、天津、福建等自贸试验区以来，自贸试验区建设取得了积极进展。一是以负面清单管理为核心的外商投资管理制度基本建立。负面清单条目数已由上海自贸试验区 2014 年的 139 条缩减至 122 条，金融、航运、商贸、专业服务、文化及社会服务领域的多项扩大开放措施全面实施。二是以贸易便利化为重点的贸易监管制度有效运行。创新"一线放开、二线安全高效管住"的监管制度，推出"先入区、后报关"等 60 余项创新举措，启动实施国际贸易"单一窗口"管理制度，建立贸易、运输、加工、仓储等业务的综合管理服务平台。三是以资本项目可兑换和金融服务业开放为目标的金融创新制度有序推进。截至 2015

年8月，上海自贸试验区已有36家机构接入分账核算单元体系，开设2.6万多个自由贸易账户，账户收支总额超过1万亿元。四是逐步在全国推行自贸试验区经验。目前，上海自由贸易试验区取得的一系列制度创新成果，已在全国推广27项，将继续在全国范围推广28项，在海关特殊监管区推广6项。

建设"一带一路"是以习近平同志为核心的党中央统筹国内国际两个大局做出的重大战略决策。2013年，习近平主席访问中亚、东南亚期间，提出了"一带一路"建设合作倡议。按照党中央、国务院的总体部署，秉承共商共建共享原则，紧紧围绕"五通"，全面推进与沿线国家各领域务实合作，取得了阶段性成果。一是合作规模不断扩大。2014年，我国与沿线国家贸易总额达到1.12万亿美元，占我国贸易总额的26%；对外直接投资125亿美元，占我国对外投资总额的12.1%，完成工程承包营业额643亿美元，接近总额的一半。二是合作领域不断拓展，从传统的商品和劳务输出为主发展到商品、服务、资本输出"多头并进"，从单个企业走出去发展到通过境外经贸合作区建设集群式走出去。三是一批重大合作项目扎实推进。中国—中亚天然气管道D线、中俄东线天然气管道、中哈连云港物流合作基地、巴基斯坦瓜达尔港、匈塞铁路等项目进展顺利，中白工业园、中马钦州产业园和马中关丹产业园、中印尼综合产业园、中埃苏伊士经贸合作区等园区加快建设。这些项目促进了相关国家经济社会发展，带动了就业和民生改善，展现了"一带一路"建设的广阔前景。

当今世界仍在发生深刻复杂变化，国际力量对比朝着有利于维护世界和平的方向发展，保持国际形势总体稳定具备更多有利条件。同时，世界仍然很不安宁。国际金融危机影响深远，世界经济增长不稳定不确定因素增多，全球发展不平衡加剧，霸权主义、强权政治和新干涉主义有所上升，局部动荡频繁发生，粮食安全、能源资源安全、网络安全等全球性问题更加突出。这就决定了中国的和平发展道路不会一帆风顺。习近平总书记指出:"我们要坚持走和平发展道路,但绝不能放弃我们的正当权益,绝不能牺牲国家核心利益。任何外国不要指望我们会拿自己的核心利益做交易,不要指望我们会吞下损害我国主权、安全、发展利益的苦果。"[1]我们有理由相信,在以习近平同志为核心的党中央领导下,中国的和平发展道路一定会越走越宽广。

---

[1]《人民日报》2013年1月1日第1版。

七 历史性成就和历史性变革

党的十九大是在全面建成小康社会决胜阶段、中国特色社会主义进入新时代的关键时期召开的一次十分重要的大会。在十九大报告中，习近平总书记庄严宣告："经过长期努力，中国特色社会主义进入了新时代，这是我国发展新的历史方位。"[1]

中国特色社会主义进入新时代，是一个量变过程和质变飞跃的有机结合。

中国共产党成立97年来，为了实现中华民族伟大复兴的历史使命，无论是弱小还是强大，无论是顺境还是逆境，都初心不改、矢志不渝，团结带领人民历经千难万险，付出巨大牺牲，敢于面对曲折，勇于修正错误，攻克了一个又一个看似不可攻克的难关，创造了一个又一个彪炳史册的人间奇迹。改革开放以来，我们党坚持走自己的路、建设中国特色社会主义，团结带领全国各族人民不懈奋斗，推动我国经济实力、科技实力、国防实力、综合国力进入世界前列，推动我国国际地位实现前所未有的提升，党的面貌、国家的面貌、人民的面貌、军队的面貌、中华民族的面貌发生了前所未有的变化，中华民族正以崭新姿态屹立于世界的东方。

特别是党的十八大以后的五年间，面对世界经济复苏乏力、局部冲突

---

[1] 习近平：《决胜全面建成小康社会　夺取新时代中国特色社会主义伟大胜利》，《人民日报》2017年10月28日第1～3版。

和动荡频发、全球性问题加剧的外部环境，面对我国经济发展进入新常态等一系列深刻变化，我们党坚持稳中求进工作总基调，迎难而上，开拓进取，取得了改革开放和社会主义现代化建设的历史性成就。这主要表现在以下几个方面：

（一）经济保持中高速增长，在世界主要国家中名列前茅。国内生产总值从 54 万亿元增长到 82.7 万亿元，年均增长 7.1%，占世界经济比重从 11.4% 提高到 15% 左右，对世界经济增长贡献率超过 30%。供给侧结构性改革深入推进，经济结构不断优化，数字经济等新兴产业蓬勃发展，基础设施建设快速推进。农业现代化稳步推进，城镇化率逐年提高。区域发展协调性增强，"一带一路"建设、京津冀协同发展、长江经济带发展成效显著。创新驱动发展战略大力实施，创新型国家建设成果丰硕。南海岛礁建设积极推进。开放型经济新体制逐步健全，对外贸易、对外投资、外汇储备稳居世界前列。

（二）改革全面发力、多点突破、纵深推进。习近平总书记亲自主持召开 38 次中央全面深化改革领导小组会议，共审议、通过重点改革文件 360 多个，中央和国家有关部门共推出 1500 多项改革举措，重要领域和关键环节改革取得突破性进展，主要领域改革主体框架基本确立。中国特色社会主义制度更加完善，国家治理体系和治理能力现代化水平明显提高，全社会发展活力和创新活力明显增强。

（三）积极发展社会主义民主政治，推进全面依法治国。党的领导、人民当家作主、依法治国有机统一的制度建设全面加强，党的领导体制机制不断完善，社会主义协商民主全面展开，爱国统一战线巩固发展，民族宗教工作创新推进。科学立法、严格执法、公正司法、全民守法深入推进，法治国家、法治政府、法治社会建设相互促进，中国特色社会主义法治体系日益完善，全社会法治观念明显增强。国家监察体制改革试点取得实效，行政体制改革、司法体制改革、权力运行制约和监督体系建设有效实施。

（四）加强党对意识形态工作的领导，党的理论创新全面推进，马克思主义在意识形态领域的指导地位更加鲜明，中国特色社会主义和中国梦深入人心，社会主义核心价值观和中华优秀传统文化广泛弘扬，群众性精神文明创建活动扎实开展。主旋律更加响亮，正能量更加强劲，文化自信得到彰显，国家文化软实力和中华文化影响力大幅提升，全党全社会思想上的团结统一更加巩固。

（五）深入贯彻以人民为中心的发展思想，一大批惠民举措落地实施，人民获得感显著增强。脱贫攻坚战取得决定性进展，6000多万贫困人口稳定脱贫，年均减贫1300万人以上，贫困发生率从10.2%下降到4%以下。教育事业全面发展，中西部和农村教育明显加强。就业状况持续改善，城镇新增就业年均1300万人以上。城乡居民收入增速超过经济增速，中等收入群体持续扩大。覆盖城乡居民的社会保障体系基本建立，人民健康和医疗卫生水平大幅提高，保障性住房建设稳步推进。社会治理体系更加完善，社会大局保持稳定，国家安全全面加强。

（六）大力度推进生态文明建设，全党全国贯彻绿色发展理念的自觉性和主动性显著增强。生态文明制度体系加快形成，主体功能区制度逐步健全，国家公园体制试点积极推进。全面节约资源有效推进，能源资源消耗强度大幅下降。重大生态保护和修复工程进展顺利，森林覆盖率持续提高。生态环境治理明显加强，环境状况得到改善。引导应对气候变化国际合作，成为全球生态文明建设的重要参与者、贡献者、引领者。

（七）着眼于实现中国梦强军梦，制定新形势下军事战略方针，全力推进国防和军队现代化。召开古田全军政治工作会议，恢复和发扬我党我军光荣传统和优良作风，人民军队政治生态得到有效治理。国防和军队改革取得历史性突破，形成军委管总、战区主战、军种主建新格局，人民军队组织架构和力量体系实现革命性重塑。加强练兵备战，有效遂行海上维权、反恐维稳、抢险救灾、国际维和、亚丁湾护航、人道主义救援等重大任务。武器装备加快发展，军事斗争准备取得重大进展。人民军队在中国特色强军之路上迈出坚定步伐。

（八）全面准确贯彻"一国两制"方针，牢牢掌握宪法和基本法赋予的中央对香港、澳门全面管治权，深化内地和港澳地区交流合作，保持香港、澳门繁荣稳定。坚持一个中国原则和"九二共识"，推动两岸关系和平发展，加强两岸经济文化交流合作，实现两岸领导人历史性会晤。妥善应对台湾局势变化，坚决反对和遏制"台独"分裂势力，有力维护台海和平稳定。

（九）全面推进中国特色大国外交，形成全方位、多层次、立体化的外交布局，为我国发展营造了良好外部条件。实施共建"一带一路"倡议，发起创办亚洲基础设施投资银行，设立丝路基金，举办首届"一带一路"国际合作高峰论坛、亚太经合组织领导人非正式会议、二十国集团领导人杭州峰会、金砖国家领导人厦门会晤、亚信峰会。倡导构建人类命运共同体，促进全球治理体系变革。我国国际影响力、感召力、塑造力进一步提高，为世界和平与发展作出新的重大贡献。

（十）全面加强党的领导和党的建设，坚决改变管党治党宽松软状况。推动全党尊崇党章，增强政治意识、大局意识、核心意识、看齐意识，坚决维护党中央权威和集中统一领导，严明党的政治纪律和政治规矩，层层落实管党治党政治责任。开展党的群众路线教育实践活动和"三严三实"专题教育，推进"两学一做"学习教育常态化制度化。贯彻新时期好干部标准，深入推进党的建设制度改革，党内法规制度体系不断完善。把纪律挺在前面，着力解决人民群众反映最强烈、对党的执政基础威胁最大的突出问题。出台中央八项规定，严厉整治"四风"问题，坚决反对特权。发挥巡视利剑作用，实现中央和省级党委巡视全覆盖。坚持反腐败无禁区、全覆盖、零容忍，坚定不移"打虎""拍蝇""猎狐"。坚决查处山西系统性、塌方式腐败问题。对湖南衡阳破坏选举案严肃问责，467人受到责任追究。对四川南充拉票贿选案涉及的477人严肃处理。严肃查处辽宁省系统性拉票贿选问题，共查处955人，其中中管干部34人。严肃查处甘肃祁连山国家级自然保护区生态环境遭到破坏典型案件中的失职失责问题，18人受到问责。2014年以来，全国共有7020个单位党委（党组）、党总支、党支部，430个纪委（纪检组）和6.5万余名党员领导干部被问责。五年间，共立案审查的省军级以上党员干部及其他中管干部440人，其中，十八届中央委员、中央候补委员43人，中央纪委委员9人。全国纪检监察机关共接受信访举报1218.6万件（次），处置问题线索267.4万件，立案154.5万件，处分153.7万人，其中厅局级干部8900余人，县处级干部6.3万人，涉嫌犯罪被移送司法机关处理5.8万人。2014年以后，共从90多个国家和地区追回外逃人员3453名、追赃95.1亿元，"百名红通人员"中已有48人落网。不敢腐的目标初步实现，不能腐的笼子越扎越牢，不想腐的堤坝正在构筑，反腐败斗争压倒性态势已经形成并巩固发展。

同时，以习近平同志为核心的党中央以巨大的政治勇气和强烈的责任担当，提出一系列新理念新思想新战略，出台一系列重大方针政策，推出一系列重大举措，推进一系列重大工作，解决了许多长期想解决而没有解决的难题，办成了许多过去想办而没有办成的大事，推动党和国家事业发生历史性变革。这主要表现在：(1)党的领导得到全面加强，党的领导被忽视、淡化、削弱的状况得到明显改变；(2)坚定不移贯彻新发展理念，发展观不正确、发展方式粗放的状况得到明显改变；(3)坚定不移全面深化改革，各方面体制机制弊端阻碍发展活力和社会活力的状况得到明显改变；(4)坚定不移全面推进依法治国，有法不依、执法不严、司法不公问题严重的状况得到明显改变；(5)加强党对意识形态工作的领导，社会思想舆论环境中的混乱状况得到明显改变；(6)坚定不移推进生态文明建设，忽视生态环境保护、生态环境恶化的状况得到明显改变；（7）坚定不移推进国防和军队现代化，人民军队中一度存在的不良政治状况得到明显改变；（8）坚定不移推进中国特色大国外交，我国在国际力量对比中面临的不利状况得到明显改变；（9）坚定不移推进全面从严治党，管党治党宽松软状况得到明显改变。

五年来的成就是全方位的、开创性的，五年来的变革是深层次的、根本性的。这些历史性成就和历史性变革，对党和国家事业发展具有重大而深远的影响，标志着中国特色社会主义进入了新时代。

这个新时代，是承前启后、继往开来、在新的历史条件下继续夺取中国特色社会主义伟大胜利的时代，是决胜全面建成小康社会、进而全面建设社会主义现代化强国的时代，是全国各族人民团结奋斗、不断创造美好生活、逐步实现全体人民共同富裕的时代，是全体中华儿女勠力同心、奋力实现中华民族伟大复兴中国梦的时代，是我国日益走近世界舞台中央、不断为人类作出更大贡献的时代。

中国特色社会主义进入新时代，在中华人民共和国发展史上、中华民族发展史上具有重大意义，在世界社会主义发展史上、人类社会发展史上也具有重大意义。它意味着近代以来久经磨难的中华民族迎来了从站起来、富起来到强起来的伟大飞跃，迎来了实现中华民族伟大复兴的光明前景；意味着科学社会主义在21世纪的中国焕发出强大生机活力，在世界上高高举起了中国特色社会主义伟大旗帜；意味着中国特色社会主义道路、理论、制度、文化不断发展，拓展了发展中国家走向现代化的途径，给世界上那些既希望加快发展又希望保持自身独立性的国家和民族提供了全新选择，为解决人类问题贡献了中国智慧和中国方案。

中国特色社会主义进入新时代，我国社会主要矛盾已经转化为人民日益增长的美好生活需要和不平衡不充分的发展之间的矛盾。我国稳定解决了十几亿人的温饱问题，总体上实现小康，不久将全面建成小康社会，人民美好生活需要日益广泛,不仅对物质文化生活提出了更高要求,而且在民主、法治、公平、正义、安全、环境等方面的要求日益增长。同时,我国社会生产力水平总体上显著提高,社会生产能力在很多方面进入世界前列,更加突出的问题是发展不平衡不充分,这已经成为满足人民日益增长的美好生活需要的主要制约因素。

我国社会主要矛盾的变化是关系全局的历史性变化,对党和国家工作提出了许多新要求,必须在继续推动发展的基础上,着力解决好发展不平衡不充分问题,大力提升发展质量和效益,更好满足人民在经济、政治、文化、社会、生态等方面日益增长的需要,更好推动人的全面发展、社会全面进步。党的十九大承担起这一历史使命,提出了"决胜全面建成小康社会,开启全面建设社会主义现代化国家新征程"的奋斗目标和历史任务。

第十一章
开启全面建设社会主义现代化国家新征程

为了顺利实现新时代中国共产党的历史使命，党的十九大对开启全面建设社会主义现代化国家新征程作出战略安排，对继续推进新时代中国特色社会主义作出战略部署，指出：从党的十九大到党的二十大，是"两个一百年"奋斗目标的历史交汇期，我们党既要全面建成小康社会、实现第一个百年奋斗目标，又要乘势而上开启全面建设社会主义现代化国家新征程，向第二个百年奋斗目标进军。2019年，是新中国成立70周年。70年披荆斩棘，70年风雨兼程。一路走来，中国人民自力更生、艰苦奋斗，创造了举世瞩目的中国奇迹。

一 习近平新时代中国特色社会主义思想

2017年10月18日，中国共产党第十九次全国代表大会在北京人民大会堂隆重开幕。这次大会，是在全面建成小康社会决胜阶段、中国特色社会主义进入新时代的关键时期召开的一次十分重要的大会。大会的主题是：不忘初心，牢记使命，高举中国特色社会主义伟大旗帜，决胜全面建成小康社会 夺取新时代中国特色社会主义伟大胜利，为实现中华民族伟大复兴的中国梦不懈奋斗。习近平代表第十八届中央委员会向大会作了题为《决胜全面建成小康社会 夺取新时代中国特色社会主义伟大胜利》的报告。报告总结了十八大以来党和国家事业的历史性成就和历史性变革，深刻阐述了新时代中国特色社会主义思想和基本方略，系统回答了在新时代坚持和发展什么样的中国特色社会主义、怎样坚持和发展中国特色社会主义的重大时代课题，通篇闪耀马克思主义真理光辉。报告描绘了全面建成社会主义现代化强国的"两步走"宏伟蓝图，展示了当代中国共产党人为人民谋福祉、为民族谋复兴的本色初衷和使命担当，是举旗定向、谋篇布局的奋斗纲领，为实现中华民族伟大复兴的中国梦提供了科学的行动指南和强大的精神力量。10月25日，党的十九届一中全会选举习近平为中央委员会总书记，决定习近平为中央军事委员会主席。

党的十九大立足时代和全局的高度，着眼中国特色社会主义事业长远发展，对十八大以来党的理论创新成果进行总结和概括，郑重地提出"习近平新时代中国特色社会主义思想"，并把这一思想确立为我们党的指导思想和行动指南，实现了党的指导思想的又一次与时俱进。这是一个历史性决策和历史性贡献，体现了党在政治上理论上的高度成熟、自信。

习近平新时代中国特色社会主义思想，坚持马克思主义的立场、观点和方法，坚持科学社会主义的基本原则，科学总结世界社会主义运动的经验教训，根据时代和时间的发展变化，以崭新的思想内容丰富和发展了马克思主义，形成了系统科学的理论体系。

习近平新时代中国特色社会主义思想内涵十分丰富，涵盖新时代坚持和发展中国特色社会主义的总目标、总任务、总体布局、战略布局和发展方向、发展方式、发展动力、战略步骤、外部条件、政治保证等基本问题，并根据新的实践对经济、政治、法治、科技、文化、教育、民生、民族、宗教、社会、生态文明、国家安全、国防和军队、"一国两制"和祖国统一、统一战线、外交、党的建设等各方面作出新的理论概括和战略指引。

习近平新时代中国特色社会主义思想的核心内容是"八个明确"和"十四个坚持"。

"八个明确"，就是：

第一，明确坚持和发展中国特色社会主义，总任务是实现社会主义现代化和中华民族伟大复兴，在全面建成小康社会的基础上，分两步走在本世纪中叶建成富强民主文明和谐美丽的社会主义现代化强国。

第二，明确新时代我国社会主要矛盾是人民日益增长的美好生活需要和不平衡不充分的发展之间的矛盾，必须坚持以人民为中心的发展思想，不断促进人的全面发展、全体人民共同富裕。

第三，明确中国特色社会主义事业总体布局是"五位一体"、战略布局是"四个全面"，强调坚定道路自信、理论自信、制度自信、文化自信。

第四，明确全面深化改革总目标是完善和发展中国特色社会主义制度、推进国家治理体系和治理能力现代化。

第五，明确全面推进依法治国总目标是建设中国特色社会主义法治体系、建设社会主义法治国家。

第六，明确党在新时代的强军目标是建设一支听党指挥、能打胜仗、作风优良的人民军队，把人民军队建设成为世界一流军队。

第七，明确中国特色大国外交要推动构建新型国际关系，推动构建人类命运共同体。

第八，明确中国特色社会主义最本质的特征是中国共产党领导，中国特色社会主义制度的最大优势是中国共产党领导，党是最高政治领导力量，提出新时代党的建设总要求，突出政治建设在党的建设中的重要地位。

"十四个坚持"，就是：

第一，坚持党对一切工作的领导。党政军民学，东西南北中，党是领导一切的。必须增强政治意识、大局意识、核心意识、看齐意识，自觉维护党中央权威和集中统一领导，自觉在思想上政治上行动上同党中央保持高度一致，完善坚持党的领导的体制机制，坚持稳中求进工作总基调，统筹推进"五位一体"总体布局，协调推进"四个全面"战略布局，提高党把方向、谋大局、定政策、促改革的能力和定力，确保党始终总揽全局、协调各方。

第二，坚持以人民为中心。人民是历史的创造者，是决定党和国家前途命运的根本力量。必须坚持人民主体地位，坚持立党为公、执政为民，践行全心全意为人民服务的根本宗旨，把党的群众路线贯彻到治国理政全部活动之中，把人民对美好生活的向往作为奋斗目标，依靠人民创造历史伟业。

第三，坚持全面深化改革。只有社会主义才能救中国，只有改革开放才能发展中国、发展社会主义、发展马克思主义。必须坚持和完善中国特色社会主义制度，不断推进国家治理体系和治理能力现代化，坚决破除一切不合时宜的思想观念和体制机制弊端，突破利益固化的藩篱，吸收人类文明有益成果，构建系统完备、科学规范、运行有效的制度体系，充分发挥我国社会主义制度优越性。

第四，坚持新发展理念。发展是解决我国一切问题的基础和关键，发展必须是科学发展，必须坚定不移贯彻创新、协调、绿色、开放、共享的发展理念。必须坚持和完善我国社会主义基本经济制度和分配制度，毫不动摇地巩固和发展公有制经济，毫不动摇地鼓励、支持、引导非公有制经济发展，使市场在资源配置中起决定性的作用，更好地发挥政府作用，推动新型工业化、信息化、城镇化、农业现代化同步发展，主动参与和推动经济全球化进程，发展更高层次的开放型经济，不断壮大我国经济实力和综合国力。

第五，坚持人民当家作主。坚持党的领导、人民当家作主、依法治国有机统一是社会主义政治发展的必然要求。必须坚持中国特色社会主义政治发展道路，坚持和完善人民代表大会制度、中国共产党领导的多党合作和政治协商制度、民族区域自治制度、基层群众自治制度，巩固和发展最广泛的爱国统一战线，发展社会主义协商民主，健全民主制度，丰富民主形式，拓宽民主渠道，保证人民当家作主落实到国家政治生活和社会生活之中。

第六，坚持全面依法治国。全面依法治国是中国特色社会主义的本质要求和重要保障。必须把党的领导贯彻落实到依法治国全过程和各方面，坚定不移走中国特色社会主义法治道路，完善以宪法为核心的中国特色社会主义法律体系，建设中国特色社会主义法治体系，建设社会主义法治国家，发展中国特色社会主义法治理论，坚持依法治国、依法执政、依法行政共同推进，坚持法治国家、法治政府、法治社会一体建设，坚持依法治国和以德治国相结合，依法治国和依规治党有机统一，深化司法体制改革，提高全民族法治素养和道德素质。

第七，坚持社会主义核心价值体系。文化自信是一个国家、一个民族发展中更基本、更深沉、更持久的力量。必须坚持马克思主义，牢固树立共产主义远大理想和中国特色社会主义共同理想，培育和践行社会主义核心价值观，不断增强意识形态领域主导权和话语权，推动中华优秀传统文化创造性转化、创新性发展，继承革命文化，发展社会主义先进文化，不忘本来、吸收外来、面向未来，更好地构筑中国精神、中国价值、中国力量，为人民提供精神指引。

第八，坚持在发展中保障和改善民生。增进民生福祉是发展的根本目的。必须多谋民生之利、多解民生之忧，在发展中补齐民生短板、促进社会公平正义，在幼有所育、学有所教、劳有所得、病有所医、老有所养、住有所居、弱有所扶上不断取得新进展，深入开展脱贫攻坚，保证全体人民在共建共享发展中有更多获得感，不断促进人的全面发展、全体人民共同富裕。建设平安中国，加强和创新社会治理，维护社会和谐稳定，确保国家长治久安、人民安居乐业。

第九，坚持人与自然和谐共生。建设生态文明是中华民族永续发展的千年大计。必须树立和践行绿水青山就是金山银山的理念，坚持节约资源和保护环境的基本国策，像对待生命一样对待生态环境，统筹山水林田湖草系统治理，实行最严格的生态环境保护制度，形成绿色发展方式和生活方式，坚定走生产发展、生活富裕、生态良好的文明发展道路，建设美丽中国，为人民创造良好的生产生活环境，为全球生态安全作出贡献。

第十，坚持总体国家安全观。统筹发展和安全，增强忧患意识，做到居安思危，是我们党治国理政的一个重大原则。必须坚持国家利益至上，以人民安全为宗旨，以政治安全为根本，统筹外部安全和内部安全、国土安全和国民安全、传统安全和非传统安全、自身安全和共同安全，完善国家安全制度体系，加强国家安全能力建设，坚决维护国家主权、安全、发展利益。

第十一，坚持党对人民军队的绝对领导。建设一支听党指挥、能打胜仗、作风优良的人民军队，是实现"两个一百年"奋斗目标、实现中华民族伟大复兴的战略支撑。必须全面贯彻党领导人民军队的一系列根本原则和制度，确立新时代党的强军思想在国防和军队建设中的指导地位，坚持政治建军、改革强军、科技兴军、依法治军，更加注重聚焦实战，更加注重创新驱动，更加注重体系建设，更加注重集约高效，更加注重军民融合，实现党在新时代的强军目标。

第十二，坚持"一国两制"和推进祖国统一。保持香港、澳门长期繁荣稳定，实现祖国完全统一，是实现中华民族伟大复兴的必然要求。必须把维护中央对香港、澳门特别行政区全面管治权和保障特别行政区高度自治权有机结合起来，确保"一国两制"方针不会变、不动摇，确保"一国两制"实践不变形、不走样。必须坚持一个中国原则，坚持"九二共识"，推动两岸关系和平发展，深化两岸经济合作和文化往来，推动两岸同胞共同反对一切分裂国家的活动，共同为实现中华民族伟大复兴而奋斗。

第十三，坚持推动构建人类命运共同体。中国人民的梦想同各国人民的梦想息息相通，实现中国梦离不开和平的国际环境和稳定的国际秩序。必须统筹国内国际两个大局，始终不渝走和平发展道路、奉行互利共赢的开放战略，坚持正确义利观，树立共同、综合、合作、可持续的新安全观，谋求开放创新、包容互惠的发展前景，促进和而不同、兼收并蓄的文明交流，构筑尊崇自然、绿色发展的生态体系，始终做世界和平的建设者、全球发展的贡献者、国际秩序的维护者。

第十四，坚持全面从严治党。勇于自我革命，从严管党治党，是我们党最鲜明的品格。必须以党章为根本遵循，把党的政治建设摆在首位，思想建党和制度治党同向发力，统筹推进党的各项建设，抓住"关键少数"，坚持"三严三实"，坚持民主集中制，严肃党内政治生活，严明党的纪律，强化党内监督，发展积极健康的党内政治文化，全面净化党内政治生态，坚决纠正各种不正之风，以零容忍态度惩治腐败，不断增强党自我净化、自我完善、自我革新、自我提高的能力，始终保持党同人民群众的血肉联系。

"八个明确""十四个坚持"有机融合、有机统一，凝结着我们党坚持和发展中国特色社会主义的宝贵经验，反映了以习近平同志为核心的党中央对中国特色社会主义规律性认识的深化、拓展、升华，体现了理论与实际相结合、认识论和方法论相统一的鲜明特色。

习近平新时代中国特色社会主义思想，体系严整、逻辑严密、内涵丰富、博大精深，闪耀着马克思主义真理光辉。这一思想贯通马克思主义哲学、政治经济学、科学社会主义，贯通历史、现实和未来，贯通改革发展稳定、内政外交国防、治党治国治军等各领域，既坚持了老祖宗，又讲了很多新话，使我们党对共产党执政规律、社会主义建设规律、人类社会发展规律的认识达到了新高度，为发展马克思主义作出了原创性贡献。这主要体现在：

（一）开辟了马克思主义新境界。这一思想贯穿改革发展稳定、内政外交国防、治党治国治军各个领域，既坚持了老祖宗，又讲了很多新话，实现了马克思主义基本原理与中国具体实际相结合的新飞跃，是21世纪中国的马克思主义，是马克思主义中国化的最新成果，在马克思主义中国化进程中具有开创性意义。

（二）开辟了中国特色社会主义新境界。这一思想从理论与实践结合上系统和科学地回答了新时代坚持和发展什么样的中国特色社会主义、怎样坚持和发展中国特色社会主义这个重大时代课题，为中国特色社会主义注入了新的科学内涵，进一步彰显了中国特色社会主义的时代特色、实践特色、理论特色、民族特色，续写了中国特色社会主义的光辉篇章。

（三）开辟了党治国理政新境界。在这一思想指引下，我们党团结带领全国各族人民推动党和国家事业取得了全方位、开创性成就，发生了深层次、根本性的变革，我国经济实力、综合国力和人民生活水平迈上了新的台阶，党、国家、人民、军队、中华民族的面貌发生了前所未有的变化。

（四）开辟了管党治党新境界。在这一思想指引下，我们党以坚强的决心、空前的力度，推进全面从严治党，坚持思想从严、管党从严、执纪从严、治吏从严、作风从严、反腐从严，管党治党实现宽松软到严紧硬的深刻转变，党的创造力、凝聚力、战斗力显著增强，党的团结统一更加巩固，党群关系明显改善，党在革命性锻造中更加坚强。

可以说，党的十八大以后的五年间，党和国家各项事业之所以能够开新局、谋新篇，根本就在于有习近平新时代中国特色社会主义思想的科学指引。

作为中国特色社会主义理论体系的重要组成部分，习近平新时代中国特色社会主义思想同邓小平理论、"三个代表"重要思想、科学发展观之间既一脉相承，又与时俱进。所谓"一脉相承"，可以从五个方面理解：一是它们都坚持以马克思列宁主义、毛泽东思想为指导，在理论渊源上一脉相承；二是它们都坚持为建设和发展中国特色社会主义、实现中华民族伟大复兴而奋斗，在理论主题上一脉相承；三是它们都坚持解放思想、实事求是、与时俱进，在理论品质上一脉相承；四是它们都以社会主义初级阶段这一基本国情为立论基础，在理论基点上一脉相承；五是它们都坚持以人为本，把实现好、维护好、发展好最广大人民的根本利益作为全部理论的出发点和落脚点，在理论目标上一脉相承。所谓"与时俱进"，则是指它们都坚持从实际出发，注重总结改革开放不同时期、不同阶段的新鲜经验，注重探索和回答不同时期、不同阶段遇到的新矛盾、新问题，在理论创新和理论发展上都作出了各自的独特贡献。

总之，习近平新时代中国特色社会主义思想是对马克思列宁主义、毛泽东思想、邓小平理论、"三个代表"重要思想、科学发展观的继承和发展,是马克思主义中国化的最新成果,是党和人民实践经验和集体智慧的结晶,是中国特色社会主义理论体系的重要组成部分,是全党全国人民为实现中华民族伟大复兴而奋斗的行动指南,必须长期坚持并不断发展。

二 新时代党的历史使命和
发展中国特色社会主义的战略安排

中国共产党人的初心和使命,就是为中国人民谋幸福,为中华民族谋复兴。这个初心和使命是激励中国共产党人不断前进的根本动力。

党的十九大进一步明确了新时代中国共产党的历史使命,指出:实现伟大梦想,必须进行伟大斗争,建设伟大工程,推进伟大事业,这是时代发展给我们党提出的新使命。我们党深刻认识到,中华民族伟大复兴绝不是轻轻松松、敲锣打鼓就能实现的,必须准备付出更为艰巨、更为艰苦的努力。

我们党要团结带领人民有效应对重大挑战、抵御重大风险、克服重大阻力、解决重大矛盾,必须进行具有许多新的历史特点的伟大斗争,更加自觉地坚持党的领导和我国社会主义制度,坚决反对一切削弱、歪曲、否定党的领导和我国社会主义制度的言行;更加自觉地维护人民利益,坚决反对一切损害人民利益、脱离群众的行为;更加自觉地投身改革创新的时代潮流,坚决破除一切顽瘴痼疾;更加自觉地维护我国主权、安全、发展利益,坚决反对一切分裂祖国、破坏民族团结和社会和谐稳定的行为;更加自觉地防范各种风险,坚决战胜一切在政治、经济、文化、社会等领域和自然界出现的困难和挑战。只有充分认识这场伟大斗争的长期性、复杂性、艰巨性,发扬斗争精神,提高斗争本领,才能不断夺取伟大斗争新胜利。

站起来 富起来 强起来

历史已经并将继续证明，没有中国共产党的领导，民族复兴必然是空想。我们党要始终成为时代先锋、民族脊梁，始终成为马克思主义执政党，必须深入推进党的建设新的伟大工程，更加自觉地坚定党性原则，勇于直面问题，敢于刮骨疗毒，消除一切损害党的先进性和纯洁性的因素，清除一切侵蚀党的健康肌体的病毒，不断增强党的政治领导力、思想引领力、群众组织力、社会号召力，确保我们党永葆旺盛生命力和强大战斗力。

中国特色社会主义是改革开放以来党的全部理论和实践的主题，是党和人民历尽千辛万苦、付出巨大代价取得的根本成就。中国特色社会主义道路是实现社会主义现代化、创造人民美好生活的必由之路，中国特色社会主义理论体系是指导党和人民实现中华民族伟大复兴的正确理论，中国特色社会主义制度是当代中国发展进步的根本制度保障，中国特色社会主义文化是激励全党全国各族人民奋勇前进的强大精神力量。必须继续统筹推进"五位一体"总体布局、协调推进"四个全面"战略布局，坚定道路自信、理论自信、制度自信、文化自信，既不走封闭僵化的老路，也不走改旗易帜的邪路，保持政治定力，坚持实干兴邦，始终坚持和发展中国特色社会主义。

为了顺利实现新时代中国共产党的历史使命，党的十九大对开启全面建设社会主义现代化国家新征程作出战略安排，对继续推进新时代中国特色社会主义作出战略部署。

关于新时代中国特色社会主义发展的战略安排，大会分析指出：

从现在到2020年，是全面建成小康社会决胜期。需要按照十六大、十七大、十八大提出的全面建成小康社会的各项要求，紧扣我国社会主要矛盾变化，统筹推进经济建设、政治建设、文化建设、社会建设、生态文明建设，坚定实施科教兴国战略、人才强国战略、创新驱动发展战略、乡村振兴战略、区域协调发展战略、可持续发展战略、军民融合发展战略，突出抓重点、补短板、强弱项，特别是要坚决打好防范化解重大风险、精准脱贫、污染防治的攻坚战，使全面建成小康社会得到人民认可、经得起历史检验。

从党的十九大到党的二十大，是"两个一百年"奋斗目标的历史交汇期。我们党既要全面建成小康社会、实现第一个百年奋斗目标，又要乘势而上开启全面建设社会主义现代化国家新征程，向第二个百年奋斗目标进军。

综合分析国际国内形势和我国发展条件，从2020到本世纪中叶可以分两个阶段来安排：

第一个阶段，从2020年到2035年，在全面建成小康社会的基础上，再奋斗15年，基本实现社会主义现代化。到那时，我国经济实力、科技实力将大幅跃升，跻身创新型国家前列；人民平等参与、平等发展权利得到充分保障，法治国家、法治政府、法治社会基本建成，各方面制度更加完善，国家治理体系和治理能力现代化基本实现；社会文明程度达到新的高度，国家文化软实力显著增强，中华文化影响更加广泛深入；人民生活更为宽裕，中等收入群体比例明显提高，城乡区域发展差距和居民生活水平差距显著缩小，基本公共服务均等化基本实现，全体人民共同富裕迈出坚实步伐；现代社会治理格局基本形成，社会充满活力又和谐有序；生态环境根本好转，美丽中国目标基本实现。

第二个阶段，从2035年到本世纪中叶，在基本实现现代化的基础上，再奋斗15年，把我国建成富强民主文明和谐美丽的社会主义现代化强国。到那时，我国物质文明、政治文明、精神文明、社会文明、生态文明将全面提升，实现国家治理体系和治理能力现代化，成为综合国力和国际影响力领先的国家，全体人民共同富裕基本实现，我国人民将享有更加幸福安康的生活，中华民族将以更加昂扬的姿态屹立于世界民族之林。

关于继续推进新时代中国特色社会主义的战略部署，大会强调指出，实现"两个一百年"奋斗目标、实现中华民族伟大复兴的中国梦，必须从以下几个方面做出新的努力：

一要坚定不移把发展作为党执政兴国的第一要务，贯彻新发展理念，建设现代化经济体系。坚持质量第一、效益优先，以供给侧结构性改革为主线，推动经济发展质量变革、效率变革、动力变革，提高全要素生产率，着力加快建设实体经济、科技创新、现代金融、人力资源协同发展的产业体系，着力构建市场机制有效、微观主体有活力、宏观调控有度的经济体制，不断增强我国经济创新力和竞争力。着力深化供给侧结构性改革，加快建设创新型国家，实施乡村振兴战略和区域协调发展战略，加快完善社会主义市场经济体制，推动形成全面开放新格局。

二要健全人民当家作主制度体系，发展社会主义民主政治。长期坚持、不断发展我国社会主义民主政治，积极稳妥推进政治体制改革，推进社会主义民主政治制度化、规范化、程序化，保证人民依法通过各种途径和形式管理国家事务，管理经济文化事业，管理社会事务，巩固和发展生动活泼、安定团结的政治局面。坚持党的领导、人民当家作主、依法治国有机统一，加强人民当家作主制度保障，发挥社会主义协商民主重要作用，深化依法治国实践，深化机构和行政体制改革，巩固和发展爱国统一战线，把我国社会主义民主政治的优势和特点充分发挥出来，为人类政治文明进步作出充满中国智慧的贡献。

三要坚定文化自信，坚持中国特色社会主义文化发展道路，激发全民族文化创新创造活力，推动社会主义文化繁荣兴盛，建设社会主义文化强国。坚持为人民服务、为社会主义服务，坚持百花齐放、百家争鸣，坚持创造性转化、创新性发展，不断铸就中华文化新辉煌。牢牢掌握意识形态工作领导权，培育和践行社会主义核心价值观，加强思想道德建设、繁荣发展社会主义文艺、推动文化事业和文化产业发展。

四要始终把人民利益摆在至高无上的地位，让改革发展成果更多更公平地惠及全体人民，朝着实现全体人民共同富裕不断迈进。坚持人人尽责、人人享有，坚守底线、突出重点、完善制度、引导预期，完善公共服务体系，保障群众基本生活，不断满足人民日益增长的美好生活需要，不断促进社会公平正义，形成有效的社会治理、良好的社会秩序，使人民获得感、幸福感、安全感更加充实、更有保障、更可持续。优先发展教育事业，提高就业质量和人民收入水平，加强社会保障体系建设，坚决打赢脱贫攻坚战，实施健康中国战略，打造共建共治共享的社会治理格局，有效维护国家安全。

五要加快生态文明体制改革，建设美丽中国。牢固树立社会主义生态文明观，推动形成人与自然和谐发展的现代化建设新格局。坚持节约优先、保护优先、自然恢复为主的方针，形成节约资源和保护环境的空间格局、产业结构、生产方式、生活方式，还自然以宁静、和谐、美丽。推进绿色发展，着力解决突出的环境问题，加大生态系统保护力度，改革生态环境监管体制，牢固树立社会主义生态文明观，推动形成人与自然和谐发展的现代化建设新格局，为保护生态环境作出我们这代人的努力。

六要坚持走中国特色强军之路，全面推进国防和军队现代化。全面贯彻新时代党的强军思想，贯彻新形势下军事战略方针，建设强大的现代化陆军、海军、空军、火箭军和战略支援部队，打造坚强高效的战区联合作战指挥机构，构建中国特色现代作战体系，担当起党和人民赋予的新时代使命任务。适应世界新军事革命发展趋势和国家安全需求，提高建设质量和效益，确保到2020年基本实现机械化，信息化建设取得重大进展，战略能力有大的提升。同国家现代化进程相一致，全面推进军事理论现代化、军队组织形态现代化、军事人员现代化、武器装备现代化，力争到2035年基本实现国防和军队现代化，到本世纪中叶把人民军队全面建成世界一流军队。

七要全面准确贯彻"一国两制""港人治港""澳人治澳"和高度自

治的方针,严格依照宪法和基本法办事,完善与基本法实施相关的制度和机制。支持特别行政区政府和行政长官依法施政、积极作为,团结带领香港、澳门各界人士齐心协力谋发展、促和谐,保障和改善民生,有序推进民主,维护社会稳定,履行维护国家主权、安全、发展利益的宪制责任。支持香港、澳门融入国家发展大局,以粤港澳大湾区建设、粤港澳合作、泛珠三角区域合作等为重点,全面推进内地同香港、澳门互利合作,制定完善便利香港、澳门居民在内地发展的政策措施,发展壮大爱国爱港爱澳力量,增强香港、澳门同胞的国家意识和爱国精神,让香港、澳门同胞同祖国人民共担民族复兴的历史责任、共享祖国繁荣富强的伟大荣光。继续坚持"和平统一、一国两制"方针,推动两岸关系和平发展,推进祖国和平统一进程。坚决维护国家主权和领土完整,绝不容忍国家分裂的历史悲剧重演。

八要坚持和平发展道路,推动构建人类命运共同体。高举和平、发展、合作、共赢的旗帜,恪守维护世界和平、促进共同发展的外交政策宗旨,坚定不移地在和平共处五项原则基础上发展同各国的友好合作,推动建设相互尊重、公平正义、合作共赢的新型国际关系。构建人类命运共同体,建设持久和平、普遍安全、共同繁荣、开放包容、清洁美丽的世界。坚持以对话解决争端、以协商化解分歧,统筹应对传统和非传统安全威胁,反对一切形式的恐怖主义。尊重世界文明多样性,以文明交流超越文明隔阂、文明互鉴超越文明冲突、文明共存超越文明优越。坚持环境友好,合作应对气候变化,保护好人类赖以生存的地球家园。坚持对外开放的基本国策,坚持打开国门搞建设,积极促进"一带一路"国际合作,努力实现政策沟通、设施联通、贸易畅通、资金融通、民心相通,打造国际合作新平台,增添共同发展新动力。加大对发展中国家特别是最不发达国家的援助力度,促进缩小南北发展差距。坚持同舟共济,促进贸易和投资自由化便利化,推动经济全球化朝着更加开放、包容、普惠、平衡、共赢的方向发展,支持多边贸易体制,促进自由贸易区建设,推动建设开放型世界经济。中国将继续发挥负责任大国的作用,积极参与全球治理体系改革和建设,不断贡献中国智慧和力量。

站起来 富起来 强起来

三 新时代党的建设总要求和战略部署

中国特色社会主义进入新时代，世情、国情、党情也在继续发生着深刻的变化。党的十九大科学分析了国际国内形势和党面临的新环境、新任务、新考验，深刻阐述了党在新时代的历史使命，提出了新时代党的建设总要求。

从国际环境看，和平、发展、合作、共赢成为时代潮流，但不稳定不确定因素增多。一大批新兴市场国家和发展中国家走上发展的快车道，几十亿人口正在加速走向现代化，多个发展中心在世界各地区逐渐形成，国际力量对比继续朝着有利于世界和平与发展的方向发展。同时，随着金融危机的影响持续深入，世界格局发生了深刻变化，全球性挑战有增无减。地缘政治冲突更加频繁，国际反恐形势持续严峻，网络空间治理规则之争更加激烈。世界经济长期低迷，已进入深度转型调整期，不稳定不确定因素增多，复苏面临更多的不确定性。这主要表现在：

（一）经济全球化"双刃剑"作用凸显，全球治理体系亟待变革。经济全球化在本质上是资本的跨国流动，它在推动全球生产力大发展、加速世界经济增长的同时，也带来了各国和全球共同面临的社会经济问题，加剧了国际竞争。全球发展不平衡加剧，贸易保护主义抬头，美国热衷搞"小圈子"，企图以新规则体系排挤孤立新兴大国。推进全球治理体制变革，不仅事关应对各种全球性挑战，而且事关给国际秩序和国际体系定规则、定方向。推动变革全球治理体制中不公正不合理的安排，需要增加新兴市场国家和发展中国家的代表性和发言权，使全球治理体制更加平衡地反映大多数国家意愿和利益。

（二）世界文化多样化有利于保持国际形势总体稳定，也给我国带来诸多挑战。当今世界，有200多个国家和地区，2500多个民族，6000多种语言。这些不同民族、不同历史文化背景的人民，共同创造了丰富多彩的世界。不同文化之间的交流、交锋、交融丰富了世界多样文化的形式和内涵，促进了人类文明历史的进步与发展，增进了国家间、民族间的关系和友谊。同时，各种思想文化交流、交锋、交融更加频繁，各种错误思潮的影响加深，意识形态领域斗争尖锐。

（三）新一轮科技革命和产业变革正在孕育兴起，机遇和挑战并存。从全球范围看，科学技术越来越成为推动经济社会发展的主要力量，创新驱动是大势所趋。一些重要科学问题和关键核心技术已经呈现出革命性突破的先兆，带动了关键技术交叉融合、群体跃进，变革突破的能量正在不断积累。谁牵住了科技创新这个"牛鼻子"，谁走好了科技创新这步先手棋，谁就能占领先机、赢得优势。新一轮科技革命和产业变革与我国加快转变经济发展方式形成历史性交汇，为我们实施创新驱动发展战略提供了难得的重大机遇。机会稍纵即逝，抓住了就是机遇，抓不住就是挑战。

（四）我国前所未有地走近世界舞台中心，面临的风险和安全问题更加突出。经过30多年的改革开放，中国的命运与世界的命运从未像今天这样紧密地联结在一起。推动经济治理改革，中国方案行稳致远。应对全球性挑战和热点问题，中国同样没有缺席，有主张、有行动，有正义担当。G20进入"中国时间"，杭州峰会为世界经济走出低迷开出一剂标本兼治、综合施策的良方。但是，个别西方大国对我国实行战略围堵，周边一些国家在领土领海等问题上对我国无端挑衅，恶化区域安全局势。我国面临的经济安全、政治安全、文化安全、军事安全、网络安全问题更加突出。

从国内发展看，中国特色社会主义进入新时代，我国社会主要矛盾也在发生重大而深刻的变化,已经从"人民日益增长的物质文化需要同落后的社会生产之间的矛盾"转化为"人民日益增长的美好生活需要和不平衡不充分的发展之间的矛盾"。这是党的十九大从我国发展新实际和所处的历史新方位出发作出的重大判断,改变了自1956年党的八大时起对我国社会主要矛盾的基本认识和提法。[1]作出这一改变的理由是,经过近40年的改革开放,我国稳定解决了十几亿人的温饱问题,总体上实现了小康,不久将全面建成小康社会,人民美好生活需要日益广泛,不仅对物质文化生活提出了更高要求,而且在民主、法治、公平、正义、安全、环境等方面的要求日益增长。同时,我国社会生产力水平总体上显著提高,社会生产能力在很多方面进入世界前列,更加突出的问题是发展不平衡不充分,这已经成为满足人民日益增长的美好生活需要的主要制约因素。具体来说表现在以下几个方面:

(一)经过改革开放近40年的发展,我国社会生产力水平总体上显著提高,社会生产能力在很多方面进入世界前列。GDP自2010年起稳居世界第二位,货物进出口和服务贸易总额居世界第二位,对外投资和利用外资分别居世界第二、第三位,制造业增加值连续七年居世界第一位,基础设施建设部分领域遥遥领先,高铁运营总里程、高速公路总里程和港口吞吐量居世界第一位;220多种主要工农业产品生产能力稳居世界第一位。这说明,长期以来的短缺经济和供给不足状况已经发生根本性转变,再讲"落后的社会生产"已经不符合当前的实际。

(二)人民生活水平显著提高,对美好生活的向往更加强烈、需要日益广泛,不仅对物质文化生活提出了更高要求,而且在民主、法治、公

---

[1] 党的八大提出:我们国内的主要矛盾,已经是人民对于建立先进的工业国的要求同落后的农业国的现实之间的矛盾,已经是人民对于经济文化迅速发展的需要同当前经济文化不能满足人民需要的状况之间的矛盾。改革开放后,我们党对这一表述做了提炼,将其概括为:我国社会的主要矛盾是人民日益增长的物质文化需要同落后的社会生产之间的矛盾。

平、正义、安全、环境等方面的要求日益增长。改革开放以来，我国稳定解决了十几亿人的温饱问题，总体上实现了小康，不久将全面建成小康社会。我国人民生活迈上了新台阶，人均GDP从1978年的156美元增长到2016年的8000多美元，已经达到中等偏上收入国家水平；城镇居民人均可支配收入和农村居民人均可支配收入分别从1978年的343元、133元提高到2016年的33616元、12363元；农村贫困发生率从1978年的97.5%大幅下降到2016年的4%以下，远低于世界平均水平；九年义务教育全面普及，高等教育毛入学率2016年达到42.7%，比世界平均水平高近10个百分点；居民平均预期寿命2016年达到76.5岁，高于世界平均水平；社会保障水平极大提高。人民群众的需要呈现多样化多层次多方面的特点，期盼有更好的教育、更稳定的工作、更满意的收入、更可靠的社会保障、更高水平的医疗卫生服务、更舒适的居住条件、更优美的环境、更丰富的精神文化生活，人民群众的民主意识、公平意识、法治意识、参与意识、监督意识、维权意识在不断增强。这说明人民群众的需要在领域和重心上已经超出物质文化的范畴和层次，只讲"物质文化需要"已经不能真实全面反映人民群众的愿望和要求。

（三）影响满足人民美好生活需要的因素很多，但主要是发展不平衡不充分的问题，其他问题归根结底都是由此造成或派生出来的。发展不平衡，主要是指各区域各领域各方面发展不平衡，制约了全国发展水平的提升。发展不充分，主要是指一些地区、一些领域、一些方面还存在发展不足的问题，发展的任务仍然很重。发展不平衡不充分的问题表现在很多方面：从社会生产力看，既有世界先进甚至领先的生产力，也有大量传统的、相对落后甚至原始的生产力，而且不同地区、不同领域的生产力水平和布局很不均匀；从"五位一体"总体布局看，我国经济发展水平总体很好，但社会法治化水平不高，社会建设还有不少短板，文化建设相对落后，生态文明建设问题很多；从城乡和区域发展看，东部、中部、西部之间，城乡之间，发展水平差距仍然较大，东部和一些大城市，发展水平同西方发达国家差不多，但在农村和中西部，特别是革命老区、民族地区、边疆地区、贫困地区，经济社会发展还比较落后；在收入分配方面，差距较大，还有几千万人口尚未脱贫，城市还有很多困难群众。这些问题相互掣肘，带来很多社会矛盾和问题，是现阶段各种社会矛盾交织的主要根源。发展是动态过程，不平衡不充分是永远存在的，但当发展到了一定阶段后不平衡不充分成为社会主要矛盾的主要方面时，就必须下工夫去认识它、解决它。

以上情况表明，我国社会主要矛盾的变化是关系全局的历史性变化，对党和国家的工作提出了许多新要求，必须在继续推动发展的基础上，着力解决好发展不平衡不充分的问题，大力提升发展质量和效益，更好地满足人民在经济、政治、文化、社会、生态等方面日益增长的需要，更好地推动人的全面发展、社会全面进步。

从党情变化看，党面临的"赶考"远未结束。习近平总书记指出："中国特色社会主义最本质的特征就是坚持中国共产党领导，中国特色社会主义制度的最大优势是中国共产党领导。坚持和完善党的领导，是党和国家的根本所在、命脉所在，是全国各族人民的利益所在、幸福所在。"[1] 经过九十多年的奋斗和发展，如今我们党已成为世界上规模最大的执政党。但是，党面临的执政考验、改革开放考验、市场经济考验、外部环境考验是长期的、复杂的，党面临的精神懈怠危险、能力不足危险、脱离群众危险、消极腐败危险是尖锐的、严峻的，党内存在的思想不纯、组织不纯、作风不纯等突出问题尚未得到根本解决，党增强自我净化、自我完善、自我革新、自我提高能力变得更加重要和紧迫。特别是深入推进全面从严治

---

[1] 习近平：《在庆祝中国共产党成立95周年大会上的讲话》，《人民日报》2016年7月2日第2版。

党后，对党的建设理论创新和实践创新都提出了许多新课题和新要求，比如，在经济社会环境发生深刻变化，各种社会思潮和价值观念大量涌现、广泛传播的新情况下，如何教育引导广大党员坚定理想信念，增强中国特色社会主义道路自信、理论自信、制度自信、文化自信，坚守共产党人的精神家园；在发展社会主义市场经济，物质利益原则起着重要作用，利益最大化成为一些人的价值取向和主要追求的情况下，如何教育引导党员干部正确处理个人利益与党和人民利益的关系，做到先公后私、大公无私；在大力反对"四风"、严厉惩治腐败的形势下，如何保持高压态势，做到有腐必惩，解决治标问题，同时注重制度、体制、机制的健全和完善，做到有效预防，逐步解决治本问题；等等。这一切都要求我们坚持问题导向，保持战略定力，推动全面从严治党向纵深发展。

总之，在这样的时代背景下，如何统筹好国内国际两个大局，在世界格局大变动中掌握主动、赢得优势，迫切需要以大智慧、大战略来运筹；如何把握发展机遇、破解发展难题，实现更高质量、更有效率、更加公平、更可持续的发展，迫切需要有新的理念、新的布局来引领；如何管好党治好党，始终保持党的先进性和纯洁性，确保党在中国特色社会主义事业中的领导核心地位，对我们党提出了更高要求。党的十九大对此作出了鲜明回答，深刻阐述了新时代党的历史使命和党的建设总要求。

为此，十九大报告提出了新时代党的建设总要求，这就是：坚持和加强党的全面领导，坚持党要管党、全面从严治党，以加强党的长期执政能力建设、先进性和纯洁性建设为主线，以党的政治建设为统领，以坚定理想信念宗旨为根基，以调动全党积极性、主动性、创造性为着力点，全面推进党的政治建设、思想建设、组织建设、作风建设、纪律建设，把制度建设贯穿其中，深入推进反腐败斗争，不断提高党的建设质量，把党建设成为始终走在时代前列、人民衷心拥护、勇于自我革命、经得起各种风浪考验、朝气蓬勃的马克思主义执政党。

根据新时代党的建设总要求，党的十九大对党的建设重点任务从八个方面作出战略部署，为推动全面从严治党向纵深发展指明了方向，为继续推进新时代中国特色社会主义提供了政治和组织保障。这些部署是：

（一）要把党的政治建设摆在首位。旗帜鲜明地讲政治是我们党作为马克思主义政党的根本要求。党的政治建设是党的根本性建设，决定了党的建设的方向和效果。保证全党服从中央，坚持党中央权威和集中统一领导，是党的政治建设的首要任务。全党要坚定执行党的政治路线，严格遵守政治纪律和政治规矩，在政治立场、政治方向、政治原则、政治道路上同党中央保持高度一致。要尊崇党章，严格执行新形势下党内政治生活若干准则，增强党内政治生活的政治性、时代性、原则性、战斗性，自觉抵制商品交换原则对党内生活的侵蚀，营造风清气正的良好政治生态。完善和落实民主集中制的各项制度，坚持民主基础上的集中和集中指导下的民主相结合，既充分发扬民主，又善于集中统一。弘扬忠诚老实、公道正派、实事求是、清正廉洁等价值观，坚决防止和反对个人主义、分散主义、自由主义、本位主义、好人主义，坚决防止和反对宗派主义、圈子文化、码头文化，坚决反对搞两面派、做两面人。全党同志特别是高级干部要加强党性锻炼，不断提高政治觉悟和政治能力，把对党忠诚、为党分忧、为党尽职、为民造福作为根本政治担当，永葆共产党人政治本色。

（二）要用新时代中国特色社会主义思想武装全党。思想建设是党的基础性建设。对于共产党人来说，革命理想高于天。共产主义远大理想和中国特色社会主义共同理想，是中国共产党人的精神支柱和政治灵魂，也是保持党的团结统一的思想基础。要把坚定理想信念作为党的思想建设的首要任务，教育引导全党牢记党的宗旨，挺起共产党人的精神脊梁，解决好世界观、人生观、价值观这个"总开关"问题，自觉做共产主义远大理想和中国特色社会主义共同理想的坚定信仰者和忠实实践者。要弘扬马克思主义学风，推进"两学一做"学习教育常态化制度化，以县处级以上领导干部为重点,在全党开展"不忘初心、牢记使命"主题教育,用党的创新理论武装头脑,推动全党更加自觉地为实现新时代党的历史使命不懈奋斗。

(三)要建设高素质专业化干部队伍。党的干部是党和国家事业的中坚力量。要坚持党管干部原则,坚持德才兼备、以德为先,坚持五湖四海、任人唯贤,坚持事业为上、公道正派,把好干部的标准落到实处。要坚持正确选人用人导向,匡正选人用人风气,突出政治标准,提拔重用牢固树立"四个意识"和"四个自信"、坚决维护党中央权威、全面贯彻执行党的理论和路线方针政策、忠诚干净担当的干部,选优配强各级领导班子。要注重培养专业能力、专业精神,增强干部队伍适应新时代中国特色社会主义发展要求的能力。要大力发现储备年轻干部,注重在基层一线和困难艰苦的地方培养锻炼年轻干部,源源不断选拔使用经过实践考验的优秀年轻干部。要统筹做好培养选拔女干部、少数民族干部和党外干部工作。要认真做好离退休干部工作。要坚持严管和厚爱结合、激励和约束并重,完善干部考核评价机制,建立激励机制和容错纠错机制,旗帜鲜明为那些敢于担当、踏实做事、不谋私利的干部撑腰鼓劲。各级党组织要关心爱护基层干部,主动为他们排忧解难。同时,要坚持党管人才原则,聚天下英才而用之,加快建设人才强国。实行更加积极、更加开放、更加有效的人才政策,以识才的慧眼、爱才的诚意、用才的胆识、容才的雅量、聚才的良方,把党内和党外、国内和国外各方面优秀人才集聚到党和人民的伟大奋斗中来,鼓励引导人才向边远贫困地区、边疆民族地区、革命老区和基层一线流动,努力形成人人渴望成才、人人努力成才、人人皆可成才、人人尽展其才的良好局面,让各类人才的创造活力竞相迸发、聪明才智充分涌流。

(四)要加强基层组织建设。党的基层组织是确保党的路线方针政策和决策部署贯彻落实的基础。要以提升组织力为重点,突出政治功能,把企业、农村、机关、学校、科研院所、街道社区、社会组织等基层党组织建设成为宣传党的主张、贯彻党的决定、领导基层治理、团结动员群众、推动改革发展的坚强战斗堡垒。党支部要担负好直接教育党员、管理党员、监督党员和组织群众、宣传群众、凝聚群众、服务群众的职责，引导广大党员发挥先锋模范作用。要坚持"三会一课"制度，推进党的基层组织设置和活动方式创新，加强基层党组织带头人队伍建设，扩大基层党组织覆盖面，着力解决一些基层党组织弱化、虚化、边缘化问题。要扩大党内基层民主，推进党务公开，畅通党员参与党内事务、监督党的组织和干部、向上级党组织提出意见和建议的渠道。要注重从产业工人、青年农民、高知识群体中和在非公有制经济组织、社会组织中发展党员。要加强党内激励关怀帮扶。要增强党员教育管理的针对性和有效性，稳妥有序地开展不合格党员组织处置工作。

（五）要持之以恒正风肃纪。我们党来自人民、植根人民、服务人民，一旦脱离群众，就会失去生命力。加强作风建设，必须紧紧围绕保持党同人民群众的血肉联系，增强群众观念和群众感情，不断厚植党执政的群众基础。凡是群众反映强烈的问题都要严肃认真对待，凡是损害群众利益的行为都要坚决纠正。要坚持以上率下，巩固拓展落实中央八项规定精神成果，继续整治"四风"问题，坚决反对特权思想和特权现象。要重点强化政治纪律和组织纪律，带动廉洁纪律、群众纪律、工作纪律、生活纪律严起来。要坚持开展批评和自我批评，坚持惩前毖后、治病救人，运用监督执纪"四种形态"，抓早抓小、防微杜渐。要赋予有干部管理权限的党组相应纪律处分权限，强化监督执纪问责。要加强纪律教育，强化纪律执行，让党员、干部知敬畏、存戒惧、守底线，习惯在受监督和约束的环境中工作生活。

（六）要夺取反腐败斗争压倒性胜利。人民群众最痛恨腐败现象，腐败是我们党面临的最大威胁。只有以反腐败永远在路上的坚韧和执着，深化标本兼治，保证干部清正、政府清廉、政治清明，才能跳出历史周期率，确保党和国家长治久安。当前，反腐败斗争形势依然严峻复杂，巩固压倒性态势、夺取压倒性胜利的决心必须坚如磐石。要坚持无禁区、全覆盖、零容忍，坚持重遏制、强高压、长震慑，坚持受贿行贿一起查，坚决防止党内形成利益集团。要在市县党委建立巡察制度，加大整治群众身边腐败问题的力度，不管腐败分子逃到哪里，都要缉拿归案、绳之以法。要推进反腐败国家立法，建设覆盖纪检监察系统的检举举报平台，强化不敢腐的震慑，扎牢不能腐的笼子，增强不想腐的自觉，通过不懈努力换来海晏河清、朗朗乾坤。

（七）要健全党和国家监督体系。增强党的自我净化能力，根本靠强化党的自我监督和群众监督。要加强对权力运行的制约和监督，让人民监督权力，让权力在阳光下运行，把权力关进制度的笼子。要强化自上而下的组织监督，改进自下而上的民主监督，发挥同级相互监督作用，加强对党员领导干部的日常管理监督。要深化政治巡视，坚持发现问题、形成震慑不动摇，建立巡视巡察上下联动的监督网。要深化国家监察体制改革，将试点工作在全国推开，组建国家、省、市、县监察委员会，同党的纪律检查机关合署办公，实现对所有行使公权力的公职人员监察全覆盖。要制定国家监察法，依法赋予监察委员会职责权限和调查手段，用留置取代"两规"措施。要改革审计管理体制，完善统计体制。要构建党统一指挥、全面覆盖、权威高效的监督体系，把党内监督同国家机关监督、民主监督、司法监督、群众监督、舆论监督贯通起来，增强监督合力。

（八）要全面增强执政本领。一是要增强学习本领，在全党营造善于学习、勇于实践的浓厚氛围，建设马克思主义学习型政党，推动建设学习大国。二是要增强政治领导本领，坚持战略思维、创新思维、辩证思维、法治思维、底线思维，科学制定和坚决执行党的路线方针政策，把党总揽全局、协调各方落到实处。三是要增强改革创新本领，保持锐意进取的精神风貌，善于结合实际创造性地推动工作，善于运用互联网技术和信息化手段开展工作。四是要增强科学发展本领，善于贯彻新发展理念，不断开创发展新局面。五是要增强依法执政本领，加快形成覆盖党的领导和党的建设各方面的党内法规制度体系，加强和改善对国家政权机关的领导。六是要增强群众工作本领，创新群众工作体制机制和方式方法，推动工会、共青团、妇联等群团组织增强政治性、先进性、群众性，发挥联系群众的桥梁纽带作用，组织动员广大人民群众坚定不移跟党走。七是要增强狠抓落实本领，坚持说实话、谋实事、出实招、求实效，把雷厉风行和久久为功有机结合起来，勇于攻坚克难，以钉钉子精神做实做细做好各项工作。八是要增强驾驭风险的本领，健全各方面风险防控机制，善于处理各种复杂矛盾，勇于战胜前进道路上的各种艰难险阻，牢牢把握工作主动权。

伟大的事业必须有坚强的党来领导。只要我们党把自身建设好、建设强，确保党始终同人民想在一起、干在一起，就一定能够焕发新气象、展示新作为，也一定能够引领承载着中国人民伟大梦想的航船破浪前进，胜利驶向光辉的彼岸。

四　为实现中华民族伟大复兴的中国梦不懈奋斗

中华民族是历经磨难、不屈不挠的伟大民族，中国人民是勤劳勇敢、自强不息的伟大人民，中国共产党是敢于斗争、敢于胜利的伟大政党。历史车轮滚滚向前，时代潮流浩浩荡荡。历史只会眷顾坚定者、奋进者、搏击者，而不会等待犹豫者、懈怠者、畏难者。党的十九大以后，在以习近平同志为核心的党中央坚强领导下，全党全军全国各族人民认真贯彻落实习近平新时代中国特色社会主义思想和党的十九大，十九届二中、三中全会精神，高举中国特色社会主义伟大旗帜，锐意进取，埋头苦干，以时不我待、只争朝夕的精神继续团结奋斗，在决胜全面建成小康社会、开启全面建设社会主义现代化国家新征程上迈出新的步伐。

2018年1月18日至19日，党的十九届二中全会在北京举行。全会专题研究修改宪法问题，审议通过了《中共中央关于修改宪法部分内容的建议》。全会一致认为，党的十九大和十九届一中全会以来，在以习近平同志为核心的党中央坚强领导下，全党全国把学习宣传贯彻党的十九大精神作为首要政治任务，深入开展多种形式的学习宣传活动，兴起了学习贯彻党的十九大精神、习近平新时代中国特色社会主义思想热潮，为贯彻落实党的十九大提出的各项战略决策和工作部署提供了强大精神动力，全党全国各族人民思想更加统一、信心更加坚定、行动更加有力，党和国家各项事业呈现出欣欣向荣的发展局面。

宪法修改是国家政治生活中的一件大事，是党中央从新时代坚持和发展中国特色社会主义全局和战略高度作出的重大决策，也是推进全面依法治国、推进国家治理体系和治理能力现代化的重大举措。这次宪法修改的总体要求是：高举中国特色社会主义伟大旗帜，全面贯彻党的十九大精神，坚持以马克思列宁主义、毛泽东思想、邓小平理论、"三个代表"重要思想、科学发展观、习近平新时代中国特色社会主义思想为指导，坚持党的领导、人民当家作主、依法治国有机统一，把党的十九大确定的重大理论观点和重大方针政策特别是习近平新时代中国特色社会主义思想载入国家根本法，体现党和国家事业发展的新成就新经验新要求，在总体保持我国宪法连续性、稳定性、权威性的基础上推动宪法与时俱进、完善发展，为新时代坚持和发展中国特色社会主义、实现"两个一百年"奋斗目标和中华民族伟大复兴的中国梦提供有力的宪法保障。

《中共中央关于修改宪法部分内容的建议》全文于 2018 年 2 月 25 日公布，由全国人民代表大会常务委员会依照法定程序提出宪法修正案议案，提请第十三届全国人民代表大会第一次会议审议。十三届全国人大一次会议高票通过了宪法修正案，完成了宪法修改的重大历史任务，实现了我国宪法的又一次与时俱进。宪法修正案共 21 条，包括 12 个方面：（1）确立科学发展观、习近平新时代中国特色社会主义思想在国家政治和社会生活中的指导地位；（2）调整充实中国特色社会主义事业总体布局和第二个百年奋斗目标的内容；（3）完善依法治国和宪法实施举措；（4）充实完善我国革命和建设发展历程的内容；（5）充实完善爱国统一战线和民族关系的内容；（6）充实和平外交政策方面的内容；（7）充实坚持和加强中国共产党全面领导的内容；（8）增加倡导社会主义核心价值观的内容；（9）修改国家主席任职方面的有关规定；（10）增加设区的市制定地方性法规的规定；（11）增加有关监察委员会的各项规定；（12）修改全国人大专门委员会的有关规定。

宪法修正案是一个整体，它全面体现了自上一次修宪以来党和人民在中国特色社会主义建设和改革实践中取得的重大理论创新、实践创新、制度创新的成果，体现了我们党依宪执政、依宪治国的理念，其核心要义和精神实质主要体现在以下几个方面：

一是确立习近平新时代中国特色社会主义思想在国家政治和社会生活中的指导地位。习近平新时代中国特色社会主义思想是马克思主义中国化的最新成果，是党和人民实践经验和集体智慧的结晶，是中国特色社会主义理论体系的重要组成部分，是全党全国人民为实现中华民族伟大复兴而奋斗的行动指南，是党的十八大以来党和国家事业取得历史性成就、发生历史性变革的根本理论指引。把习近平新时代中国特色社会主义思想载入宪法，使其同马克思列宁主义、毛泽东思想、邓小平理论、"三个代表"重要思想、科学发展观一起，确立为在国家政治和社会生活中的指导思想，反映了全国各族人民的共同意愿，体现了党的主张和人民意志的统一，明确了全党全国人民为实现中华民族伟大复兴而奋斗的共同思想基础。

二是调整充实中国特色社会主义事业总体布局和第二个百年奋斗目标的内容，确保宪法确立的国家根本任务、发展道路、奋斗目标得到全面贯彻。推动物质文明、政治文明、精神文明、社会文明、生态文明协调发展，体现了党和国家对社会主义建设规律认识的深化和发展，是对中国特色社会主义事业总体布局的丰富和完善。把我国建设成为富强民主文明和谐美丽的社会主义现代化强国，实现中华民族伟大复兴，是党的十九大确立的奋斗目标。把这个宏伟目标载入宪法序言，有利于引领全党全国人民把握规律、科学布局，在新时代不断开创党和国家事业发展的新局面，齐心协力为实现中华民族伟大复兴的中国梦而不懈奋斗。

三是完善依法治国和宪法实施举措。将宪法序言"健全社会主义法制"修改为"健全社会主义法治"，在宪法层面体现了依法治国理念的新内涵。法治以民主为前提，以严格依法办事为核心，以确保权力正当运行为重点，重在确保社会形成由规则治理的管理方式、活动方式和法治秩序。在第二十七条增加规定："国家工作人员就职时应当依照法律规定公开进行宪法宣誓。"党的十八届四中全会决定提出建立宪法宣誓制度，十二届全国人大常委会 2015 年 7 月通过关于实行宪法宣誓制度的决定，以立法方式确立了我国宪法宣誓制度。宪法宣誓制度实行以来，各地区、各部门、各方面认真贯彻落实法律规定，依法开展宪法宣誓活动已经成为尊重宪法、尊重人民主体地位的重要实践。宪法修正案还将宪法第七十条关于专门委员会的规定中的"法律委员会"修改为"宪法和法律委员会"，推动宪法实施和监督工作进入新阶段。

四是增加中国共产党领导是中国特色社会主义最本质的特征的规定。我国宪法序言已确定了中国共产党的领导地位，以历史叙事证明中国共产党的领导是历史的选择、人民的选择。现在把党的领导写进总纲规定国家根本制度的条款，把党的领导和社会主义制度内在统一起来，把党的执政规律和中国特色社会主义建设规律内在统一起来。中国共产党领导是中国特色社会主义最本质的特征。我们说的依法治国，就是广大人民群众在党的领导下，依照宪法和法律的规定，通过各种途径和形式管理国家事务，管理经济和文化事业，管理社会事务，保证国家各项工作都依法进行，逐步实现社会主义民主的制度化、法律化，使这种制度不因领导人的改变而改变，不因领导人看法和注意力的改变而改变。我们讲依宪治国、依宪执政，不是要否定和放弃党的领导，而是强调党领导人民制定宪法和法律，党自身必须在宪法和法律范围内活动。我国宪法以根本法的形式反映了党带领人民进行革命、建设、改革取得的成果，反映了在历史和人民选择中形成的党的领导地位。

五是修改第七十九条关于国家主席任职期限方面的规定。这是在全面总结党和国家长期历史经验的基础上，从全局和战略高度完善党和国家领导体制的重大举措，体现了中国特色社会主义政治优势和制度优势。党章对党的中央委员会总书记、党的中央军事委员会主席，宪法对中华人民共和国中央军事委员会主席，都没有作出"连续任职不得超过两届"的规定。在修改宪法征求意见的过程中，各地各方面普遍认为，宪法对国家主席的相关规定也采取上述做法，是非常必要的、重要的。这样修改，有利于维护以习近平同志为核心的党中央权威和集中统一领导，有利于加强和完善国家领导体制，有利于保证党和国家长治久安。

六是增加有关监察委员会的各项规定。本次宪法修改的21条修正案，有11条和国家监察体制改革相关。深化国家监察体制改革是一项事关全局的重大政治体制、监督体制改革，是强化党和国家自我监督的重大决策部署。宪法修正案在宪法第三章国家机构第六节后增加一节，专门就监察委员会作出规定，以宪法的形式明确国家监察委员会和地方各级监察委员会的性质、地位、名称、人员组成、任期任届、监督方式、领导体制、工作机制，等等，为监察委员会行使职权提供了宪法依据。这些规定，体现了中国特色社会主义政治发展道路和法治发展道路的一致性，为监察委员会履职尽责提供了依据和遵循，是国家治理体系的重大完善，也是国家治理能力现代化的重大进步。[1]

宪法是国家各项制度和法律法规的总依据，充实宪法的重大制度规定，对完善和发展中国特色社会主义制度具有重要作用。修改后的宪法，更好地体现了全党和全体人民的意志，更好地展示了中国特色社会主义制度的优势，更好地适应了推进国家治理体系和治理能力现代化的要求，为动员和组织全国各族人民夺取新时代中国特色社会主义伟大胜利提供了有力的宪法保障。

党和国家机构职能体系是中国特色社会主义制度的重要组成部分，是我们党治国理政的重要保障。提高党的执政能力和领导水平，广泛调动

---

[1]《人民日报》2018年5月16日第11版。

各方面的积极性、主动性、创造性,有效地治理国家和社会,推动党和国家事业的发展,必须适应新时代中国特色社会主义发展要求,深化党和国家机构改革。面对新时代新任务提出的新要求,党和国家机构设置和职能配置同统筹推进"五位一体"总体布局、协调推进"四个全面"战略布局的要求还不完全适应,同实现国家治理体系和治理能力现代化的要求还不完全适应,主要表现为:一些领域党的机构设置和职能配置还不够健全有力,保障党的全面领导、推进全面从严治党的体制机制有待完善;一些领域党政机构重叠、职责交叉、权责脱节问题比较突出;一些政府机构设置和职责划分不够科学,职责缺位和效能不高问题凸显,政府职能转变还不到位;一些领域中央和地方机构职能上下一般粗,权责划分不尽合理;基层机构设置和权力配置有待完善,组织群众、服务群众能力需要进一步提高;军民融合发展水平有待提高;群团组织政治性、先进性、群众性需要增强;事业单位定位不准、职能不清、效率不高等问题依然存在;一些领域权力运行制约和监督机制不够完善,滥用职权、以权谋私等问题仍然存在;机构编制科学化、规范化、法定化相对滞后,机构编制管理方式有待改进。这些问题,必须抓紧解决。

2018年2月26日至28日,党的十九届三中全会在北京举行。全会审议通过了《中共中央关于深化党和国家机构改革的决定》和《深化党和国家机构改革方案》,同意把《深化党和国家机构改革方案》的部分内容按照法定程序提交十三届全国人大一次会议审议。全会提出,深化党和国家机构改革的目标是:构建系统完备、科学规范、运行高效的党和国家机构职能体系,形成总揽全局、协调各方的党的领导体系,职责明确、依法行政的政府治理体系,中国特色、世界一流的武装力量体系,联系广泛、服务群众的群团工作体系,推动人大、政府、政协、监察机关、审判机关、检察机关、人民团体、企事业单位、社会组织等在党的统一领导下协调行动、增强合力,全面提高国家治理能力和治理水平。既要立足实现第一个百年奋斗目标，针对突出矛盾，抓重点、补短板、强弱项、防风险，从党和国家机构职能上为决胜全面建成小康社会提供保障，又要着眼于实现第二个百年奋斗目标，注重解决事关长远的体制机制问题，打基础、立支柱、定架构，为形成更加完善的中国特色社会主义制度创造有利条件。

围绕这些目标，《中共中央关于深化党和国家机构改革的决定》明确了这次深化党和国家机构改革的主要任务：（1）完善坚持党的全面领导的制度，加强党对各领域各方面工作的领导，确保党的领导全覆盖，确保党的领导更加坚强有力。要建立健全党对重大工作的领导体制机制，强化党的组织在同级组织中的领导地位，更好发挥党的职能部门作用，统筹设置党政机构，推进党的纪律检查体制和国家监察体制改革。（2）转变政府职能，优化政府机构设置和职能配置，是深化党和国家机构改革的重要任务。要坚决破除制约，使市场在资源配置中起决定性作用、更好发挥政府作用的体制机制弊端，围绕推动高质量发展，建设现代化经济体系，调整优化政府机构职能，合理配置宏观管理部门职能，深入推进简政放权，完善市场监管和执法体制，改革自然资源和生态环境管理体制，完善公共服务管理体制，强化事中事后监管，提高行政效率，全面提高政府效能，建设人民满意的服务型政府。（3）统筹党政军群机构改革，主要是统筹设置相关机构和配置相近职能，理顺和优化党的部门、国家机关、群团组织、事业单位的职责，完善党政机构布局，深化人大、政协和司法机构改革，深化群团组织改革，推进社会组织改革，加快推进事业单位改革，深化跨军地改革，增强党的领导力，提高政府执行力，激发群团组织和社会组织活力，增强人民军队战斗力，使各类机构有机衔接、相互协调。（4）理顺中央和地方职责关系，更好发挥中央和地方两个积极性。要统筹优化地方机构设置和职能配置，构建从中央到地方运行顺畅、充满活力、令行禁止的工作体系，中央加强宏观事务管理，地方在保证党中央令行禁止前提下管理好本地区事务，赋予省级及以下机构更多自主权，合理设置和配置各层级机构及其职能,增强地方治理能力,加强基层政权建设,构建简约高效的基层管理体制。(5)推进机构编制法定化。要完善党和国家机构法规制度,依法管理各类组织机构,加快推进机构、职能、权限、程序、责任法定化,全面推行政府部门权责清单制度,规范和约束履职行为,让权力在阳光下运行,强化机构编制管理刚性约束,加大机构编制违纪违法行为查处力度。

《深化党和国家机构改革方案》对改革的具体内容作出了详细说明,概括起来有以下几个方面:

(一)深化党中央机构改革:(1)组建国家监察委员会,同中央纪律检查委员会合署办公,实行一套工作机构、两个机关名称,不再保留监察部、国家预防腐败局。(2)组建中央全面依法治国委员会,办公室设在司法部。(3)组建中央审计委员会,办公室设在审计署。(4)中央全面深化改革领导小组、中央网络安全和信息化领导小组、中央财经领导小组、中央外事工作领导小组改为委员会。(5)组建中央教育工作领导小组,秘书组设在教育部。(6)组建中央和国家机关工作委员会,不再保留中央直属机关工作委员会、中央国家机关工作委员会。(7)将中央党校和国家行政学院的职责整合,组建新的中央党校(国家行政学院)。(8)组建中央党史和文献研究院,不再保留中央党史研究室、中央文献研究室、中央编译局。(9)中央组织部统一管理中央机构编制委员会办公室。(10)中央组织部统一管理公务员工作,不再保留单设的国家公务员局。(11)中央宣传部统一管理新闻出版工作。(12)中央宣传部统一管理电影工作。(13)中央统战部统一领导国家民族事务委员会。(14)中央统战部统一管理宗教工作,不再保留单设的国家宗教事务局。(15)中央统战部统一管理侨务工作,不再保留单设的国务院侨务办公室。(16)优化中央网络安全和信息化委员会办公室职责。(17)不再设立中央维护海洋权益工作领导小组,有关职责交由中央外事工作委员会及其办公室承担。(18)不再设立中央社会治安综合治理委员会及其办公室，有关职责交由中央政法委员会承担。（19）不再设立中央维护稳定工作领导小组及其办公室，有关职责交由中央政法委员会承担。（20）将中央防范和处理邪教问题领导小组及其办公室职责划归中央政法委员会、公安部。

（二）深化全国人大机构改革：（1）组建全国人大社会建设委员会。（2）全国人大内务司法委员会更名为全国人大监察和司法委员会。（3）全国人大法律委员会更名为全国人大宪法和法律委员会。

（三）深化国务院机构改革：（1）组建自然资源部，不再保留国土资源部、国家海洋局、国家测绘地理信息局。（2）组建生态环境部，不再保留环境保护部。（3）组建农业农村部，不再保留农业部。（4）组建文化和旅游部，不再保留文化部、国家旅游局。（5）组建国家卫生健康委员会，不再保留国家卫生和计划生育委员会，不再设立国务院深化医药卫生体制改革领导小组办公室。（6）组建退役军人事务部。（7）组建应急管理部，不再保留国家安全生产监督管理总局。（8）重新组建科学技术部，不再保留单设的国家外国专家局。（9）重新组建司法部，不再保留国务院法制办公室。（10）优化审计署职责，不再设立国有重点大型企业监事会。（11）组建国家市场监督管理总局，不再保留国家工商行政管理总局、国家质量监督检验检疫总局、国家食品药品监督管理总局。（12）组建国家广播电视总局，不再保留国家新闻出版广电总局。（13）组建中央广播电视总台，撤销中央电视台（中国国际电视台）、中央人民广播电台、中国国际广播电台建制，对内保留原呼号，对外统一呼号为"中国之声"。（14）组建中国银行保险监督管理委员会，不再保留中国银行业监督管理委员会、中国保险监督管理委员会。（15）组建国家国际发展合作署。（16）组建国家医疗保障局。（17）组建国家粮食和物资储备局，不再保留国家粮食局。（18）组建国家移民管理局。（19）组建国家林业和草原局，不再保留国家林业局。（20）重新组建国家知识产权局。（21）国务院三峡工程建设委员会及其办公室、国务院南水北调工程建设委员会及其办公室并入水利部，不再保留国务院三峡工程建设委员会及其办公室、国务院南水北调工程建设委员会及其办公室。（22）调整全国社会保障基金理事会隶属关系，将全国社会保障基金理事会由国务院管理调整为由财政部管理。（23）改革国税地税征管体制，将省级和省级以下国税地税机构合并。

（四）深化全国政协机构改革：（1）组建全国政协农业和农村委员会。（2）全国政协文史和学习委员会更名为全国政协文化文史和学习委员会。（3）全国政协教科文卫体委员会更名为全国政协教科卫体委员会。

（五）深化行政执法体制改革：（1）整合组建市场监管综合执法队伍。（2）整合组建生态环境保护综合执法队伍。（3）整合组建文化市场综合执法队伍。（4）整合组建交通运输综合执法队伍。（5）整合组建农业综合执法队伍。

（六）深化跨军地改革：（1）公安边防部队改制，公安边防部队不再列武警部队序列，全部退出现役。（2）公安消防部队改制，公安消防部队不再列武警部队序列，全部退出现役。（3）公安警卫部队改制，公安警卫部队不再列武警部队序列，全部退出现役。（4）海警队伍转隶武警部队。（5）武警部队不再领导管理武警黄金、森林、水电部队。（6）武警部队不再承担海关执勤任务。

（七）深化群团组织改革。健全党委统一领导群团工作的制度，紧紧围绕保持和增强政治性、先进性、群众性这条主线，强化问题意识，以更大力度、更实举措推进改革，着力解决"机关化、行政化、贵族化、娱乐化"等问题，把群团组织建设得更加充满活力、更加坚强有力。

（八）深化地方机构改革。坚持加强党的全面领导，坚持省市县统筹、党政群统筹，根据各层级党委和政府的主要职责，合理调整和设置机构，理顺权责关系，改革方案按程序报批后组织实施。

截至2018年年底，党和国家机构改革的各项工作顺利完成。

2018年，是我国改革开放40周年。12月18日，党中央在人民大会堂隆重举行庆祝改革开放40周年大会。习近平总书记在会上发表重要讲话，回顾改革开放40年的光辉历程，总结改革开放的伟大成就和宝贵经验，动员全党全国各族人民在新时代继续把改革开放推向前进，为实现"两个一百年"奋斗目标、实现中华民族伟大复兴的中国梦不懈奋斗。他指出：建立中国共产党、成立中华人民共和国、推进改革开放和中国特色社会主义事业，是五四运动以来我国发生的三大历史性事件，是近代以来实现中华民族伟大复兴的三大里程碑。改革开放40年来，从开启新时期到跨入新世纪，从站上新起点到进入新时代，40年风雨同舟，40年披荆斩棘，40年砥砺奋进，我们党引领人民绘就了一幅波澜壮阔、气势恢宏的历史画卷，谱写了一曲感天动地、气壮山河的奋斗赞歌。党的十八大以来，党中央以巨大的政治勇气和智慧，提出全面深化改革总目标是完善和发展中国特色社会主义制度、推进国家治理体系和治理能力现代化，着力增强改革系统性、整体性、协同性，着力抓好重大制度创新，着力提升人民群众获得感、幸福感、安全感，推出1600多项改革方案，啃下了不少硬骨头，闯过了不少急流险滩，改革呈现全面发力、多点突破、蹄疾步稳、纵深推进的局面。"40年春风化雨、春华秋实，改革开放极大改变了中国的面貌、中华民族的面貌、中国人民的面貌、中国共产党的面貌。中华民族迎来了从站起来、富起来到强起来的伟大飞跃！中国特色社会主义迎来了从创立、发展到完善的伟大飞跃！中国人民迎来了从温饱不足到小康富裕的伟大飞跃！中华民族正以崭新姿态屹立于世界的东方！""建成社会主义现代化强国，实现中华民族伟大复兴，是一场接力跑，我们要一棒接着一棒跑下去，每一代人都要为下一代人跑出一个好成绩。"[1]

---

[1] 习近平：《在庆祝改革开放40周年大会上的讲话》（2018年12月18日），见《人民日报》2018年12月19日第2版、第3版。

2018年,也是全面贯彻党的十九大精神开局之年。我国发展面临多年少有的国内外复杂严峻形势,经济出现新的下行压力。在以习近平同志为核心的党中央坚强领导下,全国各族人民以习近平新时代中国特色社会主义思想为指导,砥砺奋进,攻坚克难,完成全年经济社会发展主要目标任务,决胜全面建成小康社会又取得新的重大进展。这一年,我国国内生产总值增长6.6%,总量突破90万亿元。经济结构不断优化,服务业对经济增长贡献率接近60%,高技术产业、装备制造业增速明显快于一般工业,嫦娥四号等一批重大科技创新成果相继问世。重点领域改革迈出新的步伐,对外开放全方位扩大,共建"一带一路"取得重要进展。首届中国国际进口博览会成功举办,海南自贸试验区启动建设。三大攻坚战开局良好,尤其是精准脱贫有力推进,农村贫困人口减少1386万,易地扶贫搬迁280万人。人民生活持续改善,居民人均可支配收入实际增长6.5%,提高个人所得税起征点,设立六项专项附加扣除。加大基本养老、基本医疗等保障力度,资助各类学校家庭困难学生近1亿人次。棚户区住房改造620多万套,农村危房改造190万户。城乡居民生活水平又有新提高。中国特色大国外交取得新成就。中国成功举办博鳌亚洲论坛年会、上合组织青岛峰会、中非合作论坛北京峰会等重大主场外交活动。习近平主席等国家领导人出访多国,出席亚太经合组织领导人非正式会议、二十国集团领导人峰会、金砖国家领导人会晤、亚欧首脑会议、东亚合作领导人系列会议等重大活动。中国同主要大国关系总体稳定,同周边国家关系全面发展,同发展中国家团结合作纽带更加牢固。推动构建新型国际关系,推动构建人类命运共同体。坚定维护国家主权、安全、发展利益。经济外交、人文交流成果丰硕。中国致力于促进世界和平与发展,作出了世人共睹的重要贡献。

成绩来之不易。我国面对的是深刻变化的外部环境(经济全球化遭遇波折,多边主义受到冲击,国际金融市场震荡,特别是中美经贸摩擦给一些企业生产经营、市场预期带来不利影响），是经济转型阵痛凸显的严峻挑战（新老矛盾交织，周期性、结构性问题叠加，经济运行稳中有变、变中有忧），是两难多难问题增多的复杂局面（实现稳增长、防风险等多重目标，完成经济社会发展等多项任务，处理好当前与长远等多种关系，政策抉择和工作推进的难度明显加大）。然而，经过全国上下共同努力，我国经济发展在高基数上总体平稳、稳中有进，社会大局保持稳定。这再次表明，在中国共产党领导下，中国人民有战胜任何艰难险阻的勇气、智慧和力量，中国的发展没有过不去的坎。

2019年，是新中国成立70周年。习近平主席在新年贺词中说：2019年，我们将隆重庆祝中华人民共和国70周年华诞。70年披荆斩棘，70年风雨兼程。人民是共和国的坚实根基，人民是我们执政的最大底气。一路走来，中国人民自力更生、艰苦奋斗，创造了举世瞩目的中国奇迹。新征程上，不管乱云飞渡、风吹浪打，我们都要紧紧依靠人民，坚持自力更生、艰苦奋斗，以坚如磐石的信心、只争朝夕的劲头、坚韧不拔的毅力，一步一个脚印把前无古人的伟大事业推向前进。放眼全球，我们正面临百年未有之大变局。无论国际风云如何变幻，中国维护国家主权和安全的信心和决心不会变，中国维护世界和平、促进共同发展的诚意和善意不会变。我们将积极推动共建"一带一路"，继续推动构建人类命运共同体，为建设一个更加繁荣美好的世界而不懈努力。

2019年，也是全面建成小康社会、实现第一个百年奋斗目标的关键之年。为确保实现党中央提出的这个目标，李克强总理在今年3月举行的十三届全国人大二次会议上作的《政府工作报告》中说：综合分析国内外形势，今年我国发展面临的环境更复杂更严峻，可以预料和难以预料的风险挑战更多更大，要做好打硬仗的充分准备。困难不容低估，信心不可动摇，干劲不能松懈。我国发展仍处于重要战略机遇期，拥有足够的韧性、巨大的潜力和不断迸发的创新活力，人民群众追求美好生活的愿望十分强烈。我们有战胜各种困难挑战的坚定意志和能力，经济长期向好趋势没有也不会改变。各级政府要树牢"四个意识"，坚定"四个自信"，坚决做到"两个维护"，自觉在思想上政治上行动上同以习近平同志为核心的党中央保持高度一致，落实全面从严治党要求，扎实开展"不忘初心、牢记使命"主题教育，勇于自我革命，深入推进简政放权，加快转职能、提效能，增强政府公信力和执行力，更好满足人民对美好生活的新期待。他还说，中国改革发展的巨大成就，是广大干部群众筚路蓝缕、千辛万苦干出来的。实现"两个一百年"奋斗目标，成就中国人民的幸福与追求，还得长期不懈地干，努力干出无愧于人民的新业绩，干出中国发展的新辉煌。

奋斗创造历史，实干成就未来。决胜全面建成小康社会、夺取新时代中国特色社会主义伟大胜利，把我国建设成为富强民主文明和谐美丽的社会主义现代化强国、实现中华民族伟大复兴的中国梦，前途光明，道路曲折。我们应有信心，我们更要艰苦奋斗、不懈奋斗。